Alena Walter

Photo Credits
Čedok, Prag: page 71; IfA, Stuttgart: pages 24, 59, 79, 195; I. Linke,
Neuhausen/Fildern: pages 116, 128; H. Linseisen, Dillingen: pages
43, 119, 165, 169, 172, 179; Mairs Geographischer Verlag, Ostfildern:
pages 74/75; Media Design/Sucha, Prag: pages 13, 27, 29, 95, 139,
152; R. Sebert, Augsburg: pages 31, 50, 55, 76, 88, 93, 111, 113, 125,
131, 136; B. U. Stöhr, Kornwestheim: pages 142, 145

English translation © Copyright 1998
by Barron's Educational Series, Inc.
Text © Copyright Ernst Klett Verlag GmbH, Stuttgart,
Federal Republic of Germany, 1993
The title of the German book is *Reisewörterbuch Tschechisch*

English translation by Dagmar Koenig under the supervision of Karen
von Kunes

All inquiries should be addressed to:
Barron's Educational Series, Inc.
250 Wireless Boulevard
Hauppauge, NY 11788
http://www.barronseduc.com

Library of Congress Catalog Card No. 97-47534

International Standard Book No. 0-7641-7109-7 (package)
    0-7641-0384-9 (book)

Library of Congress Cataloging-in-Publication Data

Walter, Alena.
    [Reisewörterbuch Tschechisch. English]
    Travelwise Czech / [Walter, Alena ; English version translated and
edited by Dagmar Koenig.
        p. cm.
    ISBN 0-7641-0384-9 (book).—ISBN 0-7641-7109-7
    (book / cassette)
    1. Czech language—Conversation and phrase books—English.
I. Koenig, Dagmar   II. Title.
PG4121.W3513   1998
491.8'683421—dc21   97-47534
                                                     CIP

Printed in Hong Kong
9 8 7 6 5 4 3 2 1

Contents

Preface 6
Pronunciation 7
Abbreviations 10

1 The Essentials 13
Frequently Used Expressions 14
Numbers/Measures/Weights 15
Expressions of Time 18
Telling Time 18 *Other Expressions of Time* 19
Days of the Week 21 *Months of the Year* 21
Seasons 21 *Holidays* 22 *The Date* 23
Weather 23
Word List: Weather 25 *Word List: Colors* 26

2 Making Contact 27
Saying Hello/Introductions/Getting Acquainted 28
Traveling Alone/Making a Date 30
A Visit 31
Saying Good-bye 32
Asking a Favor/Expressing Thanks 33
Apologies/Regrets 34
Congratulations/Best Wishes 34
Language Difficulties 35
Expressing Opinions 35
Personal Information 36
Age 36 *Professions/Education/Training* 37
Word List: Professions/Education/Training 38

3 On the Go 43
Giving Directions 44
Car/Motorcycle/Bicycle 44
Information 44 *At the Service Station* 45 *Parking* 46
Car Trouble 47 *At the Auto Repair Shop* 47
A Traffic Accident 48 *Car/Motorcycle/Bicycle Rental* 49
Word List: Car/Motorcycle/Bicycle 51
Airplane 57
At the Travel Agency/At the Airport 57 *On Board* 58
Arrival 58 *Word List: Airplane* 59
Train 61
At the Travel Agency/At the Railroad Station 61
On the Train 63 *Word List: Train* 63
Ship 65
Information 65 *On Board* 66 *Word List: Ship* 67
At the Border 68
Passport Check 68 *Customs* 69
Word List: At the Border 69
Local Transportation 70
Taxi 72
On Foot 73
Word List: On the Go in Town 76

4   Accommodations 79
Information 80
Hotel/Guest House/Bed and Breakfast 80
   At the Reception Desk 80   *Talking to the Hotel Staff* 82
   Complaints 84   *Checking Out* 85
   Word List: Hotel/Guest House/Bed and Breakfast 85
Vacation Rentals: Houses/Apartments 88
   Word List: Vacation Rentals: Houses/Apartments 89
Camping 90
Youth Hostels 91
   Word List: Camping/Youth Hostels 91

5   Eating and Drinking 93
Eating Out 94
At the Restaurant 94
Ordering 95
Complaints 97
The Check 97
As a Dinner Guest 98
   Word List: Eating and Drinking 99
Menu/Beverages . . . . 103 / 109

6   Culture and Nature 111
At the Visitor's (Tourist) Center 112
Places of Interest/Museums 112
   Word List: Places of Interest/Museums 114
Excursions 124
   Word List: Excursions 124
Events/Entertainment 126
   Theater/Concerts/Movies 126
   Word List: Theater/Concerts/Movies 127
Bar/Discotheque/Nightclub 129
   Word List: Bar/Discotheque/Nightclub 130

7   On the Beach/Sports 131
At the Swimming Pool/On the Beach 132
Sports 133
   Word List: Beach/Sports 134

8   Shopping/Stores 139
Questions/Prices 140
   Word List: Stores 141
Groceries 143
   Word List: Groceries 144
Drugstore Items 149
   Word List: Drugstore Items 149
Tobacco Products 151
Clothing/Leather Goods/Dry Cleaning 151
   Word List: Clothing/Leather Goods/Dry Cleaning 153

Books and Stationery 156
    Word List: Books and Stationery 156
Household Items 157
    Word List: Household Items 157
Electrical Goods and Photographic Supplies 158
    Word List: Electrical Goods and Photographic Supplies 159
At the Optician 160
At the Watchmaker/Jeweler 161
    Word List: Watchmaker/Jeweler 161
At the Hairdresser/Barber 162
    Word List: Hairdresser/Barber 163

9 **Services** 165
Money Matters 166
    Word List: Money Matters 167
At the Post Office 169
    Held Mail 170   *Telegrams/Faxes* 170
    Word List: Post Office 171
Telephoning 172
    Word List: Telephoning 174
At the Police Station 175
    Word List: Police 177
Lost and Found 178

10 **Health** 179
At the Pharmacy 180
    Word List: Pharmacy 180
At the Doctor 182
At the Dentist 185
In the Hospital 186
    Word List: Doctor/Dentist/Hospital 186
At a Health Resort 193
    Word List: Health Resort 193

11 **A Business Trip** 195
On the Way to a Business Meeting 196
    Word List: Business Meeting 197
Negotiations/Conferences/Trade Fairs 197
    Word List: Negotiations/Conferences/Trade Fairs 198
Business Equipment 201
    Word List: Business Equipment 201

A Short Grammar 202

English–Czech Dictionary 235

Czech–English Dictionary 256

Preface

The Barron's *TravelWise Czech* phrasebook is a guide to both comprehension and conversation in Czech. By using it you will not only acquire a series of useful words and phrases, but, more importantly, you will learn how to understand and be understood.

The most commonly heard expressions are provided for everyday situations you will encounter during your travels. These are structured as dialogues, so that you not only learn what to say, but will also understand the corresponding responses.

The Barron's *TravelWise Czech* phrasebook is divided into eleven topical units that accompany you through every phase of your travel: your arrival, checking into a hotel, at the beach, and even a meeting with business associates.

With the help of phrases and word lists, as well as the additional glossary provided at the end of the book, you can readily adapt the sample sentences to your own individual, real-life situations.

The following pronunciation guide and the Short Grammar toward the back of the book will help familiarize you with the sounds and constructions of the Czech language, while pictures and useful tips provided throughout the book will help you better appreciate the special cultural features and natural scenic attractions.

Pronunciation

The Czech Alphabet with Phonetic Transcription
(IPA—International Phonetic Association)

A,a	[a]	I,i	[ɪ]	S,s	[s]
Á,á	[aː]	Í,í	[ɪː] [iː]	Š,š	[ʃ]
B,b	[b]	J,j	[j]	T,t	[t]
C,c	[t͡s]	K,k	[k]	Ť,ť	[c]
Č,č	[t͡ʃ]	L,l	[l]	U,u	[ʊ]
D,d	[d]	M,m	[m]	Ú,ú,ů	[ʊː]
Ď,ď	[ɟ]	N,n	[n]	V,v	[ʋ]
E,e	[ɛ]		before k, g [ŋ]	W,w	[ʋ]
É,é	[ɛː]	Ň,ň	[ɲ]	X,x	[ks]
Ě,ě	[jɛ]	O,o	[ɔ]	Y,y	[ɪ]
F,f	[f]	Ó,ó	[ɔː]	Ý,ý	[ɪː]
G,g	[g]	P,p	[p]	Z,z	[z]
H,h	[ɦ]	R,r	[r]	Ž,ž	[ʒ]
Ch,ch	[x]	Ř,ř	[r̝]		

the unvoiced glottal stop [ʔ]

Diacritical Marks for Pronunciation and Phonetic Transcription

[ˈ] Primary stress – the mark precedes the stressed syllable (either the first syllable of the word or the preposition that forms a stress-unit with the following unstressed word). For monosyllabic words, stress is indicated only if the word itself is stressed.

[ˌ] Secondary stress (rare, occasionally in compounds)

[ː] Indicates a long vowel (has nothing to do with stress!)

[ˑ] Indicates that a sound is somewhat lengthened (for example, when two identical consonants occur in succession at the word boundary, as in English "red dog")

[̥] Indicates that a sound is voiceless (the voiceless ř [r̝̊])

[̩] Indicates a syllable-forming r [r̩] or l [l̩]

[͡] Links diphthongs and affricates, as in auto [ˈʔa͡ʊtɔ], vecer [ˈʋɛt͡ʃɛr]

Vowels

All the Czech vowels, the short ones as well as the long ones, are fairly open. They are never "swallowed." In unstressed syllables, they are never reduced to a schwa, the indeterminate vowel sound of most unstressed syllables in English (for example, the a in "alone").

- **ú** and **ů** sound the same [ʊː] (úkol lesson [ˈʔʊːkɔl], dům house [duːm]), as do **i** and **y** (bil-byl [bɪl]) and **í** and **ý** (mít-mýt [mɪːt]).
- A closed **i** [iː] is pronounced only in the long variant after the palatal consonants [c], [ɟ], [ɲ], and [j].
- **ě** and **i/í** soften the consonants **d, t,** and **n** to [ɟ], [c], and [ɲ] (see section on consonants, below).
- Before every vowel in initial position, a kind of voiceless consonant (the unvoiced glottal stop, or glottal plosive) is pronounced, as in na obědě [ˈnaʔɔbjɛɟɛ], v obchodě [ˈfʔɔpxɔɟɛ]. In English, this sound is heard before _al-_ in "I'm ALWAYS late."
- In colloquial speech, the sound [ʊ] is often inserted before **o** in initial position, as in oba [ˈʊɔba] instead of [ˈʔɔba].

Diphthongs

ou [ɔ͡ʊ] and **au** [a͡ʊ] must not be made into two different syllables, though each diphthong consists of two distinct elements: mouka [ˈmɔ͡ʊka].

eu [ɛ͡ʊ] is pronounced as one syllable when it starts a word, but becomes two syllables if it follows a consonant, as in: neutralita [ˈnɛ͡ʊtralɪta].

Consonants

Be sure you distinguish clearly between voiced and voiceless consonants (for example, pít—to drink/bít—to hit). Try to make these initial sounds firmly, but without aspiration! In final position, however, a voiced consonant is pronounced as the corresponding voiceless one (muž [muʃ]).

Assimilation

A letter that usually represents a voiced consonant becomes voiceless in pronunciation when a voiceless consonant follows: hezký [ˈhɛskɪ], dívka [ɟiːʊka].

A letter that usually represents a voiceless consonant is pronounced as a corresponding voiced consonant when a voiced consonant follows: fotbal [ˈfɔdbal].

Assimilation also occurs across word boundaries: moc hezky [ˈmɔd͡z ˈhɛskɪ].

These pairs exist in Czech:

voiced:	b	d	d'	g	v	z	ž	dz	dž	h	voiced ř
voiceless:	p	t	t'	k	f	s	š	c	č	ch	voiceless ř

Watch out: The glottal stop [ˀ], a voiceless consonant, also causes the preceding consonant to become voiceless: v Africe [ˈf ˀafrɪt͡ʃɛ], od Evy [ˀɔt̬ˀɛvɪ].

m, n, l, r, j, v	do not cause assimilation (**v**, however, is affected by assimilation; that is, it can become voiceless).
Ď d' dě di, Ť t' tě ti, Ň ň ně ni [ɟ] [c] [ɲ]	(**palatals**—articulated with the blade of the tongue close to or touching the hard palate) are pronounced as d, t, n with a "built-in" j, which results in a "soft" d, t, or n (as in "cognac").
r [r]	is always rolled or trilled slightly in Czech, with at least one vibration of the tongue-tip. It can also replace a vowel, thus performing a syllable-forming function (for example, prst [prst], skrz [skr̩s], krk [kr̩k], and bear stress (brzo [ˈbr̩zɔ])).
ř [r̝]	is a sound peculiar to Czech. It resembles the trilled r, but is produced with the tongue-tip less pointed, so that strong simultaneous friction is created. ř is voiceless before and after voiceless consonants and at the ends of words: tři [tr̝i], mořský [ˈmɔr̝skiː], nekur [ˈnɛkur].
h [ɦ]	is produced deep in the larynx and is strongly voiced, almost like a vowel. Its voiceless equivalent is always a ch [x].
p, t, k	are spoken without any aspiration at all, but are completely voiceless.
c	is pronounced as [t͡s], the sound at the end of English "beets." Its voiced equivalent is [d͡z].
j	is not pronounced before consonants and, in colloquial Czech, in the word ještě.
n	is pronounced [ŋ] before **k** and **g**, like the "ng" in English "ring."
mě [mɲɛ]	is always pronounced with an "ɲ."

Some consonant groups can be simplified: in colloquial speech čtyři [ˈtʃɪrɪ] or [ˈʃtɪrɪ], jablko [ˈjablkɔ] or jabko [ˈjapkɔ]. Simplification also occurs when two identical consonants appear in succession: dcera [t͡sɛra], přes sobotu [ˈpr̝ɛsɔbɔtu]. **-l after consonants** is omitted in colloquial Czech in the masculine singular form of the past participle: mohl [mɔx], jedl [jɛt], nesl [nɛs].

Abbreviations in This Book

acc	Accusative, 4th case
adj	Adjective
adj noun	adjectival noun, a noun created from an adjective
adv	Adverb
anim	animate (applies only to the masculine gender)
coll	colloquial language (common in spoken Czech)
dat	Dative, 3rd case
f	feminine gender
gen	Genitive, 2nd case
inanim	inanimate (applies only to the masculine gender)
inf	infinitive, the "to" form of the verbs (to do)
instr	Instrumental, 7th case
ipf	imperfective, applies to the aspect of the verb
lit	literary, high language (used mostly in writing)
m	masculine gender
med	medical
n	neuter
nom	Nominative, 1st case
noun	noun
pers pron	personal pronoun
pf	perfective, applies to the aspect of the verb
pl	plural
poss pron	possessive pronoun
PP	past participle, i.e., past tense of the verb
PPP	past passive participle, i.e., the third form of the verb
prep	preposition, or prepositional case, or Locative, 6th case
pron	pronoun
refl	reflexive
rel	religious
s.bd.	somebody
s.o.	someone
s.th.	something
sing	singular
v	verb
verb noun	verbal noun, a noun created from a verb
voc	Vocative, 5th case (for direct addressing)

General Abbreviations

apod.	a podobně	and such, and similarly
atd.	a tak dále	and so on, et cetera
a.s.	akciová společnost	shareholder company
č. (čís.)	číslo	number
Čedok	Československá dopravní kancelář	Czechoslovak Travel Agency*
ČNR	Česká národní rada	Czech National Council
ČOI	Česká obchodní inspekce	Czech Business Inspection
ČR	Česká Republika	Czech Republic*
čs.	československý	czechoslovak*
ČSA	Československé Aerolinie	Czechoslovak Airlines*
ČSAD	Československà automobilová doprava	Czechoslovak Automobile Transportation (long-distance bus transportation services)*
ČSD	Československé státní dráhy	Czechoslovak State Railway*
DP	Dopravní podnik	(state) City Transportation System
EU	Evropská unie	European Union
fa	firma	firm
hl.m. Praha	hlavní město Praha	the capital Prague
jak.	jakost	quality
JUDr.	doktor práv	JD, Juris Doctor, Doctor of Law
Kčs	koruna česka	Czech crown*
m.j.	mimo jiné	among other things
MSV	Mezinárodní strojírensky veletrh	International Fair in Mechanical Engineering
MUDr.	doktor medicíny	MD, Doctor of Medicine
např.	například	for example
nám.	náměstí	square
odd.	oddělení	department

OK		the symbol for the Czech airlines
OPBH	Obvodní podnik bytového hospodářství	District Housing Office*
OSN	Organizace spojených národu	UN, United Nations
OÚNZ	Obvodní ústav národního zdraví	National Health Authority*
p.	pan	Mr.
pí	paní	Mrs.
PIS	Pražská informační služba	Prague Information Services
r.	roku	year
SNP	Slovenské národní povstání	Slovak National Uprising (antifascist uprising in 1944)
SNR	Slovenská národní rada	Slovak National Council
SNS	Společenství nezávislých státu	Association of Independent States
s.p.	státní podnik	state-owned company*
SR	Slovenská Republika	Slovak Republic*
s.r.o.	Společnost s ručením omezeným	Limited Liabilities Company
str.	strana	page
t.č.	toho času	of the time
t.j.	to je	i.e., that is
t.m.	toho měsíce	of this month
t.r.	toho roku	of this year
t.zn.	to znamená	that means
ul.	ulice	street
v.	viz	see

● in the last few years, these names and organizations may have been changed or abolished due to reforms.

1 **The Essentials**
Na první pohled

Frequently Used Expressions
Co se často říká a často slyší

Yes.	Ano. [ˈʔano]
No.	Ne. [nɛ]
Please.	Prosím. [ˈprɔsɪːm]
Thank you.	Děkuji. [ˈdɛkujɪ]
Pardon? Excuse me?	Prosím? [ˈprɔsɪːm]
Of course!	Samozřejmě! [ˈsamɔzr̝ɛjmɲɛ]
I agree!/Fine!	Souhlasím!/Dobře! [ˈsɔu̯ɦlasɪːm/ˈdɔbr̝ɛ]
OK!	Tak jo! [ˈtak jɔ]
Everything's all right!	V pořádku! [ˈfpɔr̝aːtku]
Excuse me!	Promiňte! [ˈprɔmɪɲtɛ]
Just a moment, please.	Moment, prosím. [ˈmɔmɛnt ˈprɔsɪːm]
Enough!	Dost! [dɔst]
Help!	Pomoc! [ˈpɔmɔt͡s]
Attention!	Pozor! [ˈpɔzɔr]
Watch out!	Pozor! [ˈpɔzɔr]
Who?	Kdo? [gdɔ]
What?	Co? [t͡sɔ]
Which?	Který/Která/Které? [ˈktɛrɪː/ˈktɛra:/ˈktɛrɛː]
What? What kind of?	Jaký/Jaká/Jaké [ˈjakɪː/ˈjaka:/ˈjakɛː]
To whom?	Komu? [ˈkɔmu]
Whom?	Koho? [ˈkɔɦɔ]
Where?	Kde? [gdɛ]
Where is … /Where are …?	Kde je/Kde jsou …? [ˈgdɛ ˈjɛ / ˈgdɛ ˈsɔu̯]
Where from?	Odkud? [ˈʔɔtkut]
Where to?	Kam? [kam]
Why?	Proč? [prɔt͡ʃ]

What for?	Na co? ['naʦɔ]
To what end?	K čemu? ['kťʃɛmu]
How?	Jak? [jak]
How much?	Kolik? ['kɔlɪk]
How many?	Kolik? ['kɔlɪk]
How long?	Jak dlouho? ['jag 'dlɔʊɦɔ]
When?	Kdy? [gdɪ]
I would like ...	Chtěl/-a bych ... ['xcɛl/-a'bɪx]
Do you have ...?	Máte ...? ['ma:tɛ]

Numbers/Measures/Weights
Čísla/Míry/Váhy

0	nula ['nula]
1	jedna *f* ['jɛdna], (jeden *m*)
2	dva *m* [dua], dvě *f* [dujɛ]
3	tři [tr̩ɪ]
4	čtyři [ˈtʃtɪr̩ɪ] *or* [ˈʃtɪr̩ɪ]
5	pět [pjɛt]
6	šest [ʃɛst]
7	sedm ['sɛdum]
8	osm [ˀɔsum]
9	devět ['dɛujɛt]
10	deset ['dɛsɛt]
11	jedenáct ['jɛdɛna:ʦt]
12	dvanáct ['duana:ʦt]
13	třináct ['tr̩ɪna:ʦt]
14	čtrnáct [ˈtʃtr̩na:ʦt] *or* [ˈʃtr̩na:ʦt]
15	patnáct ['patna:ʦt]
16	šestnáct ['ʃɛstna:ʦt]
17	sedmnáct ['sɛdumna:ʦt]

18	osmnáct [ˈʔɔsumnaːʦt]
19	devatenáct [ˈdɛvatɛnaːʦt]
20	dvacet [ˈdʋaʦɛt]
21	dvacet jedna [ˈdʋaʦɛt ˈjɛdna] *or* jednadvacet [ˈjɛdnaˌdʋaʦɛt]
22	dvacet dva [ˈdʋaʦɛt ˈdʋa] *or* dvaadvacet [ˈdʋaʔaˌdʋaʦɛt]
23	dvacet tři [ˈdʋaʦɛt ˈtr̝ɪ] *or* třiadvacet [ˈtr̝ɪʔaˌdʋaʦɛt]
30	třicet [ˈtr̝ɪʦɛt]
40	čtyřicet [ˈt͡ʃtɪr̝ɪʦɛt] *or* [ˈʃtɪr̝ɪʦɛt]
50	padesát [ˈpadɛsaːt]
60	šedesát [ˈʃɛdɛsaːt]
70	sedmdesát [ˈsɛdumdɛsaːt]
80	osmdesát [ˈʔɔsumdɛsaːt]
90	devadesát [ˈdɛʋadɛsaːt]
100	sto [stɔ]
101	sto jedna [ˈstɔ ˈjɛdna]
200	dvě stě [ˈdʋjɛ ˈsʦɛ]
300	tři sta [ˈtr̝ɪ ˈsta]
400	čtyři sta [ˈt͡ʃtɪr̝ɪˈsta] *or* [ˈʃtɪr̝ɪˈsta]
500	pět set [ˈpjɛʦɛt]
600	šest set [ˈʃɛst sɛt]
700	sedm set [ˈsɛdumˈsɛt]
800	osm set [ˈʔɔsum ˈsɛt]
900	devět set [ˈdɛʋjɛʦɛt]
1,000	tisíc [ˈcɪsɪːʦ]
2,000	dva tisíce [ˈdʋa ˈcɪsɪːʦɛ]
3,000	tři tisíce [ˈtr̝ɪ ˈcɪsɪːʦɛ]
10,000	deset tisíc [ˈdɛsɛʔcˈɪsɪːʦ]
100,000	sto tisíc [ˈstɔ ˈcɪsɪːʦ]
1,000,000	milión [ˈmɪlɪjoːn]

first	první ['pruɲiː]
second	druhý *sing m* [druɦɪː], druhá *sing f* ['druɦaː], druhé *sing n* ['druɦɛː], druzí *pl m anim.* ['druziː], druhé *pl m inanim. + pl f* ['druɦɛː], druhá *pl n* ['druɦaː]
third	třetí ['tʂɛciː]
fourth	čtvrtý [ʧtʊrtɪː] *or* ['ʃtʊrtɪː], čtvrtá ['ʃtʊrtaː], čtvrté ['ʃtʊrtɛː], čtvrtí ['ʃtʊrʝiː] čtvrté ['ʃtʊrtɛː], čtvrtá ['ʃtʊrtaː]
fifth	pátý, -á, -é, -í, -é, - á ['paːtɪː]
sixth	šestý, -á, -é, -í, -é, - á ['ʃɛstɪː]
seventh	sedmý, -á, -é, -í, -é, - á [sɛdmɪː]
eighth	osmý, -á, -é, -í, -é, - á ['ʔɔsmɪː]
ninth	devátý, -á, -é, -í, -é, - á ['dɛʊaːtɪː]
tenth	desátý, -á, -é, -í, -é, - á ['dɛsaːtɪː]
1/2	polovina ['pɔlɔʊɪna], půl [puːl]
1/3	třetina ['tʂɛcɪna]
1/4	čtvrtina [ʧtʊrcɪna] *or* ['ʃtʊrcɪna], čtvrt [(t)ɔ̄ʃtʊrt]
3/4	tři čtvrtiny ['tʂɪ ʧtʊrcɪnɪ], tři čtvrtě ['tʂɪ ʧtʊrcɛ]
3.5%	tři celých pět procent ['tʂɪ t͡sɛlɪx 'pjɛt 'prɔt͡sɛnt]
27°C	dvacet sedm stupňů celsia ['dʊat͡sɛt 'sɛdum 'stupɲuː t͡sɛlzɪja]
–5°C	minus pět stupňů ['mɪːnʊs 'pjɛt 'stupɲuː]
1998	devatenáct set devadesát osm ['dɛʊatɛnaːt͡sɛd·ɛʊadɛsaːt'sɛdum]
millimeter	milimetr ['mɪlɪˌmɛtr̩]
centimeter	centimetr [t͡sɛntɪˌmɛtr̩]
meter	metr ['mɛtr̩]
kilometer	kilometr ['kɪlɔˌmɛtr̩]
mile	míle ['mɪːlɛ]

square meter	čtvereční metr [ʧtʋɛrɛʧɲiː 'mɛtr̩], metr čtvereční ['mɛtr̩ ʧtʋɛrɛʧɲiː]
square kilometer	čtvereční kilometr [ʧtʋɛrɛʧɲiː 'kɪlɔmɛtr]
area	ar [ˀar]
hectar	hektar ['ɦɛktar]
liter	litr ['lɪtr]
gram	gram [gram]
100 grams	deset deka ['dɛsɛˀdˑɛka]
half a kilo	půl kila ['puːl 'kɪla]
kilogram	kilo ['kɪlɔ]
dozen	tucet ['tuʦɛt]

Expressions of Time

Časové údaje

Telling Time

Kolik je hodin?

Could you please tell me what time it is?	Prosím Vás, můžete mi říct, kolik je hodin? ['prɔsɪːm vaːs 'muːʒɛtɛ mɪ 'rɪːʦt 'kɔlɪk jɛ 'ɦɔɟɪn]
It is (precisely/about) …	Je (přesně/přibližně) … [jɛ 'pr̝ɛsɲɛ/'pr̝ɪblɪʒɲɛ]
three o'clock.	jsou tři (hodiny). [soʊ 'tr̝ɪ ('ɦɔɟɪnɪ)]
five after three.	jsou tři (hodiny) a pět minut. [soʊ 'tr̝ɪ ('ɦɔɟɪnɪ) ˀa 'pjɛt 'mɪnut]
ten after three.	jsou tři (hodiny) a deset minut. [soʊ 'tr̝ɪ ('ɦɔɟɪnɪ) ˀa 'dɛsɛt 'mɪnut]
three fifteen.	je čtvrt na čtyři. [jɛ 'ʧtʋr̩t 'na 'ʧtɪrɪ]
three thirty.	je půl čtvrté. [jɛ 'puːl 'paːtɛː]
a quarter to four.	je tři čtvrtě na čtyři. [jɛ 'tr̝ɪ 'ʧtʋr̩ɟɛ 'na 'ʧtɪrɪ]
five minutes to four.	za pět minut čtyři. ['za pjɛt 'mɪnut 'ʧtɪrɪ]
It's one o'clock.	je jedna (hodina). [jɛ 'jɛdna ('ɦɔɟɪna)]
It's twelve o'clock noon/midnight.	je dvanáct hodin [jɛ 'dʋanaːʦt 'ɦɔɟɪn]/ poledne/půlnoc. ['pɔlɛdnɛ/puːlnɔʦ]

Is this clock correct?	**Jdou ty hodiny dobře?**
	[ˈdɔu̯ tɪ ˈɦɔɟɪnɪ ˈdɔbr̝ɛ]
It is fast/slow.	**Jdou napřed/pozadu.**
	[ˈdɔu̯ ˈnapr̝ɛt/ˈpozadu]
It is late/early.	**Je pozdě./Je moc brzo.**
	[jɛ ˈpozɟɛ/jɛ ˈmɔdz ˈbr̝zo]
At what time?	**V kolik hodin?** [ˈfkɔlɪg ˈɦɔɟɪn]
When?	**Kdy?** [gdɪ]
At one o'clock.	**V jednu (hodinu).** [ˈu̯jɛdnu (ˈɦɔɟɪnu)]
At two o'clock.	**Ve dvě (hodiny).** [ˈu̯ɛdu̯jɛ (ˈɦɔɟɪnɪ)]
Around four o'clock.	**Kolem čtvrté (hodiny).**
	[ˈkɔlɛm ˈʃtu̯r̝tɛː (ˈɦɔɟɪnɪ)]
In an hour.	**Za hodinu.** [ˈzaɦɔɟɪnu]
In two hours.	**Za dvě hodiny.** [ˈzadu̯jɛ ˈɦɔɟɪnɪ]
Not before 9 A.M.	**Ne před devátou ráno.**
	[ˈnɛ ˈpr̝ɛd·ɛu̯aːtɔu̯ ˈraːno]
After 8 P.M.	**Po osmé večer.** [ˈpoˀosmɛː u̯ɛtʃɛr]
Between three and four.	**Mezi třetí a čtvrtou.**
	[ˈmɛzɪ ˈtr̝ɛciː ˀa ˈʃtu̯r̝tɔu̯]
How long?	**Jak dlouho?** [ˈjag ˈdlɔu̯ɦo]
Two hours.	**Dvě hodiny.** [ˈdu̯jɛ ˈɦɔɟɪnɪ]
From ten to eleven.	**Od deseti do jedenácti.**
	[ˀod·ɛsɛcɪ ˈdo jɛdɛnaːt͡scɪ]
By five.	**Do pěti.** [ˈdopjɛcɪ]
Since when?	**Od kdy?** [ˀodgdɪ]
Since 8 A.M.	**Od osmi hodin ráno.**
	[ˀotˀosmɪ ˈɦɔɟɪn ˈraːno]
For half an hour.	**Už půl hodiny.** [ˀuʃ ˈpuːl ɦɔɟɪnɪ]
For a week.	**Už týden.** [ˀuʃ ˈtɪdɛn]

Other Expressions of Time

Ostatní časové údaje

evening	**večer** [ˈu̯ɛtʃɛr]
every half hour	**každou půlhodinu**
	[ˈkaʒdɔu̯ ˈpuːlɦɔɟɪnu]

every other day	každý druhý den [ˈkaʒdɪ ˈdruɦɪ ˈdɛn]
on Sunday	v neděli [ˈʊnɛɟɛlɪ]
on the weekend	o víkendu [ˈʔɔ ʊiːkɛndʊ]
soon	brzo, brzy [ˈbr̩zɔ ˈbr̩zɪ]
this week	tento týden [ˈtɛntɔ ˈtɪdɛn]
around noon	kolem poledne [ˈkɔlɛm ˈpɔlɛdnɛ]
yesterday	včera [ˈft͡ʃɛra]
today	dnes [dnɛs]
this morning/evening	dnes ráno/večer [ˈdnɛs ˈraːnɔ/ˈʊɛt͡ʃɛr]
in two weeks	za čtrnáct dní [ˈza ʃtr̩naːd͡zɟniː]
in a week	během týdne [ˈbjɛɦɛm ˈtɪːdnɛ]
everyday	každý den [ˈkaʒdɪː dɛn]
now	teď [tɛɟ]
recently	nedávno [ˈnɛdaːʊnɔ]
last Monday	minulé pondělí [ˈmɪnʊlɛ ˈpɔɲɟɛlɪː]
sometime	někdy [ˈɲɛgdɪ]
at noon	v poledne [ˈʃpɔlɛdnɛ]
tomorrow	zítra [ˈzɪːtra]
tomorrow morning/ evening	zítra ráno/večer [ˈzɪːtra raːnɔ/ʊɛt͡ʃɛr]
morning	ráno [ˈraːnɔ]
afternoon	odpoledne [ˈʔɔtpɔlɛdnɛ]
next year	příští rok [ˈpr̩ʃciː ˈrɔk]
at night	v noci [ˈʊnɔt͡sɪ]
every hour	každou hodinu [ˈkaʒdoʊ ˈɦɔɟɪnʊ]
daily	denně [ˈdɛɲɛ]
during the day	přes den [ˈpr̩zdɛn]
the day after tomorrow	pozítří [ˈpɔzɪːtr̩ɪː]
this time	v tuhle dobu [ˈʃtʊɦlɛ ˈdɔbʊ]
from time to time	občas [ˈʔɔpt͡ʃas]
ten minutes ago	před deseti minutami [ˈpr̩ɛd·ɛsɛcɪ ˈmɪnʊtamɪ]

| the day before yesterday | předevčírem ['prɛdɛftʃiːrɛm], převčírem ['prɛftʃiːrɛm] |
| morning | dopoledne ['dɔpɔlɛdnɛ] |

Days of the Week   Dny v týdnu

Monday	pondělí ['pɔɲɛliː]
Tuesday	úterý ['ʔuːtɛriː]
Wednesday	středa ['strɛda]
Thursday	čtvrtek [ʧturtɛk] or ['ʃturtɛk]
Friday	pátek ['paːtɛk]
Saturday	sobota ['sɔbɔta]
Sunday	neděle ['nɛɟɛlɛ]

Months of the Year   Měsíce

January	leden ['lɛdɛn]
February	únor ['ʔuːnɔr]
March	březen ['brɛzɛn]
April	duben ['dubɛn]
May	květen ['kujɛtɛn]
June	červen [ʧɛrvɛn]
July	červenec [ʧɛrvɛnɛts]
August	srpen ['srpɛn]
September	září ['zaːrɪː]
October	říjen ['rɪːjɛn]
November	listopad ['lɪstɔpat]
December	prosinec ['prɔsinɛts]

Seasons   Roční doby

spring	jaro ['jarɔ]
summer	léto ['lɛːtɔ]
autumn	podzim ['pɔdzɪm]
winter	zima ['zɪma]

Holidays	Svátky
New Year's Day	Nový rok ['nɔvi: 'rok]
Three Kings	Tři králové ['tr̩ɪ 'kra:lɔʋɛ:]
Carnival, Shrovetide	karneval ['karnɛʋal], masopust ['masɔpuˈst]
Rosary Monday	Růžencové pondělí ['ru:ʒɛnʦɔʋɛ: 'pɔɲɟɛlɪ:]
Carnival/Shrove Tuesday	masopustní úterý ['masɔpusɲi: ⁱʔu:tɛrɪ:]
Ash Wednesday	Popelečná středa ['pɔpɛlɛʧna: 'str̩ɛda]
Holy Thursday	Zelený čtvrtek ['zɛlɛnɪ: 'ʧtʋr̩tɛk]
Good Friday	Velký pátek ['ʋɛlkɪ: 'pa:tɛk]
Easter	velikonoce ['ʋɛlɪkɔnɔʦɛ]
Easter Monday	Velikonoční pondělí ['ʋɛlɪkɔnɔʧɲi: 'pɔɲɟɛlɪ:]
May 1	První máj ['pr̩ʋɲi: 'ma:j]
The end of World War Two (May 8, 1945)	osmý květen–Konec druhé světové války [ⁱʔɔʃmɪ: 'kʊjɛtɛn 'kɔnɛʦ 'druɦɛ: 'sʋjɛtɔʋɛ: 'ʋa:lkɪ]
Ascension	Nanebevzetí Ježíše Krista ['nanɛbɛʊzɛci:'jɛʒɪ:ʃɛ 'krɪsta]
Whitsuntide	Svatodušní svátky, Letnice ['sʋatɔdʊʃɲi: 'sʋa:tkɪ 'lɛcɲɪʦɛ]
Whit Monday	Svatodušní pondělí ['sʋatɔdʊʃɲi: 'pɔɲʦɛlɪ:]
Corpus Christi	Boží tělo ['bɔʒɪ: 'cɛlɔ]
Assumption	Nanebevzetí pany Marie ['nanɛbɛʊzɛci: 'paɲɪ 'marɪjɛ]
Foundation of the Czechoslovak Republic (Oct. 28, 1918)	dvacátý osmý říjen: Prohlášení Československé republiky ['dʋaʦa:tɪ: ⁱʔɔsmɪ: 'r̩ɪ: jɛn 'prɔɦla:ʃɛɲi:ʧɛskɔˌslɔʊɛnskɛ: 'rɛpublɪkɪ]
All Saints' Day	Všech svatých ['fʃɛx 'sʋatɪ:x]
All Souls' Day	Dušičky ['dʊʃɪʧkɪ]
Nicholas	Mikuláš ['mɪkula:ʃ]
Christmas Eve	Štědrý večer ['ʃcɛdrɪ: 'ʋɛʧɛr]

Christmas	vánoce [ˈʋaːnoʦɛ]
Christmas Day	Boží hod [ˈboʒɪ ˈɦot]
Boxing Day	Štěpán [ˈʃcɛpaːn]
New Year's Eve	silvestr [ˈsɪlʋɛstr]

State Holidays

January 1	New Year's Day
	Easter Monday
May 1	Labor Day
May 8	Liberation Day
July 5	Cyril and Methodius Day
July 6	Jan Hus Day
October 28	Independence Day
December 24	Christmas Eve
December 25	Christmas Day
December 26	Boxing Day

The Date

Devátý

| What is today's date? | Kolikátého máme dnes? [ˈkɔlɪkaːtɛːɦo ˈmaːmɛ ˈdnɛs] |
| Today is May 3. | Dnes je třetího května. [ˈdnɛs jɛ ˈtrɛciː ɦo ˈkujɛtna] |

Weather

Počasí

What is the weather going to be like today?	Jaké bude dnes počasí? [ˈjakɛː ˈbudɛ ˈdnɛs ˈpoʧasɪː]
It will be nice/bad/changeable.	Bude hezky/ošklivo/proměnlivo. [ˈbudɛ ˈɦɛskɪ/ˈʔoʃklɪʋo/ˈpromɲɛnlɪʋo]
It will continue to be nice/bad.	Bude i dále hezky/ošklivo. [ˈbudɛ ˈʔɪ ˈdaːlɛ ˈɦɛskɪ/ˈʔoʃklɪʋo]
It will be warmer/colder.	Bude tepleji/chladněji. [ˈbudɛ ˈtɛplɛjɪ/ˈxlaɟɲɛjɪ]
It is supposed to rain/snow.	Má pršet/sněžit. [ˈmaː ˈpr̝ʃɛt/ˈsɲɛʒɪt]
It is cold/hot/muggy.	Je zima/horko/dusno. [ˈjɛ ˈzɪma/ˈɦorko/ˈdusno]

A storm is coming.	Stahuje se k bouřce.
	['stahujɛ sɛ 'gbɔʊ̯r̩t͡sɛ]
There will be a storm.	Přijde bouře. ['pr̩ɪːdɛ 'bɔʊ̯r̩ɛ]
It is foggy/windy.	Je mlha/vítr. ['jɛ 'mlɦa/'ʋɪːtr̩]

Giant Mountains

The sun is shining.	Svítí slunce. ['sʊɪːci: 'slunt͡sɛ]
It is clear/cloudy.	Je bez mraků/zataženo.
	['jɛ 'bɛzmrakʊː/'zataʒɛnɔ]
What is the temperature today?	Kolik je dnes stupňů?
	['kɔlɪkjɛ ˌdnɛˈsˈtʊpɲʊː]
It is 20 degrees Centigrade.	Je dvacet stupňů celsia.
	[jɛ 'dʋat͡sɛtˈ 'stʊpɲʊː 't͡sɛlzɪja]
What are the roads like …?	Jaký je stav silnic v …?
	['jakɪ jɛ 'staf 'sɪlɲɪt͡s f]
The roads are slippery.	Silnice jsou kluzké.
	['sɪlɲɪt͡sɛ sɔʊ̯ 'kluskɛː]
Visibility is only 20 meters/less than 50 meters.	Viditelnost je jen dvacet metrů/menší než padesát metrů. ['ʋɪɟɪtɛlnɔst jɛ jɛn 'dʋat͡sɛt 'mɛtrʊː/'mɛnʃɪ nɛʃ 'padɛsaːt 'mɛtrʊː]
Snow chains are mandatory.	Jízda je možná jen se sněžnými řetězy. ['jiːzda jɛ 'mɔʒnaː jɛn 'sɛsɲɛʒnɪːmɪ 'r̩ɛt͡sɛzɪ]

Word List: Weather

air	vzduch [ˈʊzdʊx]
atmospheric pressure	tlak vzduchu [ˈtlag ˈʊzduxʊ]
barometer	barometr [ˈbarɔmɛtr]
black ice (icy road)	náledí [ˈnaːlɛɟiː]
clear	jasno [ˈjasnɔ]
climate	klima [ˈklɪːma]
cloud	mrak [ˈmrak]
cold	zima [ˈzɪma]
damp	vlhko [ˈʊlxkɔ]
damp and cold	vlhko a zima [ˈʊlxkɔ ʔa ˈzɪma]
daybreak	rozednívá se [ˈrɔzɛɟniːʊa: sɛ]
drizzle	mrholení [ˈmrɦɔlɛɲiː]
drought	sucho [ˈsuxɔ]
dry	sucho [ˈsuxɔ]
dusk	stmívá se [ˈstmiːʊa: sɛ]
flood	záplava [ˈzaːplaʊa]
fog	mlha [ˈml̩ɦa]
foggy	zamlženo [zaml̩ʒɛnɔ], mlhavo [ml̩ɦaʊɔ]
frost	mráz [mraːs]
gust of wind	náraz větru [ˈnaːras ˈʊjɛtrʊ]
hail	kroupy [ˈkrɔu̯pɪ]
hazy	nejasno [ˈnɛjasnɔ]
heat	horko [ɦɔrkɔ]
heat wave	nával horkého vzduchu [ˈnaːʊal ˈɦɔrkɛːɦɔ ˈʊzduxʊ]
high pressure	vysoký tlak [ˈʊɪsɔkɪ: ˈtlak]
hot	horko [ˈɦɔrkɔ]
ice	led [lɛt]
lightning	blesk [blɛsk]
low air pressure	nízký tlak vzduchu [ˈɲiːskɪ: ˈtlag ˈʊzduxʊ]
melting	taje [ˈtajɛ]
muggy	dusno [ˈdusnɔ]
muggy and warm	vlhko a teplo [ˈʊlxkɔ ʔa ˈtɛplɔ], dusno [ˈdusnɔ]
overcast	zataženo [ˈzataʒɛnɔ]
powder (snow)	prašan [ˈpraʃan]
rain, precipitation	déšť [ˈdɛːʃc], srážky [ˈsraːʃkɪ]
rainy	na déšť [ˈnadɛːʃc]
showers	dešťové přehánky [dɛʃcɔʊɛ: pr̝ɛɦaːɲkɪ]
sleet	déšť se sněhem [ˈdɛːʃc ˈsɛsɲɛɦɛm]

snow	sníh [sɲiːx]
snowstorm	sněhová bouře ['sɲɛɦɔʋaː 'bɔu̯ r̝ɛ]
starry sky	hvězdné nebe ['ɦʋjɛzdnɛ 'nɛbɛ]
sun	slunce ['slunt͡sɛ]
sunny	slunečno ['slunɛt͡ʃnɔ]
sunrise	východ slunce ['ʋɪːxɔt 'slunt͡sɛ]
sunset	západ slunce ['zaːpat 'slunt͡sɛ]
temperature	teplota ['tɛplɔta]
thunder	hrom [ɦrɔm]
torrential rain	průtrž mračen ['pruːtr̝ʃ 'mrat͡ʃɛn]
variable	proměnlivo ['prɔmɲɛnlɪʋɔ]
warm	teplo ['tɛplɔ]
weather report	předpověď počasí ['pr̝ɛtpɔʋjɛc 'pɔt͡ʃasɪː]
wind	vítr ['ʋɪːtr̝]
wind speed	síla větru ['sɪːla 'ʋjɛtru]

Word List: Colors

beige	béžová f ['bɛːʒɔʋaː]
black	černá f ['t͡ʃɛrnaː]
blue	modrá f ['mɔdraː]
brown	hnědá f ['ɦɲɛdaː]
dark	tmavo ['tmaʋɔ-]
gold	zlatá f ['zlataː]
gray	šedivá f ['ʃɛɟɪʋaː]
green	zelená f ['zɛlɛnaː]
light	světle ['sʋjɛtlɛ]
multicolored	barevný m ['barɛʋnɪː], pestrý ['pɛstrɪː]
one color	jednobarevný m ['jɛdnɔˌbarɛʋnɪː]
orange	oranžová f ['i̯ɔranʒɔʋaː]
purple	fialová f ['fɪjalɔʋaː]
red	červená f ['t͡ʃɛrʋɛnaː]
rose	růžová f ['ruːʒɔʋaː]
silver	stříbrná f ['str̝ɪːbrnaː]
turquoise	tyrkysová f ['tɪrkɪsɔʋaː]
violet	fialová f ['fɪjalɔʋaː]
white	bílá f ['bɪːlaː]
yellow	žlutá f ['ʒlutaː]

2 **Making Contact**
Kontakty

Saying Hello/Introductions/Getting Acquainted
Pozdravy/Představování/Seznámení

Good morning!	Dobré jitro! ['dɔbrɛ 'jɪtrɔ]
Hello!	Dobrý den! ['dɔbrɪ: 'dɛn]
Good evening!	Dobrý večer! ['dɔbrɪ: 'vɛt͡ʃɛr]
Hi!	Ahoj! [ˀaɦɔj]
What is your name, please?	Jaké je vaše jméno, prosím? ['jakɛ: jɛ 'vaʃɛ 'mɛ:nɔ 'prɔsɪ:m]
What's your name?	Jak se jmenuješ? ['jak sɛ 'mɛnujɛʃ]
My name is …	Jmenuji se … ['mɛnujɪ sɛ]
May I introduce you?	Smím vás seznámit? ['smɪ:m va:'s·ɛzna:mɪt]
This is …	To je … ['tɔjɛ]
Mrs. …	paní … ['paɲi:]
Miss …	slečna … ['slɛt͡ʃna]
Mr. …	pan … ['pan]
my husband.	můj muž. ['mu:j 'muʃ]
my wife.	moje žena. ['mɔjɛ 'ʒɛna]
my son.	můj syn. ['mu:j 'sɪn]
my daughter.	moje dcera. ['mɔjɛ t͡sɛra]
my brother.	můj bratr. ['mu:j 'bratr]
my sister.	moje sestra. ['mɔjɛ 'sɛstra]
my friend (male).	můj přítel. ['mu:j 'pr̝i:tɛl]
my friend (female).	moje přítelkyně. [mɔjɛ pr̝i:tɛlkɪɲɛ]
my colleague (male).	můj kolega. ['mu:j 'kɔlɛga]
my colleague (female).	moje kolegyně. [mɔjɛ kɔlɛgɪɲɛ]
Pleased to meet you.	Těší mě. ['cɛʃɪ: mɲɛ]

With all persons of feminine gender—regardless of age and family status—the family name always appears with the ending -ová: Jan Novák—Eva Nováková, Pavel Pekárek—Alena Pekárková. The same is true with the names of foreigners: Steffi Grafová, Margaret Thatcherová, Mi-In-Gao-ová …

How are you?	Jak se máte/máš? ['jak sɛ 'ma:tɛ/'ma:ʃ]
How is it going?	Jak se daří? ['jak sɛ 'daɾɪ:]
Thank you. And you?	Děkuji. A vy/ty? ['ɟɛkujɪ ˀa 'vɪ/tɪ]

Where are you from?	Odkud jste/jsi? [ˀɔtkʊt ˈstɛ/ˈsɪ]
I am from …	Jsem z … [ˀɔtkʊt ˈstɛ/ˈsɪ] *or* [ˈsɛm z]
Have you been here long?	Jste/Jsi už tady dlouho? [ˈstɛ / ˈsɪ ˀʊʃ ˈtadɪ ˈdlɔ͡ʊɦɔ]
I have been here since …	Jsem tu od … [ˈsɛm tʊ ˀɔt]
How long will you stay here?	Jak dlouho tu zůstanete/zůstaneš? [jag ˈdlɔ͡ʊɦɔ tʊ ˈzʊːstanɛtɛ/ˈzʊːstanɛʃ]
Are you here for the first time?	Jste/Jsi tady poprvé? [ˈstɛ/ˈsɪ ˈtadɪ ˈpɔprʊɛː]
Are you here alone?	Jste/Jsi tu sám? [ˈstɛ/ˈsɪ tʊ ˈsaːm]
No, I am here with my family/I'm traveling with friends.	Ne, jsem tu se svou rodinou/cestuji s přáteli. [ˈnɛ ˈsɛm tʊ ˈsɛsʊɔ͡ʊ ˈrɔɟɪnɔ͡ʊ/ˈt͡sɛstʊjɪ ˈspr̝atɛlɪ]
Are you also staying in the Hotel Astoria/at the campground?	Jste/Jsi taky v hotelu Astoria/ v kempinku? [ˈstɛ/ˈsɪ takɪ ˈʊɦɔtɛlʊ ˀastɔrɪja/ˈʃkɛmpɪŋkʊ]

Traveling Alone/Making a Date
Sám/Sama na cestách

Are you waiting for someone?
Čekáte/Čekáš na někoho?
[ˈt͡ʃɛka:tɛ/ˈt͡ʃɛka:ʃ ˈnaɲɛkɔɦɔ]

Do you have any plans for tomorrow yet?
Máte/Máš už na zítřek něco v plánu?
[ˈma:tɛ/ˈma:ʃ ʔuʃ ˈnazi:tʀɛk ˈɲɛt͡sɔ ˈfpla:nu]

Shall we go there together?
Půjdeme tam spolu?
[ˈpudɛmɛ tam ˈspɔlu]

Shall we go somewhere tonight together?
Půjdeme spolu někam dnes večer?
[ˈpudɛmɛ ˈspɔlu ˈɲɛkam ˈ(d)nɛs ˈvɛt͡ʃɛr]

May I invite you out to eat?
Můžu vás/tě pozvat na jídlo?
[ˈmu:ʒu va:s/ɛ ˈpɔzvat ˈnaji:dlɔ]

When should I come?
Kdy se sejdeme?   [ˈgdɪ sɛ ˈsɛjdɛmɛ]

May I pick you up?
Můžu pro vás/pro tebe přijít?
[ˈmu:ʒu ˈprɔva:s/ˈprɔ tɛbɛ ˈpʀi:t]

When should I come?
Kdy mám přijít?   [ˈgdɪ ˈma:m ˈpʀi:t]

Let's meet at 9 o'clock …
Sejdeme se v devět hodin …
[ˈsɛjdɛmɛ sɛ ˈvdɛvjɛd ˈɦɔɟɪn]

   in front of the movie theater.
   před kinem.   [ˈpʀɛtkɪnɛm]

   in the … square.
   na … náměstí.   [ˈna… ˈna:mɲɛscɪ:]

   in a coffeehouse.
   v kavárně.   [ˈfkava:rɲɛ]

Are you married? *(of men)*
Jste ženatý?   [ˈstɛ ˈʒɛnatɪ:]

Are you married? *(of women)*
Jste vdaná?   [ˈstɛ ˈʊdana:]

Do you have a boyfriend/a girlfriend?
Máš přítele/přítelkyni?
[ˈma:ʃ ˈpʀi:tɛlɛ/ˈpʀi:tɛlkɪɲɪ]

May I take you home?
Smím vás/tě doprovodit domů?
[ˈsmi:m va:z/ɛ ˈdɔprɔʊɟɪt ˈd:ɔmu:]

I will take you only as far as …
Doprovodím vás/tě jen k …
[ˈdɔprɔʊɟi:m va:s/ɛ jɛn ˈk]

Would you like to come in for a cup of coffee?
Chtěl/-a byste/Chtěl/-a bys jít ke mně na kávu?   [ˈxcɛl/-a bɪstɛ/ˈxcɛl/-a bɪs ji:t ˈkɛmɲɛ ˈnaka:ʊʊ]

Will I see you again?
Uvidím vás/tě zase?
[ˈʔʊʊɪɟi:m va:z / ɛ ˈzasɛ]

I hope I will see you again soon.	Doufám, že vás/tě zase brzy uvidím. ['dōʊfa:m ʒɛ ʋa:z / cɛ 'zasɛ 'bṛzɪ ʊʊɪɟi:m]
Thank you so much for a nice evening.	Děkuji za příjemný večer. ['cɛkʊjɪ 'zapṛɪ:jɛmnɪ: 'ʋɛtʃɛr]
Please leave me alone!	Nechte mě prosím na pokoji! ['nɛxtɛ mɲɛ 'prɔsi:m 'napɔkɔjɪ]
Get out! Beat it!	Odpal! ['ʔɔtpal]
Now that is enough!	Teď je toho ale dost! ['tɛc jɛ ˌtɔɦɔ 'ʔalɛ 'dɔst]

A Visit
Návštěva

Excuse me, please, does Mr./Mrs./Miss … live here?	Promiňte, bydlí tady pan/paní/slečna …? ['prɔmɪɲtɛ 'bɪdlɪ: 'tadɪ 'pan / 'paɲi: / 'slɛtʃna]
No, he/she moved out.	Ne, odstěhoval/odstěhovala se. ['nɛ 'ʔɔtscɛɦɔʋal / -a sɛ]
Do you know where he/she lives now?	Víte, kde bydlí teď? ['ʋi:tɛ gdɛ 'bɪdlɪ: 'tɛc]

Guild signs on houses served for orientation in earlier times

Could I speak with Mr./Mrs./Miss ...?	Můžu mluvit s panem/s paní/ se slečnou ...? ['muːʒʊ 'mluʊɪt 's panɛm/'spaɲi:/'sɛ slɛt͡ʃno͡ʊ]
When will he/she be home?	Kdy bude doma? ['gdɪ 'budɛ 'doma]
May I leave a message for him/her?	Můžu mu/jí nechat vzkaz? ['muːʒʊ mu/ji: 'nɛxat 'ʃskas]
I will come back later.	Přijdu ještě jednou později. ['pr̝ɪːdʊ '(j)ɛʃcɛ 'jɛdno͡ʊ 'pozjɛjɪ]
Come in.	Pojďte/Pojď dál. ['pɔctɛ/'pɔɟ 'daːl]
Please sit down.	Sedněte si/Sedni si. ['sɛɟnɛtɛ sɪ/'sɛɟɲɪ sɪ]
Paul asked me to say hi.	Mám vás/tě pozdravovat od Pavla. ['maːm ʋaːs/cɛ 'pozdraʊɔʋat ⁱʔɔtpaʊla]
What can I offer you to drink?	Co vám/ti můžu nabídnout k pití? [t͡sɔ ʋaːm/cɪ 'muːʒʊ 'nabɪːdno͡ʊt 'kpɪci:]
To your health!	Na vaše/Na tvoje zdraví! ['naʊaʃɛ/'natʊɔjɛ 'zdraʊɪː]
Could you stay for lunch/dinner?	Můžete/Můžeš zůstat na oběd/ na večeři? ['muːʒɛtɛ/'muːʒɛʃ 'zuːstat 'naʔɔbjɛt/'naʊɛt͡ʃɛɽɪ]
Thank you, I will be happy to stay, if I don't disturb you.	Děkuji zůstanu rád/-a, pokud neruším. ['djɛkʊjɪ 'zuːstanʊ 'raːt/'raːda 'pɔkʊt 'nɛrʊʃɪːm]
I am sorry, but I have to go.	Je mi líto, ale musím už jít. ['jɛ mɪ 'lɪːtɔ ⁱʔalɛ 'musɪːm ʔʊʃ 'jiːt]

Saying Good-bye
Rozloučení

Good-bye!	Na shledanou! ['nasxlɛdano͡ʊ]
I will see you later!	Uvidíme se později! [ⁱʔʊʊɪɟɪːmɛ sɛ 'pɔzjɛjɪ]

See you tomorrow!	**Na shledanou zítra!** ['nasxlɛdanoʊ 'zɪ:tra]
Good night!	**Dobrou noc!** ['dɔbroʊ 'nɔt͡s]
Hi/Bye!	**Ahoj!** [ˀaɦɔj]
All the best!	**Všechno nejlepší!** ['fʃɛxnɔ 'nɛjlɛpʃɪ:]
Have fun!	**Hezkou zábavu!** ['ɦɛskoʊ 'za:baʊu]
Bon Voyage!	**Šťastnou cestu!** ['ʃ͡cas(t)noʊ t͡sɛstu]
I'll be in touch.	**Dám o sobě slyšet.** ['da:m ˀɔsɔbjɛ 'slɪʃɛt]
Say hi to … from me.	**Pozdravujte/Pozdravuj ode mě …** ['pɔzdraʊujtɛ/'pɔzdraʊuj ˀɔdɛmɲɛ]

Asking a Favor/Expressing Thanks
Prosba a poděkování

Yes, please.	**Ano prosím.** [ˀanɔ 'prɔsɪ:m]
No, thank you.	**Ne, děkuji.** ['nɛ 'ɟɛkujɪ]
May I ask you a favor?	**Smím vás/tě o něco poprosit?** ['smɪ:m ʊa:s/cɛ ˀɔɲɛt͡sɔ 'pɔprɔsɪt]
May I?	**Dovolíte?** ['dɔʊɔlɪ:tɛ]
Could you please help me?	**Mohl/-a byste mi prosím pomoct?** ['mɔɦl/-la bɪstɛ mɪ 'prɔsɪ:m 'pɔmɔt͡st]
Thank you.	**Děkuji** ['ɟɛkujɪ]
Thank you very much.	**Děkuji mockrát.** ['ɟɛkujɪ 'mɔt͡skra:t]
Thank you, I'll be happy to.	**Děkuji, rád/-a.** ['djɛkujɪ 'ra:t/'ra:da]
Thank you, same to you.	**Děkuji, nápodobně.** ['ɟɛkujɪ 'na:pɔdɔbɲɛ]
That's nice, thank you.	**To je milé, děkuji.** ['tɔ jɛ 'mɪlɛ: 'ɟɛkujɪ]
Thank you very much for your help/for your effort!	**Mockrát vám děkuji za pomoc/za vaši námahu!** ['mɔt͡skra:t ʊa:m 'ɟɛkujɪ 'zapɔmɔt͡s / 'zaʊaʃɪ 'na:maɦu]
You are welcome./ Don't mention it.	**Prosím./Rádo se stalo.** ['prɔsɪ:m/'ra:dɔ sɛ 'stalɔ]

Apologies/Regrets
Omluvy/Politování

Excuse me! I apologize!	Promiňte!/Promiň! ['prɔmɪɲtɛ/'prɔmɪɲ]
I must apologize. I must excuse myself.	Musím se omluvit. ['musɪ:m sɛ ˈʔɔmluuɪt]
I am sorry.	To mi je líto. ['tɔ mɪ jɛ 'lɪtɔ]
I did not mean it that way.	Nemyslel/-a jsem to tak. ['nɛmɪslɛl/-a sɛm tɔ 'tak]
Pity! Shame!	Škoda! ['ʃkɔda]
Unfortunately, it is not possible.	Není to bohužel možné. ['nɛɲi: tɔ 'bɔɦuʒɛl 'mɔʒnɛ:]
Maybe another time.	Snad někdy jindy. ['snat ˌɲɛgdɪ 'jɪndɪ]

Congratulations/Best Wishes
Gratulace/Přání

Congratulations!	Srdečně blahopřeji! ['srdɛtʃɲɛ 'blaɦɔpr̝ɛjɪ]
All the best!	Všechno nejlepší! ['fʃɛxnɔ 'nɛjlɛpʃɪ:]
Congratulations on your birthday/name day!	Všechno nejlepší k narozeninám/ k svátku! ['fʃɛxnɔ 'nɛjlɛpʃɪ: 'k narɔzɛɲina:m/'ksua:tku]
Much success!	Hodně úspěchů! ['ɦɔɟɲɛ ˈʔu:spjɛxu:]
Good luck!	Hodně štěstí! ['ɦɔɟɲɛ 'ʃcɛscɪ:]
Speedy recovery!	Brzké uzdravení! ['brskɛ: ˈʔuzdravɛɲi:]
Have a good weekend!	Hezký víkend! ['ɦɛskɪ: 'ʋɪ:kɛnt]
Have a nice holiday!	Hezké svátky! ['ɦɛskɛ: 'sʋa:tkɪ]

Language Difficulties
Problémy s dorozumíváním

Pardon me?	Co prosím? [ˈtso prɔsiːm]
I don't understand you. Please repeat it once more.	Nerozumím vám/ti. Prosím, zopakujte/zopakuj to ještě jednou. [ˈnɛrɔzumɪːm ʋaːm/cɪ ˈprɔsiːm ˈzɔpakujtɛ/ˈzɔpakuj tɔ ˈ(j)ɛʃcɛ ˈjɛdnɔʊ]
Please speak a little more slowly/more loudly.	Mluvte/Mluv, prosím trochu pomaleji/hlasitěji. [ˈmluʃtɛ/ˈmluʃ ˈprɔsiːm ˈtrɔxu ˈpɔmalɛjɪ/ˈɦlasɪcɛjɪ]
I understand/ I understood.	Rozumím/Rozuměl/-a jsem. [ˈrɔzumɪːm/ˈrɔzumɲɛl/-a sɛm]
Do you speak ... Czech? English? German? French?	Mluvíte/Mluvíš ... [ˈmluʋiːtɛ/ˈmluʋiːʃ] česky? [ˈtʃɛskɪ] anglicky? [ˈʔaŋɡlɪtskɪ] německy? [ˈɲɛmɛtskɪ] francouzsky? [ˈfrantsɔʊskɪ]
I speak only a little ...	Mluvím jen málo ... [ˈmluʋiːm jɛn ˈmaːlɔ]
How do you say ... in Czech?	Jak se řekne česky ...? [ˈjaksɛ ˈrɛknɛ ˈtʃɛskɪ]
What does it mean?	Co to znamená? [ˈtso tɔ ˈznamɛnaː]
How do you pronounce this word?	Jak se vyslovuje tohle slovo? [ˈjak sɛ ˈʋɪslɔʋuje ˈtɔɦlɛ ˈslɔʋɔ]
Please write it down.	Napište/Napiš mi to prosím. [ˈnapɪʃtɛ/ˈnapɪʃ mɪ tɔ ˈprɔsiːm]
Please spell it.	Hláskujte/Hláskuj to prosím. [ˈɦlaːskujtɛ/ˈɦlaːskuj tɔ ˈprɔsiːm]

Expressing Opinions
Vyjádření názoru

I like that. (I don't like that.)	To se mi líbí (nelíbí). [ˈtɔ sɛ mɪ ˈliːbɪ (ˈnɛliːbɪː)]
I prefer ...	Raději bych ... [ˈraɟɛjɪ bɪx]

I would really like …	Nejmilejší by mi byl/-a,-o,-i,-y,-a … [ˈnɛmɪlɛjʃiː bɪ mɪ bɪl/-a-ɔ-ɪ-ɪ-a]
That would be nice!	To by bylo milé! [ˈtɔ bɪ bɪlɔ ˈmɪlɛː]
With pleasure!	S radostí! [ˈsradɔsciː]
Great!	Prima! [ˈprɪ(ː)ma]
I don't feel like it.	Na to nemám chuť. [ˈnatɔ ˈnɛmaːm ˈxuc]
I don't want to.	Nechci. [ˈnɛxt͡sɪ]
That is out of the question!	To nepřichází v úvahu! [ˌtɔ ˈnɛpr̝ɪxaːziː ˈf̩ʔuːvaɦu]
In no case!	Na žádný pád! [ˈnaʒaːdnɪ ˈpaːt]
I don't know yet.	Nevím ještě. [ˈnɛʋiːm ˈ(j)ɛʃcɛ]
Maybe.	Možná. [ˈmɔʒnaː]
Probably.	Pravděpodobně./Asi. [ˈpraʋɟɛˌpɔdɔbɲɛ/ⁱʔasɪ]
Perhaps.	Třeba. [ˈtr̝ɛba]

Personal Information
Osobní údaje

Age	Věk
How old are you?	Kolik je vám/ti (let)? [ˈkɔlɪk ˈjɛ ʋaːm/cɪ (ˈlɛt)]
I am thirty-nine.	Je mi třicet devět. [ˈjɛ mɪ ˈtr̝ɪt͡sɛt ˈdɛʋjɛt]
When is your birthday?	Kdy máte/máš narozeniny? [ˈgdɪ ˈmaːtɛ/maːʃ ˈnarɔzɛɲɪnɪ]
I was born on April 12, 1959.	Narodil/-a jsem se dvanáctého dubna devatenáct set padesát devět. [ˈnarɔɟɪl/-a sɛm sɛ ˈdʋanaːt͡stɛːɦɔ ˈdubna ˈdɛʋatɛnaːt͡s ˈtɛt padɛsaːt dɛʋjɛt]

Professions/ Education/Training

Povolání/Studium/Vzdělání

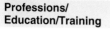

What is your occupation?
Jaké máte/máš povolání?
['jakɛ: 'ma:tɛ/'ma:ʃ 'pɔʊɔla:ɲi:]

I am a worker.
Jsem dělník/dělnice.
['sɛm 'ɟɛlɲi:k/'ɟɛlɲi͡tsɛ]

I am employed.
Jsem zaměstnaný/zaměstnaná.
['sɛm ' zamɲɛstnanɪ:/'zamɲɛstnana:]

I am a government official.
Jsem státní zaměstnanec s definitivou.
['sɛm 'sta:tɲi:'zamɲɛstnanɛd͡z 'zdɛfɪnɪtɪʊɔ͡ʊ]

I do freelance work.
Jsem na volné noze.
['sɛm 'naʊɔlnɛ: 'nɔzɛ]

I am retired.
Jsem důchodce/důchodkyně.
['jɛ mɪ 'tr̝i͡tsɛt 'dɛʊjɛt]

I am unemployed.
Jsem nezaměstnaný/nezaměstnaná.
['sɛm 'nɛzamɲɛstnanɪ:/ 'nɛzamɲɛstnana:]

I work for …
Pracuji u … ['pra͡tsʊjɪ ⁱ'ʊ]

I am still going to school.
Chodím ještě do školy.
['xɔɟi·m '(j)ɛʃcɛ 'dɔʃkɔlɪ]

I attend secondary school.
Chodím na gymnázium.
['xɔɟi·m 'nagɪmna:zɪjʊm]

I am a student.
Jsem student/ka. ['sɛm 'stʊdɛnt/ka]

Where do you study?
Kde studujete/studuješ?
['gdɛ 'stʊdʊjɛtɛ/'stʊdʊjɛʃ]

What do you study?
Co studujete/studuješ?
['t͡sɔ 'stʊdʊjɛtɛ/'stʊdʊjɛʃ]

I study … in America.
Studuji … v America.
['stʊdʊjɪ … vɲɛmɛ͡tska]

What are your hobbies?
Jaké hoby máte/máš?
['jakɛ: 'ɦɔbɪ 'ma:tɛ/'ma:ʃ]

Word List: Professions/Education/Training

The feminine ending for occupation, nationality, etc., is mostly "-ka": student—studentka, doktor—doktorka, učitel—učitelka (teacher m/f).

academy of arts	akademie umění [ⁱ²akadɛmɪjɛ ⁱ²ʊmɲɛɲi:]
accountant	účetní [ⁱ²u:tʃɛcɲi:]
actor/actress	herec/herečka [ˈɦɛrɛts/ˈɦɛrɛtʃka]
apartment/house manager	správce/správcová (domu) [ˈspra:ftsɛ/ˈspra:ftsɔva: (dɔmu)]
apprentice	učeň/učnice [ⁱ²ʊtʃɛɲ/ⁱ²ʊtʃɲɪtsɛ]
archeology	archeologie [ⁱ²arxɛɔʌlɔgɪjɛ]
architect	architekt/ka [ⁱ²arxɪtɛkt/ka]
architecture	architektura [ⁱ²arxɪ̬tɛktu·ra]
art history	dějiny umění [ˌɟɛjɪnɪ ⁱ²ʊmɲɛɲi:]
artist	umělec/umělkyně [ⁱ²ʊmɲɛlɛts/ⁱ²ʊmɲɛlkɪɲɛ]
baker	pekař/ka [ˈpɛkar̬/ka]
bartender	hodpodský/hospodská [ˈɦɔspɔtskɪ/ˈɦɔspɔtska:]
biologist	biolog/bioložka [ˈbɪjɔlɔk/ˈbɪjɔlɔʃka]
biology	biologie [ˈbɪjɔˌlɔgɪjɛ]
bookseller	knihkupec [ˈkɲɪxkupɛts]
boss	vedoucí [ˈʋɛdɔu̯tsɪ:]
business representative	obchodní zástupce [ⁱ²ɔpxɔɟɲi: ˈza:stuptsɛ]
business school	obchodní škola [ⁱ²ɔpxɔɟɲi: ˈʃkɔla]
businessman/woman	obchodník/obchodnice [ⁱ²ɔpxɔɟɲi:k/ⁱ²ɔpxɔɟɲɪtsɛ]
butcher	řezník/řeznice [ˈr̝ɛzɲi:k/ˈr̝ɛzɲɪtsɛ]
cab driver	taxikář/ka [ˈtaksɪka:r̬/ka]
cabinet maker	truhlář [ˈtrʊɦla:r̬]
car mechanic	automechanik/automechanička [ⁱ²au̯tɔmɛxanɪk/ⁱ²au̯tɔmɛxanɪt̬ʃka]
carpenter	tesař [ˈtɛsar̬]
cashier	pokladník/pokladní [ˈpɔklaɟɲi:k/ˈpɔklaɟɲi:]
chemist	chemik [ˈxɛmɪk]
chemistry	chemie [ˈxɛmɪjɛ]
college	vysoká škola [ˈʋɪsɔka: ˈʃkɔla]
company manager	vedoucí firmy [ˈʋɛdɔu̯tsɪ: ˈfɪrmɪ]
computer science	informatika [ⁱ²ɪnfɔrmatɪka]
confectioner	cukrář/ka [ˈt̬sʊkra:r̬/ka]

cook	kuchař/ka [ˈkʊxar̝/ka]
craftsman	řemeslník [r̝ɛmɛslɲiːk]
decorator	dekoratér/ka [ˈdɛkɔratɛːr/ka]
dental technician	zubní technik/technička [ˈzʊbɲi: ˈtɛxnɪk/ˈtɛxnɪt͡ʃka]
dentist	zubař/zubařka [ˈzʊbar̝/ka]
designer	designér/ka [ˈdɪzajnɛːr]
driver	řidič [ˈr̝ɪɟɪt͡ʃ]
driving school instructor	učitel/ka v autoškole [ˈʊt͡ʃɪtɛl/ka ˈf͡aʊtɔʃkɔlɛ]
economist	ekonom/ka [ˈʔɛkɔnɔm/ka]
economy	ekonomie [ˈʔɛkɔnɔmɪjɛ]
editor	redaktor/ka [ˈʔaduɔka:t/ka]
electrician	elektrikář/ka [ˈʔɛlɛktrɪkaːr̝/ka]
elementary school	základní škola [ˈza:klaɟɲi: (ˈʔɔsmɪlɛta:) ˈʃkɔla]
employed	zaměstnaný/-á [ˈzamɲɛstnaːnɪː/-a]
engineer	inženýr/inženyrka [ˈʔɪnʒɛnɪːr/ˈʔɪnʒɛnɪːrka]
English studies	anglistika [ˈʔaŋlɪstɪka]
environmentalist	ekolog [ˈɛkɔlɔk]
expert	odborník/odbornice [ˈʔɔdbɔrɲiːk/ˈʔɔdbɔrɲit͡sɛ]
farmer, agricultural worker	zemědělec [ˈzɛmɲɛɟɛlɛt͡s], rolník/rolnice [rɔlɲiːk/rɔlɲit͡sɛ]
fisherman *(m/f)*	rybář/ka [ˈrɪbaːr̝/ka]
fitter (machinery)	montér [ˈmɔntɛːr]
florist	květinář/ka [ˈkvjɛt͡sɪnaːr̝/ka]
gardener	zahradník/zahradnice [ˈzaɦraɟɲiːk/ˈzaɦraɟɲit͡sɛ]
geography	zeměpis [ˈzɛmɲɛpɪs]
geology	geologie [ˈgɛɔlɔgɪjɛ]
geriatric nurse	pečovatel/ka [ˈpɛt͡ʃɔvatɛl/ka]
glazier	sklenář [ˈsklɛnaːr̝]
hairdresser	kadeřník/kadeřnice [ˈkadɛr̝ɲiːk/kadɛr̝ɲit͡sɛ], holič/holička [ˈɦɔlɪt͡ʃ/ˈɦɔlɪt͡ʃka]
head waiter	vrchní [ˈʊrxɲiː]
healer	léčitel/ka [ˈlɛːt͡ʃɪtɛl/ka]
history	dějiny [ˈɟɛjɪnɪ]
househusband	muž v domácnosti [ˈmʊʒ ˈʊdɔmaːt͡snɔscɪ]
housewife	žena v domácnosti [r̝ɛmɛslɲiːk]
institute	institut [ˈʔɪnstɪtʊt]

interpreter	tlumočník/tlumočnice ['dɛlɲɪːk/'dɛlɲɪt͡sɛ]
jeweler	zlatník/zlatnice ['zlacɲɪːk/'zlacnɪt͡sɛ]
journalist	novinář/novinářka ['nɔʊɪnaːr̩]
judge	soudce/soudkyně ['sɔʊ̯t͡sɛ/'sɔʊ̯tkɪɲɛ]
laboratory assistant	laborant/ka ['labɔrant/ka]
law	práva ['praːʊa]
lawyer, attorney at law	právník ['praːʊɲɪːk], advokát/advokátka [ʔadʊɔkaːt/ka]
lectures	přednášky ['pr̝ɛdnaːʃkɪ]
librarian	knihovník/knihovnice ['kɲɪɦɔʊɲɪːk/'kɲɪɦɔʊɲɪt͡sɛ]
locksmith	zámečník/zámečnice ['zaːmɛt͡ʃɲɪːk/'zaːmɛt͡ʃnɪt͡sɛ]
mail carrier	listonoš/ka ['lɪstɔnɔʃ/ka]
mason, bricklayer	zedník ['zɛdɲɪːk]
masseur/masseuse	masér/ka ['masɛːr/ka]
mathematics	matematika ['matɛˌmatɪka]
mechanic	mechanik/mechanička ['mɛxanɪk/'mɛxanɪt͡ʃka]
mechanical engineering	strojařina ['strɔjaɾɪna]
medicine	lékařství ['lɛːkar̝stʊɪː], medicína ['mɛɟɪt͡sɪːna]
meteorology	meteorolog/meteoroložka ['mɛtɛɔrɔlɔk/'mɛtɛɔrɔlɔʃka]
model	manekýn/manekýnka ['manɛkɪːn/'manɛkɪːŋka]
music	hudba ['ɦʊdba]
musician	hudebník/hudebnice ['ɦʊdɛbɲɪːk/ɦʊdɛbnɪt͡sɛ], muzikant/ka ['mʊzɪkant/ka]
notary	notář/ka ['nɔtaːr̩/ka]
nurse (m/f)	zdravotní sestra ['zdraʊɔt͡ɲiː 'sɛstra], ošetřovatel [ʔɔʃɛtr̝ɔʊatɛl] ošetřovatelka [ʔɔʃɛtr̝ɔʊatɛlka]
obstetrics nurse	porodní asistentka ['spraːft͡sɛ/'spraːft͡sɔʊaː ('dɔmʊ)]
official, clerk	odborný referent/odborná referentka [ʔɔdbɔrniː 'rɛfɛrɛnt/ʔɔdbɔrnaː 'rɛfɛrɛntka]
optician	optik/optička [ʔɔptɪk/ʔɔptɪt͡ʃka]
painter	malíř ['malɪːr̩]
park ranger	hajný ['ɦajnɪː]

pensioner, retiree	důchodce/důchodkyně ['duːxoʦɛ/duːxotkɪɲɛ]
pharmacist	lékárník/lékárnice ['lɛːkaːrɲɪk/'lɛːkaːrɲiʦɛ], drogista/drogistka ['drɔgɪsta/'drɔgɪstka]
pharmacology	lékárnictví ['lɛːkaːrɲiʦtʋɪː]
philosophy	filozofie ['fɪlɔzɔfɪjɛ]
photographer	fotograf/ka ['fɔtɔgraf/ka]
physician, medical doctor	lékař/ka ['lɛːkar/ka]
physicist	fyzik/fyzička ['fɪzɪk/'fɪzɪtʃka]
physics	fyzika ['fɪzɪka]
pilot	letec ['lɛtɛʦ], pilot/pilotka ['pɪlɔt/'pɪlɔtka]
plumber	instalatér/ka ['ʔɪnstalatɛːr/ka]
policeman/ policewoman	policista/policistka ['pɔliʦɪsta/'pɔliʦɪstka]
political science	politické vědy pl ['pɔlɪtɪʦkɛː 'ʋjɛdɪ]
porter	vrátný/vrátná ['ʋraːtnɪ/'ʋraːtnaː]
postal official	poštovní úředník/úřednice ['pɔʃtɔʋɲiː 'ʔuːrɛɲɲiːk/'ʔuːrɛɲɲiʦɛ]
priest	farář/ka ['faraːr/ka]
professor	univerzitní profesor/ka ['ʔunɪʋɛrzɪʦɲiː 'prɔfɛsɔr/ka]
psychologist	psycholog/psycholožka ['psɪxɔlɔk/'psɪxɔlɔʃka]
psychology	psychologie ['psɪxɔlɔgɪjɛ]
railway worker	železničář ['ʒɛlɛzɲɪtʃaːr]
real estate agent	makléř realitní kanceláře ['maklɛr 'rɛaliʦɲiː 'kanʦɛlaːrɛ]
rehabilitation nurse	rehabilitační pracovník/sestra ['rɛɦabɪlɪtatʃɲiː'praʦɔʋɲiːk/sɛstra]
restorer	restaurátor/ka ['rɛstaūraːtɔr/ka]
Romance language studies	romanistika ['rɔmanɪstɪka]
roofer	pokrývač ['pɔkrɪ·ʋatʃ]
sailor	námořník ['naːmɔrɲiːk]
sales clerk	prodavač/ka ['prɔdaʋatʃ/ka]
school	škola ['ʃkola]
scientist	vědec ['ʋjɛdɛʦ], vědecký pracovník/ vědecká pracovnice ['ʋjɛdɛʦkɪː 'praʦɔʋɲiːk/'ʋjɛdɛʦka: 'praʦɔʋɲiʦɛ]
secondary school	gymnázium ['gɪmnaːzɪjum]

secretary	sekretář/ka ['sɛkrɛta:r/ka]
shoemaker	švec/ševcová ['ʃuɛt͡s/ʃɛft͡sɔʋa:], obuvník/obuvnice [ʔɔbuʋɲi:k/ʔɔbuʋɲit͡sɛ]
skilled worker	odborný dělník/odborná dělnice [ʔɔdbɔrni: ɟɛlɲi:k/ʔɔdbɔrna: ɟɛlɲit͡sɛ]
Slavic studies	slavistika ['slaʋɪstɪka]
social worker	sociální pracovník/pracovnice ['sɔt͡sɪja:lɲi:'prat͡sɔʋɲi:k/ 'prat͡sɔʋɲit͡sɛ]
sociology	sociologie ['sɔt͡sɪjɔlɔgɪjɛ]
state official	státní zaměstnanec ['sta:tɲi: 'zamɲɛstnanɛt͡s], státní úředník/ úřednice ['sta:tɲi: ʔu:rɛdɲi:k/ u:rɛdɲit͡sɛ]
steward, flight attendant/stewardess	steward/letuška ['stɛʋart/'lɛtuʃka]
student, pupil	student/ka ['studɛnt/ka], žák/žákyně [ʒa:k/'ʒa:kɪɲɛ]
study	studium ['stuɟɪjum]
study field	studijní obor ['stuɟɪjɲi: ʔɔbɔr]
tailor	krejčí/švadlena ['krɛjt͡ʃi:/'ʃʋadlɛna]
tax advisor	daňový poradce/daňová poradkyně ['daɲɔʋi: 'pɔrat͡sɛ/'daɲɔʋa: 'pɔratkɪɲɛ]
teacher	učitel/učitelka [ʔut͡ʃɪtɛl/ka]
teacher's aide	vychovatel/ka ['ʋɪxɔʋatɛl/ka]
technical college	vysoká škola technická ['ʋɪsɔka: 'ʃkɔla 'tɛxɲɪt͡ska:]
technical designer	rýsovač ['ri:sɔʋat͡ʃ]
technician	technik/technička ['tɛxnɪk/'tɛxɲɪt͡ʃka]
theater studies	divadelní věda ['ɟɪʋadɛlɲi: 'ʋjɛda]
theology	teologie ['tɛɔlɔgɪjɛ]
tool maker	nástrojář/ka ['na:strɔja:r/ka]
tourist guide	průvodce/průvodkyně ['pru:ʋɔt͡sɛ/'pru:ʋɔtkɪɲɛ]
translator	překladatel/ka ['prɛkladatɛl/ka]
typesetter	sazeč/ka ['sazɛt͡ʃ/ka]
typist	písař/ka ['pi:sar/ka]
university	univerzita [ʔunɪʋɛrzɪta]
veterinarian	zvěrolékař/ka ['zʋjɛrɔlɛ:kar/ka]
waiter/waitress	číšník/číšnice [t͡ʃi:ʃɲi:k/t͡ʃi:ʃɲit͡sɛ]
watchmaker	hodinář/ka ['hɔɟɪna:r/ka]
worker	dělník/dělnice ['tlumɔt͡ʃɲi:k/'tlumɔt͡ʃɲit͡sɛ]
writer	spisovatel/ka ['spɪsɔʋatɛl/ka]

3

On the Go
Na cestách

Giving Directions
Udání místa

left	vlevo ['ʋlɛʋɔ]
right	vpravo ['fpraʋɔ]
straight	rovně ['rɔʋɲɛ]
in front of	před [pr̝ɛt]
behind	za [za]
next to	vedle ['ʋɛdlɛ]
opposite	naproti ['naprɔcɪ]
here	tady [tadɪ], zde [zdɛ]
there	tam [tam]
near	blízko ['blɪːskɔ]
far	daleko ['dalɛkɔ]
to ... (direction into)	do ... [dɔ]
street	ulice [ˈʔulɪt͡sɛ]
intersection	křižovatka [ˈkr̝ɪʒɔʋatka]
curve	zatáčka ['zataːt͡ʃka]

Car/Motorcycle/Bicycle
Auto/Motocykl/Kolo

Information	Informace
Excuse me, please, how can I get to ...?	Promiňte, jak se dostanu do/k ...? ['prɔmɪɲtɛ 'jak sɛ 'dɔstanu 'dɔ/k/g]
Could you please show me the place/the way on the map?	Mohl/-a byste mi prosím ukázat to místo/tu cestu na mapě? ['mɔɦl/-la bɪstɛ mɪ 'prɔsɪːm ˈʔukaːzat tɔ 'mɪːstɔ/tu t͡sɛstu 'namapjɛ]
How far is it?	Jak je to daleko? ['jak jɛ tɔ 'dalɛkɔ]
By car/By bike it takes ...	Autem/Na kole to trvá ... [ˈʔa͡utɛm/'nakɔlɛ tɔ 'trʋaː]
Excuse me, is this the way to ...?	Je to prosím cesta do ...? ['jɛ tɔ 'prɔsɪːm t͡sɛsta 'dɔ]
How will I get to the highway to ...?	Jak se dostanu na dálnici na ...? ['jak sɛ 'dɔstanu 'nadaːlɲɪt͡sɪ 'na]

Straight all the way to ...	Pořád rovně až ... ['pɔraːt 'rɔʊɲɛ aʃ]
Then ...	Potom ... ['pɔtɔm]
at the traffic light	u semaforu [ˀʊsɛmafɔrʊ]
on the next corner	na příštím rohu ['napriːʃciːm 'rɔɦʊ]
turn left/right.	odbočte (zahněte) do leva/do prava. ['ˀɔdbɔtʃtɛ ('zaɦɲɛtɛ) 'dɔlɛʊa/ 'dɔpraʊa]
Follow the traffic signs.	Řiďte se podle (dopravního) značení. ['rictɛ sɛ 'pɔdlɛ ('dɔpraʊɲiːɦɔ) 'znatʃɛɲiː]
Is there a road with less traffic to ...?	Existuje nějaká málo frekventovaná silnice do ...? [ˀɛgzɪstʊjɛ 'ɲɛjakaː 'maːlɔ 'frɛkʊɛntɔʊana: 'sɪlɲɪtsɛ 'dɔ]
You are going the wrong way. You must go back to ...	Jedete špatně. Musíte se vrátit až do/k ... ['jɛdɛtɛ 'ʃpacɲɛ 'musiːtɛ sɛ 'ʊraːcɪt ˀaʒ 'dɔ/'k/g]

The speed limit on regular country roads is 90 km/h, on highways 130 km/h, inside towns 50 km/h. The speed limit is strictly enforced and the fees are collected immediately.

At the Service Station   U benzínové pumpy

Where is the nearest gas station, please?	Kde je prosím nejbližší benzínová pumpa? ['gdɛ jɛ 'prɔsiːm 'nɛjblɪʃiː 'bɛnziːnɔʊa: 'pumpa]
I would like ... liters of	Chtěl/-a bych ... litrů ['xcɛl/-a bɪx ... lɪtruː]
regular.	benzínu speciál. ['bɛnziːnʊ 'spɛtsɪjaːl]
super.	benzínu super. ['bɛnziːnʊ 'supr̩]
diesel.	nafty. ['naftɪ]
mix.	mixu. ['mɪksʊ]
unleaded/with lead/ octane number ...	naturálu/s olovem/ ... -oktanového. ['naturaːlʊ/'s ˀɔlɔʊɛm/ ... -ˀɔktanɔʊɛːɦɔ]
I would like 200 crowns of super.	Prosím super za 200 korun. [prɔsiːm 'supr̩ 'zadʊjɛstjɛ 'kɔrun]

Unleaded gasoline can now be obtained without problems. It is called NATURAL and the octane number is 95. Regular gasoline has an octane number of 91 and super gasoline has an octane number of 96.

Fill it up, please.	Plnou (nádrž) prosím. ['plnou̯ ('na:drʃ) 'prɔsi:m]
Please check the oil/air in the tires.	Prosím zkontrolujte mi olej/tlak v pneumatikách. ['prɔsi:m ˈskɔntrɔlujtɛ mɪ ʰɔlɛj/'tlak ʃpnɛu̯matɪka:x]
Please check the water in the radiator.	Podívejte se prosím na vodu v chladiči. ['pɔɟiːu̯ɛjtɛ sɛ 'prɔsi:m 'nau̯ɔdu 'ʃxlaɟɪtʃɪ]
Could you please change the oil for me?	Můžete mi vyměnit olej? ['muːʒɛtɛ mɪ 'vɪmɲɛɲɪt ʰɔlɛj]
I would like to have my car washed.	Chtěl/-a bych si dát umýt auto. ['xcɛl/-a bɪx sɪ 'da:t ʰumiː t ʰau̯tɔ]
I would like a road map of this area, please.	Prosím automapu téhle oblasti. ['prɔsi:m ʰau̯tɔˌmapu 'tɛːɦlɛ ʰɔblascɪ]
Where are the restrooms around here?	Kde jsou tady toalety? ['gdɛ ˌsɔu 'tadɪ 'tɔalɛtɪ]

Parking / Parkování

Is it possible to park somewhere near here?	Dá se tady někde blízko parkovat? ['da: sɛ 'tadɪ 'ɲɛgdɛ 'bli:skɔ 'parkɔvat]
Can I park my car here?	Můžu tady zaparkovat auto? ['muːʒu 'tadɪ 'zaparkɔvat ʰau̯tɔ]
Could you please give me change for … crowns for the parking meter?	Můžete mi rozměnit … korun do parkovacích hodin? ['muːʒɛtɛ mɪ 'rɔzmɲɛɲɪt … 'kɔrun 'dɔparkɔvat͡si:ɦ·ɔɟɪn]
Is there a parking attendant?	Je to hlídané parkoviště? ['jɛ tɔ 'ɦliː danɛ: 'parkɔvɪʃcɛ]
Unfortunately, everything is full here.	Máme bohužel všechno obsazené. ['ma:mɛ 'bɔɦuʒɛl 'ʃʃɛxnɔ ʰɔpsazɛnɛ:]
How long can I park here?	Jak dlouho tu můžu parkovat? [jag 'dlɔu̯ɦɔ tu 'muːʒu 'parkɔvat]
How much do I pay for parking …	Kolik se platí za parkování … ['kɔlɪk sɛ 'placi: 'zaparkɔva:ɲi:]
for an hour?	za hodinu? ['zaɦɔɟɪnu]
for a day?	za den? ['zadɛn]
for a night?	za noc? ['zanɔt͡s]

Illegally parked vehicles will be towed.

Is this parking lot open all night?	Je parking otevřený celou noc? [jɛ ˈparkɪŋk ⁱᵖˈotɛʊrɛniː ˈt͡sɛloʊ ˈnot͡s]

Car Trouble

Porucha

My car broke down./ I have a flat tire.	Měl/-a jsem poruchu/píchnul/ píchla jsem. [ˈmɲɛl/-a sɛm ˈporʊxʊ/ˈpɪːxnʊl/ˈpɪːxla sɛm]
Would you please call a mechanic/tow truck for me?	Zavolal/-a byste mi laskavě havarijní službu? [ˈzavolal/-a bɪstɛ mɪ ˈlaskavjɛ ˈhavarɪjniː ˈslʊʒbʊ]
My license plate number is …	Moje poznávací značka je … [ˈmojɛ ˈpoznaːvat͡sɪ ˈznat͡ʃka jɛ]
Could you sell me a little bit of gas?	Můžete mi prodat trochu benzínu? [ˈmuːʒɛtɛ mɪ ˈprodaˈt·roxʊ ˈbɛnziːnʊ]
Could you please help me change the tire?	Mohl/-a byste mi pomoct vyměnit kolo? [ˈmoɦl/-a bɪstɛ mɪ ˈpomot͡st ˈʊɪmɲɛnɪt ˈkolo]
Would you please tow me/Would you take me to the nearest garage/ service station?	Odtáhl/-a byste mě/Vzal/-a byste mě s sebou k nejbližší dílně/pumpě? [ⁱᵖˈot·aːx/ⁱᵖˈot·aːɦla bɪstɛ mɲɛ/ˈʊzal/-a bɪstɛ mɲɛ ˈknɛjblɪʃɪ ˈjiːlɲɛ/ˈpʊmpjɛ]

At the Auto Repair Shop

V autodílně

Is there a garage near here?	Je tady někde blízko autoopravna? [ˈjɛ ˈtadɪ ɲɛgdɛ ˈblɪːsko ⁱᵖˈaʊto͜ˌoprauna]
I cannot start the engine.	Nemůžu nastartovat (motor). [ˈnɛmʊːʒʊ ˈnastartovat (ˈmotor)]
I don't know what is wrong.	Nevím, čím to je. [ˈnɛʊɪm ˈt͡ʃiːm to jɛ]
Could you come with me? Could you tow me?	Můžete jít se mnou?/Můžete mě odtáhnout? [ˈmuːʒɛtɛ ˈjiːt ˈsɛmnoʊ/ ˈmuːʒɛtɛ mɲɛ ⁱᵖˈot·aːɦnoʊt]
Something is wrong with the engine.	S motorem něco není v pořádku. [ˈsmotorɛm ˈɲɛt͡so nɛɲi ˈfporʒaːtkʊ]
My brakes do not work/are defective.	Nefungují mi brzdy. [ˈnɛfʊŋgʊjiː mɪ ˈbrzdɪ] … jsou vadné. [soʊ ˈʊadnɛː]

The engine is leaking oil.	Z motoru uniká olej. ['zmɔtɔru ᵘʊɲɪka: ᵘɔlɛj]
Could you please have a look at it?	Můžete se na to podívat? ['mu:ʒɛtɛ sɛ 'natɔ 'pɔɟi:ʋat]
Please change the spark plugs for me.	Vyměňte mi prosím svíčky. ['ʋɪmɲɛɲtɛ mɪ 'prɔsi:m 'sʋi:t͡ʃkɪ]
Do you have (original) spare parts for this brand name?	Máte (originální) náhradní díly pro tuhle značku? ['ma:tɛ (ᵘɔrɪgɪna:lɲi:) 'na:ɦraɟɲi: 'ɟi:lɪ 'prɔtuɦlɛ 'znat͡ʃku]
Please do only the necessary repairs.	Udělejte prosím jen nejnutnější opravy. [ᵘʊɟɛlɛjtɛ 'prɔsi:m jɛ'n·ɛjnʊcɲɛjʃi: ᵘɔpraʋɪ]
When will the car/ motorbike be ready?	Kdy bude to auto hotové/ta motorka hotová? ['gdɪ 'budɛ tɔ ᵘaʊtɔ ɦɔtɔʋɛ:/ta 'mɔtɔrka 'ɦɔtɔʋa:]
How much will it be?	Kolik to bude stát? ['kɔlɪk tɔ 'budɛ 'sta:t]

A Traffic Accident | Dopravní nehoda

There has been an accident.	Stala se nehoda. ['stala sɛ 'nɛɦɔda]
Please call quickly …	Zavolejte prosím rychle … ['zaʋɔlɛjtɛ 'prɔsi:m 'rɪxlɛ]
an ambulance.	sanitku. ['sanɪtkʊ]
the police.	policii. ['pɔli͡tsɪjɪ]
the fire department.	požárníky/hasiče. ['pɔʒa:rɲi:kɪ/'ɦasɪt͡ʃɛ]
Could you take care of the injured?	Mohl/-a byste se postarat o raněné? ['mɔɦl/-la bɪstɛ sɛ 'pɔstarat ᵘɔraɲɛnɛ:]
Do you have a first aid kit?	Máte obvazy? ['ma:tɛ ᵘɔbʋazɪ]
It was my fault.	Byla to moje/vaše vina. ['bɪla tɔ 'mɔjɛ/'ʋaʃɛ 'ʋɪna]
You …	Vy jste … ['ʋɪ stɛ]
did not yield.	nedal/-a přednost v jízdě. ['nɛdal/-a 'pr̝ɛdnɔzd ᵘji:zɟɛ]
went through the curve too fast.	řízl/-a zatáčku. ['r̝i:zl/-a 'zata:t͡ʃku]

changed lanes without signaling.

změnil/-a jízdní pruh bez blikání.
['zmɲɛɲɪl/-a 'jiːzɲɲiː 'pruɦ 'bɛzblɪkaːɲiː]

You ...
went too fast.

Vy jste ... ['ʊɪ stɛ]
jel/-a příliš rychle.
['jɛl/-a 'pr̝ɪːlɪʃ 'rɪxlɛ]

did not leave enough space ahead of you.

si nenechal/-a dost velký odstup.
[sɪ 'nɛnɛxal/-a dɔst 'ʋɛlkiː ⁱ'ɔtstup]

went through the red light at the intersection.

jel/-a přes křižovatku na červenou.
[jɛl/-a 'pr̝ɛskr̝ɪʒɔʋatku 'naʧɛrʋɛnoʊ̯]

I was going ... kilometers an hour.

Jel/-a jsem rychlostí ... kilometrů za hodinu. ['jɛl/-a sɛm 'rɪxlɔsciː ... 'kɪlɔmɛtru: 'zaɦɔɟɪnu]

Shall we call the police or shall we deal with it ourselves?

Zavoláme policii nebo se dohodneme? ['zaʋɔlaːmɛ 'pɔliʦiji 'nɛbɔ sɛ 'dɔɦɔdnɛmɛ]

I would like to have the insurance pay for damages.

Chtěl/-a bych dát škodu k likvidaci pojišťovně. [xcɛl/-a bɪx daːt 'ʃkɔdu 'klɪkʋɪdaʦɪ 'pɔjɪʃcɔʋɲɛ]

I will give you my address and my insurance policy number.

Dám vám svou adresu a číslo pojistky. ['daːm ʋaːm sʋoʊ̯ ⁱ'adrɛsu ʔa 'ʧiːslɔ 'pɔjstkɪ]

Please write down your name and the address/name of your insurance company.

Napište mi prosím své jméno a adresu/jméno a adresu vaší pojišťovny. ['napɪʃtɛ mɪ 'prɔsiːm sʋɛ: 'mɛːnɔ ʔa ⁱ'adrɛsu/'mɛːnɔ ʔa ⁱ'adrɛsu 'ʋaʃiː 'pɔjʃcɔʋnɪ]

Could you be my witness?

Můžete mi jít svědčit?
['muːʒɛtɛ mɪ 'jiːt 'sʋjɛʧʧɪt]

Thank you for your help.

Děkuji vám za pomoc.
['ɟɛkujɪ ʋaːm 'zapɔmɔʦ]

Car/Motorcycle/ Bicycle Rental

Půjčovna automobilů/] motocyklů/kol

I would like to rent for two days/for a week ...
an all-terrain vehicle.

Chci si půjčit na dva dný/na týden ...
[xʦɪ sɪ 'puʧʧɪt 'nadʋa 'dnɪ/'natiːdɛn]
(terénní) automobil.
[('tɛrɛːɲiː) ⁱ'aʊ̯tɔmɔbɪl]

a motorcycle.

motorku. ['mɔtɔrku]

a scooter.	skútr. [skuːtr]
a moped.	moped. ['mɔpɛt]
a mountain bike.	motokolo. ['mɔtɔkɔlɔ]
a bicycle.	kolo. ['kɔlɔ]
How much do you charge for a day/for a week?	Kolik dělá poplatek za den/za týden? ['kɔlɪg 'ɟɛlaː 'pɔplatɛg 'zadɛn/'zatɪːdɛn]
How much do you charge for mileage?	Kolik se platí za ujetý kilometr? ['kɔlɪk sɛ 'placiː 'za ʔujetɪː 'kɪlɔmetr]
How much is the deposit?	Jak velkou zálohu musím složit? ['jak 'velkoʊ 'zaːlɔɦu 'musiːm 'slɔʒɪt]
I will take …	Vezmu si … ['vɛ(z)mu sɪ]
Does the car have comprehensive accident insurance?	Je to auto plně havarijně pojištěné? ['jɛ tɔ ʔaʊtɔ 'plɲɛ 'ɦavarɪjɲɛ 'pɔjʃcɛnɛː]
Would you like supplementary insurance?	Přejete si ještě jinou pojistku? ['pr̝ɛjɛtɛ sɪ '(j)ɛʃcɛ 'jɪnoʊ 'pɔjstku]
Could you show me your driver's license?	Můžete mi ukázat váš řidičsky průkaz? ['muːʒɛtɛ mɪ ʔukaːzat 'vaːʒ 'r̝ɪɟɪt͡ʃskɪ 'pruːkas]
Can I take the car immediately?	Můžu si ten vůz hned vzít? ['muːʒu sɪ tɛn 'vuːz 'ɦnɛd 'vzɪːt]
Can I return the car in …?	Můžu to auto vrátit v …? ['muːʒu tɔ ʔaʊtɔ vraːcɪt 'v/ʃ/vɛ]

Word List: Car/Motorcycle/Bicycle

to accelerate, to step on gas	přidat plyn ['prɪdat 'plɪn]
air filter	vzduchový filtr ['vzduxɔʊɪ: 'fɪltr]
air pump	hustilka ['ɦʊscɪlka], pumpička ['pʊmpɪtʃka]
antifreeze	nemrznoucí směs ['nɛmrznɔʊtsɪ: 'smɲɛs]
automatic transmission	automatická převodovka ['ʔaʊtɔmatɪtska: 'prɛvɔdɔfka]
automobile club	autoklub ['ʔaʊtɔklʊp]
axle	náprava ['na:prava], osa ['ʔɔsa]
bag	brašna ['braʃna], kabela ['kabɛla]
ball bearing	kuličkové ložisko ['kʊlɪtʃkɔʊɛ: 'lɔʒɪskɔ]
bell	zvonek ['zvɔnɛk]
bicycle	(jízdní) kolo [('jɪːzɟɲiː) 'kɔlɔ]
bicycle stand	stojánek ['stɔja:nɛk], stojan ['stɔjan]
bicycle trail	cesta pro cyklisty ['tsɛsta 'prɔtsɪklɪstɪ]
to blind someone, glare	oslnit ['ʔɔslɲɪt]
blinker, turn signal	blikač ['blɪkatʃ], blinkr ['blɪnkr]
body (car)	karosérie ['karɔsɛ:rɪjɛ]
brake	brzda ['brzda]
to brake	brzdit ['brzɟɪt]
brake fluid	brzdová kapalina ['brzdɔʊa: 'kapalɪna]
brake handle	páka brzdy ['pa:ka 'brzdɪ]
brake lights	brzdová světla ['brzdɔʊa: 'svjɛtla]
brake pads	brzdové obložení ['brzdɔʊɛ: ʔɔblɔʒɛɲi:]
braking with footrest (motorbike)	brzdění stupačkou ['brzɟɛɲi: 'stʊpatʃkɔʊ]
brights	dálkové světlo ['da:lkɔʊɛ: 'svjɛtlɔ]
broken	zlomený ['zlɔmɛnɪ:]
bumper, fender	nárazník ['na:razɲi:k]
cable	kabel ['kabɛl]
car alarm	poplašné zařízení ['pɔplaʃnɛ: 'zaɾɪ:zɛɲi:]
car wash	mytí aut ['mɪci 'ʔaʊt]
carburetor	karburátor ['karbʊra:tɔr], splynovač ['splɪnɔʊatʃ]
chain	řetěz ['ɾɛtɛs]
changing gears	řazení (rychlostí) [ɾazɛɲi: ('rɪxlɔstiː)]
charge	náboj ['na:bɔj]
clutch	spojka ['spɔjka]
clutch lever	páka spojky ['pa:ka 'spɔjkɪ]

comprehensive accident insurance coverage	plná havarijní pojistka ['plna: ɦavarɪjnɪ 'pojstka]
construction site	staveniště ['stavɛɲɪʃcɛ]
coolant	chladicí kapalina ['xlaɟɪt͡sɪ: 'kapalɪna]
cylinder	válec ['va:lɛt͡s]
cylinder head	hlava válce ['ɦlava 'va:lt͡sɛ]
defect, breakdown	defekt ['dɛfɛkt], porucha ['poruxa]
detour	objížd'ka [ʔobji:ʃcka]
detour road	objízdná komunikace [ʔobji:zdna: 'komunɪkat͡sɛ]
to dim the headlights	ztlumit světla ['stlumɪt 'svjɛtla]
dimmed headlights	tlumená/potkávací světla ['tlumɛna:/'potka:vat͡sɪ: 'svjɛtla]
disc	disk [ɟɪsk]
distributor	rozdělovač ['rozɟɛlovat͡ʃ]
documents (for car)	doklady ['dokladɪ], papíry ['papi:rɪ]
driver's license	řidičský průkaz ['rɪɟɪt͡ʃskɪ 'pru:kas], řidičák ['rɪɟɪt͡ʃa:k]
emergency flasher button	výstražny trojúhelník ['vi:straʒnɪ 'troj'u:ɦɛlɲi:k]
emergency lights	výstražná světla ['vi:straʒna: 'svjɛtla]
emergency road service	nehodová/havarijní služba ['nɛɦodova:/'ɦavarɪjnɪ: 'sluʒba]
emergency telephone	telefon pro tísňové volání ['tɛfɛfon 'prot͡si:sɲoʋɛ: 'vola:ɲi:]
engine	motor ['motor]
engine hood	kapota motoru ['kapota 'motoru]
exhaust pipe	výfuk ['vi:fuk]
fan (car motor)	ventilátor ['vɛntɪla:tor]
fan belt (v-belt)	klínový řemen ['klɪ:novɪ: 'rɛmɛn]
first gear	první rychlost ['prʋɲɪ: 'rɪxlost] jednička [jɛɟɲɪt͡ʃka]
flat tire	píchlá guma/pneumatika ['pi:xla: 'guma/'pnɛu̯matɪka]
foot brake	nožní brzda ['noʒɲɪ: 'brzda]
four-lane	čtyřproudovy [t͡ʃtɪrprɔu̯dou̯:]
four-wheel drive, all-wheel drive	náhon na všechna kola ['na:ɦon 'naʃɛxna 'kola], pohon všech kol ['poɦon 'fʃɛx 'kol]
front axle	zadní náprava ['zaɟɲɪ: 'na:prava]
front wheel	přední kolo ['prɛɟɲɪ: 'kolo]
front-wheel drive	pohon předních kol ['poɦon 'prɛɟɲɪ:x 'kol], přední náhon ['prɛɟɲɪ: 'na:ɦon]
fuel injector	vstřikovací čerpadlo ['fstrɪkou̯at͡sɪ: 't͡ʃɛrpadlo]
fuse	pojistka ['pojstka]

gas can	kanystr (na benzín) ['kanɪstr̩ ('nabɛnzɪ:n)]
gas pedal	akcelerátor [ˈʔaktsɛlɛraːtɔr], plynový pedál [ˈplɪnɔuiː pɛdaːl], plyn [plɪn]
gas pump	benzínové čerpadlo [ˈbɛnziːnɔuɛ: ˈt͡ʃɛrpadlɔ]
gas station	benzínová pumpa [ˈbɛnziːnɔua: ˈpumpa]
gasoline	benzín [ˈbɛnziːn]
gear	převodový stupeň [ˈpr̝ɛuɔdɔuiː ˈstupɛɲ], rychlost [ˈrɪxlɔst]
gearshift	řadicí páka [ˈraɟit͡sɪː ˈpaːka]
generator	dynamo [ˈdɪnamɔ], alternátor [ˈʔaltɛrnaːtɔr]
handlebars	řidítka *pl* [ˈrɪɟiːtka]
headlight	světlo(met) [ˈsujɛtlɔ(mɛt)], reflektor [ˈrɛflɛktɔr]
headlights	přední světlo [ˈpr̝ɛɟɲi: ˈsujɛtlɔ]
heating	topení [ˈtɔpɛɲiː]
helmet	ochranná přílba [ˈʔɔxranaː ˈpr̝iːlba], helma [ˈɦɛlma]
highway	dálnice [ˈdaːlɲit͡sɛ]
to hitchhike	stopovat [ˈstɔpɔuat]
hitchhiker	stopař [ˈstɔpar̝]
horn	houkačka [ˈɦɔukat͡ʃka], klaxon [ˈklaksɔn]
HP, horsepower	koňská síla [ˈkɔɲska: ˈsɪːla] HP [ˈɦaˌpɛ:]
ignition	zapalování [ˈzapalɔuaːɲiː]
ignition key	klíč zapalování [ˈkliːd͡ʒ ˈzapalɔuaːɲiː]
ignition problem	chyba v zapalování [ˈxɪba ˈuzapalɔuaːɲiː]
ignition switch	zámek zapalování [ˈzaːmɛk ˈzapalɔuaːɲiː]
inner tube (tire)	duše [ˈduʃɛ]
insulation, sealing	těsnění [ˈcɛsɲɛɲiː]
insurance card	zelená karta pojištění [ˈzɛlɛna: ˈkarta ˈpɔj(ɪ)ʃcɛɲiː]
jack	zvedák [ˈzuɛdaːk], hever [ˈɦɛuɛr]
jumper cable	kabel pro pomoc při startování [ˈkabɛl ˈprɔpɔmɔt͡s ˈpr̝ɪstartɔuaːɲiː]
kidney belt	ledvinový pás [ˈlɛduɪnɔui: ˈpaːs]
to knock/knock (in the engine)	klepat/klepání v motoru [ˈklɛpat/ˈklɛpaːɲi: ˈumɔtɔru]
lane	jízdní pruh [ˈjiːzɟɲi: ˈprux]

lever, handle	páka ['paːka]
license plate	poznávací značka ['poznaːʋatsɪ: 'znatʃka]
light	světlo ['sʋjetlɔ]
lug wrench	klíč na kola ['klɪːtʃ 'nakɔla]
measure (oil)	měrka ['mɲɛrka], tyčkový olejoznak ['tɪtʃkɔʊːⁱ 'ᵒlɛjɔznak]
moped	moped ['mɔpɛt]
motorbike	motocykl ['mɔtɔtsɪkl̩], motorka ['mɔtɔrka]
mountain bike	horské kolo ['hɔrskɛː 'kɔlɔ]
mud guard	plechový kryt ['plɛxɔʊːⁱ 'krɪt], blatník ['blacɲiːk]
muffler	tlumič ['tlʊmɪtʃ]
multiple-lane highway	víceproudá silnice ['ʋɪːtsɛ‚prɔʊda: 'sɪlɲɪtsɛ]
neutral gear	volnoběh ['ʋɔlnɔ‚bjɛx]
nozzle	tryska ['trɪska]
nut	matice ['macɪtsɛ]
octane number	oktanové číslo [ⁱᵒktanɔʊɛ: 'tʃɪːslɔ]
oil	olej [ⁱᵒlɛj]
to oil	(na)mazat ['(na)mazat]
oil change	výměna oleje ['ʋɪːmɲɛna ⁱᵒlɛjɛ]
parking	parking ['parkɪŋk]
parking brake, hand brake	ruční brzda ['rʊtʃɲi: 'brzda]
parking lights	parkovací světlo ['parkɔʊatsɪ: 'sʋjetlɔ]
parking lot	parkoviště ['parkɔʊɪʃcɛ]
parking meter	parkovací hodiny ['parkɔʊatsɪ: 'ɦɔɟɪnɪ]
parking sign	parkovací tabulka ['parkɔʊatsɪ: 'tabʊlka]
partial insurance	částečná pojistka ['tʃaːstɛtʃna: 'pɔjstka]
pass	předjíždět ['prɛdjiːʒɟɛt]
pedal	pedál ['pɛdaːl]
percentage	promile ['prɔmɪlɛ]

The allowed percentage of alcohol in blood is 0.0.

piston	píst ['pɪːst]
puncture repair kit	souprava na lepení duší ['sɔʊprava 'nalɛpɛɲi: 'dʊʃɪ:]
racing bicycle	závodní kolo ['zaːʋɔɟɲi: kɔlɔ]

radar speed check	kontrola radarem [ˈkɔntrɔla ˈradarɛm]
radiator	chladič [ˈxladɪtʃ]
rear axle	přední náprava [ˈpřɛɟniːˈnaːprava]
rear light, tail light	koncové světlo [ˈkɔnt͡sɔvɛːˈsvjɛtlɔ]
rear wheel	zadní kolo [ˈzaɟniː ˈkɔlɔ]
rear-wheel drive	zadní náhon [ˈzaɟni ˈnaːɦɔn]
rearview mirror	zpětné zrcátko [ˈspjɛtnɛː ˈzrt͡saːtkɔ]
reflector	reflektor [ˈrɛflɛktɔr]
release the clutch	zařadit neutrál [ˈzařaɟɪt ˈnɛʊtraːl]
rest area	odpočívadlo [ˈɔtpɔt͡ʃiːʊadlɔ]
reverse gear	zpátečka [ˈspaːtɛt͡ʃka]
road	silnice [ˈsɪlɲɪt͡sɛ]
road map	automapa [ˈaʊtɔmapa]
road sign	silniční ukazatel [ˈsɪlɲɪt͡ʃniː ˈukazatɛl], směrovka [ˈsmɲɛrɔfka]
roof rack (auto)	zahrádka [ˈzaɦraːtka]
safety belt	bezpečnostní pás [ˈbɛspɛt͡ʃnɔst͡ɲiː ˈpaːs]
sandpaper	smirkový papír [ˈsmɪrkɔʊiː ˈpapiːr] šmirgl [ˈʃmɪrɡl]
scooter	skútr [ˈskuːtr]
screw, bolt	šroub [ʃrɔʊp]
screwdriver	šroubovák [ˈʃrɔʊbɔʊaːk]

seat	sedlo ['sɛdlɔ]
short circuit	zkrat ['skrat], krat'as ['kracas]
sliding roof	posuvná střecha ['pɔsuʊna: 'strɛxa]
(snow) chain	řetěz ke kolu ['rɛcɛs 'kɛkɔlu]
snow tires	zimní pneumatiky ['zɪmɲi: 'pnɛ͡ʊmatɪkɪ]
socket wrench	nástrčkový klíč ['na:strt͡ʃkɔʊɪ: 'kli:t͡ʃ]
spare parts	náhradní díly ['na:ɦraɟɲi: 'ɟi:lɪ]
spare tire	rezerva ['rɛzɛrʊa], rezervní kolo ['rɛzɛrʊɲi: kɔlɔ]
spare wheel	rezervní kolo ['rɛzɛrʊɲi: kɔlɔ] rezerva ['rɛzɛrʊa]
spark plug	(zapalovací) svíčka [('zapalɔʊat͡sɪ:) 'sʊi:t͡ʃka]
speedometer	tachometr ['taxɔmɛtr]
spoke (tire or wheel)	paprsek kola ['paprsɛk 'kɔla]
to start motor	nastartovat ['nastartɔʊat] naskočit ['naskɔt͡ʃɪt]
starter	startér ['startɛ:r]
steering wheel	volant ['ʊɔlant]
suspension	pérování ['pɛ:rɔʊa:ɲi:]
tank	nádrž ['na:drʃ]
three-/ten-speed bicycle	(jízdní) kolo se třemi/s deseti převody [('ji:zɟɲi:) 'kɔlɔ 'sɛt̞rɛmɪ/'zdɛsɛcɪ 'prɛʊɔdɪ]
tire	pneumatika ['pnɛ͡ʊmatɪka], guma ['guma], plášť (pneumatiky) ['pla:ʃc ('pnɛ͡ʊmatɪkɪ)]
toll	silniční poplatek ['sɪlɲɪt͡ʃ ɲi: 'pɔplatɛk]
tools	nářadí ['na:ɻaɟi:]
to tow	odtáhnout [ˀɔt·a:ɦnɔ͡ʊt]
tow truck	odtahový vůz [ˀɔt·aɦɔʊɪ: 'ʊu:s]
towing cable	vlečné lano ['ʊlɛt͡ʃnɛ: 'lanɔ]
towing service	odtahová služba [ˀɔt·aɦɔʊa: 'sluʒba]
traffic fine, ticket	pokuta ['pɔkuta]
traffic jam	dopravní zácpa ['dɔpraʊɲi: 'za:t͡spa]
traffic lights	semafor ['sɛmafɔr], světla *pl* ['sʊjɛtla]
trailer	přívěs ['pr̝i:ʊjɛs]
transmission	převodovka ['prɛʊɔdɔfka]
truck	nákladní automobil ['na:klaɟɲi: ˀa͡ʊtɔmɔbɪl], náklad'ák ['na:klaɟa:k]
trunk, luggage space	zavazadlový prostor ['zaʊazadlɔʊɪ: 'prɔstɔr], kufr ['kufr]

to turn	odbočit [ˈʔɔdbɔtʃɪt]
valve	ventil [ˈvɛntɪl]
wheel	kolo [ˈkɔlɔ]
windshield	přední sklo [ˈprɛɲniː ˈsklɔ]
windshield wiper	stěrač [ˈscɛratʃ]
work shop	dílna [ˈjiːlna], opravna [ˈʔɔpravna]
wrench	klíč na šrouby [ˈkliːtʃ ˈnaʃrɔubɪ]

Airplane

Letadlo

At the Travel Agency/ At the Airport   V cestovní kanceláři/Na letišti

Where is the check-in counter of the airline ...?

Kde je přepážka letecké společnosti ...? [ˈgdɛ jɛ ˈprɛpaːʃka ˈlɛtɛtskɛː ˈspɔlɛtʃnɔscɪ]

When will the plane to ... depart?

Kdy letí příští letadlo do ...? [ˈgdɪ ˈlɛciː ˈprɪːʃciː ˈlɛtadlɔ ˈdɔ]

I would like to book a flight/a return flight to ...

Prosil bych rezervovat let/zpáteční let do ... [ˈprɔsiːl bɪx ˈrɛzɛrʊvat ˈlɛt/ ˈspaːtɛtʃɲiː ˈlɛt ˈdɔ]

Are there any seats left?

Jsou ještě volná místa? [ˈsɔʊ ˈ(j)ɛʃcɛ ˈvɔlnaː ˈmiːsta]

Are there any charter flights here?

Existují taky chartery? [ˈʔɛgzɪstʊjiː ˈtakɪ ˈtʃaːrtrɪ]

How much is the economy class/first class ticket?

Kolik stojí letenka v turistické/ v první třídě? [ˈkɔlɪk ˈstɔjiː ˈlɛtɛŋka ˈturɪstɪtskɛː/ˈfprʊɲi ˈtrɪːjɛ]

What is the the weight limit for free luggage?

Kolik kilo zavazadel je bez příplatku? [ˈkɔlɪkˑɪlɔ ˈzavazadɛl jɛ ˈbɛsprɪːplatkʊ]

How much is one kilogram of weight over the limit?

Kolik stojí kilo navíc? [ˈkɔlɪk ˈstɔjiː ˈkɪlɔ ˈnavɪːts]

I would like to cancel/ change this flight.

Chtěl/-a bych stornovat/změnit tenhle let. [ˈxcɛl/-a bɪx ˈstɔrnɔva/ ˈzmɲɛɲɪt ˈtɛnɦlɛ ˈlɛt]

At what time do I have to be at the airport?

V kolik hodin musím být na letišti? [ˈfkɔlɪg ˈɦɔɟɪn ˈmusiːm ˈbɪːt naˈlɛcɪʃcɪ]

Where is the information office?/Where is the waiting room?	Kde jsou informace?/Kde je čekárna? ['gdɛ sɔu ˤɪnfɔrmatsɛ/'gdɛ jɛ t͡ʃɛka:rna]
May I take this as carry-on luggage?	Můžu si to vzít jako příruční zavazadlo? ['mu:ʒu sɪ tɔ 'vzi:t jakɔ 'prɪ:rut͡ʃnɪ 'zavazadlɔ]
Is the plane to … delayed?	Má letadlo do … zpoždění? ['ma: 'lɛtadlɔ 'dɔ … 'spɔʒɟɛɲi:]
How late is the plane?	Jak velké má zpoždění? ['jak 'vɛlkɛ ma: 'spɔʒt͡sɛɲi:]
Has the plane from … landed yet?	Přistálo už letadlo z/ze …? ['pr̝ɪsta:lɔ ˤuʃ 'lɛtadlɔ 's/z/zɛ]
Last call. We ask passengers for …, on flight number …, to come to gate number …	Poslední výzva. Žádáme cestující do …, let číslo …, aby se dostavili k východu … ['pɔslɛɟɲi: 'vɪːzva 'ʒa:da:mɛ t͡sɛstuji t͡sɪ: 'dɔ … 'lɛt·ʃɪːslɔ … ˤabɪ sɛ 'dɔstavɪlɪ 'kuɪːxɔdu]

On Board | Na palubě letadla

Please do not smoke! Please fasten your seatbelts!	Prosíme nekuřte! Připoutejte se! ['prɔsi:mɛ 'nɛkur̝tɛ 'pr̝ɪpɔutejtɛ sɛ]
What river is that? What lake/mountain range is that?	Jaká je to řeka? Jaké je to jezero/pohoří? ['jaka: jɛ tɔ 'r̝ɛka/'jakɛ: jɛ tɔ 'jɛzɛrɔ/'pɔhɔr̝ɪ:]
Where are we now?	Kde jsme teď? ['gdɛ smɛ 'tɛc]
When will we land in …?	Kdy přistaneme v/ve …? [gdɪ 'pr̝ɪstanɛmɛ 'f/ʊ/ʊɛ]
We will land in about … minutes.	Přistaneme asi za … minut. ['pr̝ɪstanɛmɛ ˤasɪ 'za … 'mɪnut]
What is the weather like in …?	Jaké počasí je v/ve …? ['jakɛ: jɛ pɔt͡ʃasɪ: 'f/ʊ/ʊɛ]

Arrival | Přílet

▶ See also Chapter 9—Lost and Found

I cannot find my luggage/my suitcase.	Nemůžu najít své zavazadlo/svůj kufr. ['nɛmu:ʒu 'naji:t 'svɛ: 'zavazadlɔ/'svu:j 'kufr̩]

My luggage has been lost.	Ztratilo se mi zavazadlo. ['stracɪlɔ sɛ mɪ 'zavazadlɔ]
My suitcase has been damaged.	Můj kufr byl poškozen. [muːj 'kufr bɪl 'pɔʃkɔzɛn]
Who can I speak with?	Na koho se můžu obrátit? ['na kɔɦɔ sɛ 'muːʒu ˀɔbraːcɪt]
Where does the bus to the terminal/to the airline depart from?	Odkud jede autobus k terminálu/ k aeroliniím? ['ɔtkʊc jɛdɛ ˀaˆʊtɔbus 'ktɛrmɪnaːlʊ/ 'k ˀɛːrɔlɪnɪ jiːm]

A view of the Charles Bridge, Prague

Word List: Airplane ▶ See also Word Lists: Ship, Train

airline	letecká společnost ['lɛtɛt͡ska: 'spɔlɛt͡ʃnɔst]
airline flight	linkový let ['lɪŋkɔʊɪ: lɛt], linka ['lɪŋka]
airplane	letadlo ['lɛtadlɔ]
airport	letiště ['lɛcɪʃcɛ]
airport bus	autobus na letiště [ˀaˆʊtɔbus 'nalɛcɪʃcɛ]
airport map	plán letiště ['plaːn 'lɛcɪʃcɛ]
airport tax	letištní poplatek ['lɛcɪʃcɲi: 'pɔplatɛk]
aisle	ulička [ˀulɪt͡ʃka]
arrival	přílet ['pr̝ɪːlɛt]
baggage claim	výdej zavazadel ['ʋɪːdɛj 'zavazadɛl]

boarding pass	palubka ['palupka], palubní lístek ['palubɲiː 'liːstɛk]
to book, make a reservation	rezervovat ['rɛzɛruɔvat]
cancel	stornovat ['stɔrnɔvat], zrušit ['zruʃɪt]
captain	kapitán ['kapɪtaːn]
carry-on luggage	příruční zavazadlo ['pr̝ɪːruʧɲiː 'zavazadlɔ]
change reservation	změnit rezervaci ['zmɲɛɲɪt 'rɛzɛruaʦɪ]
charter flight	charter ['ʧaːrtr̝]
to check in	odbavit ['ʔɔdbavɪt]
check-in	odbavení zavazadel ['ʔɔdbavɛɲiː 'zavazadɛl]
connection	spojení ['spɔjɛɲiː]
crew	posádka ['pɔsaːtka]
delay	zpoždění ['spɔʒɟɛɲiː]
departure	odlet ['ʔɔdlɛt]
departure lounge	nástupní plošina ['naːstupɲi 'plɔʃɪna]
destination	cíl cesty ['ʦiːl 'ʦɛstɪ]
direct flight	přímý let ['pr̝iːmiː 'lɛt]
domestic flight	vnitrostátní let ['unɪtrɔstaːʦɲi 'lɛt]
duty-free sale	bezcelní prodej ['bɛsʦɛlɲi 'prɔdɛj]
economy class	turistická třída ['turɪstɪʦka 'tr̝iːda]
emergency chute	nouzová skluzavka ['nɔuzɔva 'skluzaɟka]
emergency exit	nouzový východ/výstup ['nɔuzɔuɪ 'uiːxɔt/'uiːstup]
emergency landing	nouzové přistání ['nɔuzɔuɛ 'pr̝ɪstaːɲiː]
fasten seat belts	připoutat se ['pr̝ɪpɔutat sɛ]
flight	let [lɛt]
flight attendant	stevard/letuška ['stɛuart/'lɛtuʃka]
flight insurance	bezpečnostní poplatek ['bɛspɛʧnɔsʦɲi 'pɔplatɛk]
helicopter	vrtulník ['ur̩tulɲiːk], helikoptéra ['ɦɛlɪkɔptɛːra]
international flight	mezistátní let ['mɛzɪstaːʦɲi 'lɛt]
itinerary	trasa letu ['trasa 'lɛtu]
jet plane	tryskové letadlo ['trɪskɔuɛ 'lɛtadlɔ]
to land	přistát ['pr̝ɪstaːt]
landing	přistání ['pr̝ɪstaːɲiː]
life jacket	plovací/záchranná vesta ['plɔuaʦiː/'zaːxranaː 'uɛsta]
luggage	zavazadlo ['zavazadlɔ]
luggage cart	vozík na zavazadla ['uɔziːk 'nazavazadla]
luggage tag	visačka ['uɪsaʧka]

nonsmoking	nekuřák *sing*/nekuřáci *pl* ['nɛkuʁa:k/'nɛkuʁa:t͡sɪ]
on board	na palubě ['napalubjɛ]
passenger	pasažér ['pasaʒɛːr], cestující ['t͡sɛstuji:tsi:]
pilot	pilot/ka ['pɪlot/ka]
plane ticket	letenka ['lɛtɛŋka]
reservation	rezervace ['rɛzɛrʋat͡sɛ]
runway	rozjezdová plocha ['rɔzjɛzdɔʋaː 'plɔxa]
safety belt	bezpečnostní pás ['bɛspɛt͡ʃnɔscɲiː 'paːs]
safety check	bezpečnostní kontrola ['bɛspɛt͡ʃnɔscɲiː 'kontrola]
scheduled time of departure	odlet podle letového řádu ['ʔodɛt 'pɔdlɛ 'lɛtɔʋɛːɦɔ 'ʁaːdu]
smoker	kuřák *sing*/kuřáci *pl* ['kuʁa:k/'kuʁa:t͡sɪ]
stopover	mezipřistání ['mɛzɪˌpr̝ɪstaːɲiː]
terminal, airline	terminal ['tɛrmɪnaːl], aerolinie ['ʔɛːrɔlɪnɪjɛ]
time of arrival	doba příletu ['dɔba 'pr̝iːlɛtu]
window	okénko ['ʔokɛːŋkɔ], přepážka ['pr̝ɛpaːʃka]
window seat	sedadlo u okénka ['sɛdadlɔ 'ʔuˈʔokɛːŋka]

Train

Železnice/Dráha

At the Travel Agency/ At the Railroad Station	**V cestovní kanceláři/Na nádraží**
I would like a second class/first class ticket to …	Prosím jízdenku druhé třídy/ první třídy do … ['prosiːm 'jiːzdɛŋku 'druɦɛ: 'tr̝iːdɪ/'pruɲiː 'tr̝iːdɪ dɔ]
A round-trip ticket, please.	Dvakrát zpáteční prosím. ['dʋakraːt 'spaːtɛt͡ʃɲiː 'prosiːm]
Is there a discount for children/large families/ students?	Je na děti/pro rodiny s více dětmi/ pro studenty sleva? ['jɛ 'naɟɛcɪ/ 'prorɔɟɪnɪ 'suːˈft͡sɛ 'ɟɛtmɪ/ 'prostudɛntɪ 'slɛʋa]

There is a discount for commuters (school children, students, etc.).
Many trains don't have seat reservation.

Do you sell discounted weekend tickets here?

Prodávají se zlevněné víkendové lístky? ['proda:ʋaji sɛ 'zlɛʋɲɛnɛː 'ʋiːkɛndoʋɛː 'liːski]

I would like a seat reservation for the train to ... for ... o'clock.

Prosím místenku na vlak do ... v ... hodin. ['prosɪːmˈɪːstɛŋku 'naʋlag 'do ... 'ʋ ... ɦoɟɪn]

Would you like a window seat?

Chcete místo u okna? ['xtsɛtɛ 'mɪːsto ⁱᵘu²okna
]

I would like a berth/ a sleeping car ticket for the 8 P.M. train to ...

Chtěl/- a bych lehátko/lůžko do vlaku ve dvacet hodin do ... ['xcɛl/-a bɪx 'lɛɦaːtko/'luːʃko 'doʋlaku 'ʋɛdʋat͡sɛd 'ɦoɟɪn 'do]

I want to check in this suitcase as additional luggage.

Tenhle kufr chci podat jako spoluzavazadlo. ['tɛnɦlɛ 'kufr 'xt͡sɪ 'podat 'jako 'spoluzaʋazadlo]

Where can I check in a bicycle?

Kde můžku podat kolo? ['gdɛ 'muːʒu 'podat 'kolo]

Would you like to insure your luggage?

Chcete zavazadla pojistit? ['xt͡sɛtɛ 'zaʋazadla 'poj(ɪ)scɪt]

Does the luggage go in the train at ... o'clock?

Jedou zavazadla vlakem v/ve ... hodin? ['jɛdou 'zaʋazadla 'ʋlakɛm 'f/ ʋ/ʋɛ ... ɦoɟɪn]

When will it arrive in ...?

Kdy dojdou do ...? ['gdɪ 'dojdoṷ 'do]

Is the train from ... delayed?

Má vlak z/ze ... zpoždění? ['maː 'ʋlak 's/z/zɛ ... 'spoʒɟɛɲiː]

Is there a connection in ...?

Mám v/ve ... spojení do ...? ['maːm 'f/ʋ/ʋɛ ... 'spojɛɲiː 'do]

(Where) Do I have to change trains?

(Kde) Musím přestupovat? [('gdɛ) 'musɪːm 'pr̝ɛstupoʋat]

From which track does the train to ... leave?

Ze které koleje jede vlak do ...? ['zɛ ktɛrɛː 'kolɛjɛ 'jɛdɛ 'ʋlag 'do]

Train number ... from ... to ... is arriving on the first track.

Vlak číslo ... z/ze ... do ... přijíždí na první kolej. ['ʋlak t͡ʃiːslo ... 's/z/zɛ ... 'do ... 'pr̝ɪjiːʒɟiː 'napr̝uɲi 'kolɛj]

Train number ... from ... is delayed by ten minutes.

Vlak číslo ... z/ze ... má deset minut zpoždění. ['ʋlak t͡ʃiːslo ... 's/z/zɛ ... 'maː 'dɛsɛt 'mɪnut 'spoʒɟɛɲiː]

Please get on the train, the door is closing.

Nastupujte prosím, dveře se zavírají.
['nastupujtɛ 'prɔsiːm 'dvɛɾɛ sɛ 'zauɪːraji:]

On the Train

Ve vlaku

Excuse me, is this seat (still) free?

Promiňte, je tohle místo (ještě) volné?
['prɔmɪɲtɛ 'jɛ 'tɔɦlɛ 'miːstɔ (('j)ɛʃcɛ) 'vɔlnɛː]

Can you help me, please?

Prosím vás, můžete mi pomoct?
['prɔsiːm vaːs 'muːʒɛtɛ mɪ 'pɔmɔt͡st]

May I open/close the window?

Můžu otevřít/zavřít okno?
['muːʒu ᵖɔtɛvɾɪːt/'zavɾɪːt ᵖɔknɔ]

Excuse me, please. This is for nonsmokers.

Promiňte prosím. Tohle jsou nekuřáci. ['prɔmɪɲtɛ 'prɔsiːm 'tɔɦlɛ sɔu 'nɛkuɾa:t͡sɪ]

Excuse me, this is my seat. I have a seat reservation ticket.

Promiňte, to je moje místo. Mám místenku. ['prɔmɪɲtɛ 'tɔ jɛ 'mɔjɛ 'miːstɔ 'maːm 'mɪːstɛŋku]

Tickets, please.

Jízdenky prosím. ['jiːzdɛŋkɪ 'prɔsiːm]

Did anyone get on recently?

Přistoupil prosím?
['pr̥ɪstɔ͡upɪl 'prɔsiːm]

Does this train stop in …?

Staví tenhle vlak v/ve …?
['stauɪː 'tɛnɦlɛ 'vlak 'f/u/vɛ]

Where are we now?

Kde jsme teď? ['gdɛ smɛ 'tɛc]

How long will we stand here?

Jak dlouho tu budeme stát?
[jag 'dlɔ͡uɦɔ tu 'budɛmɛ 'staːt]

Will we arrive on time?

Přijedeme přesně?
['pr̥ɪjɛdɛmɛ 'pr̥ɛsɲɛ]

Word List: Train

▶ See also Word Lists: Airplane, Ship

additional charge	příplatek ['pr̥iːplatɛk]
aisle	ulička [ˀulɪt͡ʃka]
to arrive	přijet ['pr̥ɪjɛt]
baggage cart	vozík na zavazdla ['vɔziːk 'nazauazadla]
baggage claim ticket	podací lístek (na zavazadla) ['pɔdat͡sɪː 'liːstɛk ('nazauazadla)]

baggage locker	(uzamykatelná) přihrádka na zavazadla [(ˀuzamɪkatɛlna:) prɪɦra:tka ˈnazauazadla]
baggage office	úschovna (zavazadel) [ˀu:sxɔuna (ˈzauazadɛl)]
baggage office counter	okénko úschovny (zavazadel) [ˀɔkɛ:ŋkɔ ˀu:sxɔunɪ (ˈzauazadɛl)]
baggage porter	nosič (zavazadel) [ˈnɔsɪt͡ʃ (ˈzauazadɛl)]
berth	lehátko [ˈlɛɦa:tkɔ], lůžko [ˈluːʃkɔ]
to buy a ticket on the train	koupit si jízdenku ve vlaku [ˈkɔupɪt sɪ ˈji:zdɛŋku ˈuɛulaku]
car number	číslo vozu [t͡ʃi:slɔ ˈuɔzu]
central railway station	hlavní nádraží [ˈɦlauɲi: ˈna:draʒɪ:]
children's ticket	dětská jízdenka [ˈɟɛt͡ska: ˈji:zdɛŋka]
compartment	oddělení [ˀɔɟɛlɛɲi:]
departure	odjezd [ˀɔdjɛst]
departure time	doba odjezdu [ˈdɔba ˀɔdjɛzdu]
direct car	přímy/kursovní vůz [ˈprɪ:mɪ/ˈkurzɔuɲi: ˈuu:s]
direct train	přímý (dálkový) rychlík [ˈprɪ:mɪ: (ˈda:lkɔuɪ:) rɪxlɪ:k]
discount	sleva [ˈslɛua]
emergency brake	záchranná brzda [ˈza:xrana: ˈbr̩zda]
engine	lokomotiva [ˈlɔkɔˌmɔtɪːua]
express train	rychlík [ˈrɪxlɪ:k]
free	volno [ˈuɔlnɔ]
to get off	vystoupit [ˈuɪstɔupɪt]
to get on	nastoupit *pf* [ˈnastɔupɪt], nastupovat *ipf* [ˈnastupɔuat]
group ticket	hromadná jízdenka [ˈɦrɔmadna: ˈji:zdɛŋka]
guide book	turistický průvodce [ˈturɪstɪt͡skɪ: ˈpru:uɔt͡sɛ]
luggage	zavazadla *pl* [ˈzauazadla]
luggage rack	místo na zavazadla [ˈmɪ:stɔ ˈnazauazadla]
nonsmoking compartment	nekuřácké kupé [ˈnɛkuřa:t͡skɛ: ˈkupɛ:]
occupied	obsazeno [ˀɔpsazɛnɔ]
platform pass	perónka [ˈpɛrɔ:ŋka]
railway	železnice [ˈʒɛlɛzɲit͡sɛ], dráha [ˈdra:ɦa]
railway station	nádraží [ˈna:draʒɪ:]

railway station restaurant	nádražní restaurace ['na:draʒɲi: 'rɛsta͡uratsɛ]
reservation	rezervace ['rɛzɛrʋatsɛ]
restaurant car	jídelní vůz ['ji:dɛlɲi: 'ʋu:s]
restrooms	toaleta ['to͡alɛta], umývárna [ʔumɪʋa:rna]
return ticket	zpáteční jízdenka ['spa:tɛt͡ʃɲi: 'ji:zdɛnka]
round-trip ticket	okružní jízdenka [ʔokruʒɲi: 'ji:zdɛnka]
seat reservation	místenka ['mi:stɛnka]
smoking compartment	kuřácké kupé ['kuɾa:tskɛ: 'kupɛ:]
subject to additional charge	jen na příplatek ['jɛ n·aprɪ:platɛk]
ticket	jízdenka ['ji:zdɛnka]
ticket control	kontrola jízdenek ['kontrola 'ji:zdɛnɛk]
ticket office	jízdenková pokladna ['ji:zdɛnkoʋa: 'pokladna], prodejna jízdenek ['prodɛjˈɪ:zdɛnɛk]
ticket price	cena jízdenky ['tsɛna 'ji:zdɛnkɪ]
track	kolej ['kolɛj]
train	vlak [ʋlak]
train personnel	vlakový personál ['ʋlakoʋɪ: 'pɛrsona:l]
train schedule	jízdní řád ['ji:zɟɲi: 'ʀa:t]
waiting room	čekárna ['t͡ʃɛka:rna]
window seat	místo u okna ['mɪ:sto ʔuʔokna]

Ship

Lod'

Information	**Informace**
What is the best boat connection to …?	Jaké je nejlepší spojení lodí do …? [jakɛ: jɛ 'nɛjlɛpʃɪ: 'spojɛɲi: 'loɟi: 'do]
Where/When does the next boat/ferry leave for …?	Kde/Kdy jede příští lod'/přívoz? ['gdɛ/'gdɪ 'jɛdɛ 'prɪ:ʃci: 'loc/ 'prɪ:ʋos]
What ports will we stop in?	Ve kterých přístavech zakotvíme? ['ʋɛktɛrɪ:x 'prɪ:staʋɛx 'zakotʋɪ:mɛ]

| When will we stop in …? | Kdy zakotvíme v/ve …? ['gdɪ 'zakɔtuɪːmɛ 'f/ʊ/ʋɛ] |
| How long will the stopover be in …? | Jak dlouhá bude zastávka v/ve …? [jag 'dlɔuɦaː 'budɛ 'zastaːfka 'f/ ʊ/ʋɛ] |

I would like a ticket for … Chtěl/-a bych lístek na loď do … ['xcɛl/-a bɪx 'lɪːstɛk 'naloɟ 'dɔ]

first class. první třídu. ['prʊɲi tr̝ːdu]

economy class. turistickou třídu. ['turɪstɪt͡skɔ͡u 'tr̝ːdu]

a single cabin. jednolůžkovou kabinu. ['jednɔluːʃkɔʋɔ͡u 'kabɪnu]

a double cabin. dvoulůžkovou kabinu. ['dʋɔ͡uluːʃkɔʋɔ͡u 'kabɪnu]

I would like a ticket for the excusion at … o' clock. Chtěl/-a bych lístek na okružní jízdu v/ve … hodin. ['xcɛl/-a bɪx 'lɪːstɛk 'na'ɔkruʒɲi jiːzdu 'f/ʊ/ʋɛ … 'ɦɔɟɪn]

On Board | ## Na palubě

I am looking for cabin number …, please.	Prosím, hledám kabinu číslo … ['prɔsɪːm 'ɦlɛdaːm 'kabɪnu 'ʧiːslɔ]
Can I get another cabin?	Můžu dostat jinou kabinu? ['muːʒu 'dɔstat 'jɪnɔ͡u 'kabɪnu]
Where is my suitcase/ my luggage?	Kde je můj kufr/moje zavazadlo? ['gdɛ jɛ 'muːj 'kufr/'mɔjɛ 'zaʋazadlɔ]
Where is the dining room/the social room?	Kde je jídelna/společenská místnost? ['gdɛ jɛ 'jiːdɛlna/'spɔlɛʧɛnskaː 'mɪstnɔst]
At what time are meals served?	V kolik hodin se podává jídlo? ['fkɔlɪg 'ɦɔɟɪn sɛ 'pɔdaːʋa 'jiːdlɔ]
Please bring me …	Přineste mi prosím … ['pr̝ɪnɛstɛ mɪ 'prɔsɪːm]
I don't feel well./I feel sick to my stomach.	Není mi dobře./Je mi nevolno. ['nɛɲi mɪ 'dɔbr̝ɛ/'jɛ mɪ 'nɛʋɔlnɔ]
Please call the doctor!	Zavolejte prosím lékaře! ['zaʋɔlɛjtɛ 'prɔsɪːm 'lɛːkar̝ɛ]
Please give me something for seasickness.	Dejte mi prosím něco proti mořské nemoci. ['dɛjtɛ mɪ 'prɔsɪːm 'ɲɛt͡sɔ 'prɔcɪ 'mɔr̝skɛː 'nɛmɔt͡sɪ]

Word List: Ship   ▶ See also Word Lists: Airplane, Train

anchor	kotva [ˈkɔtva]
bow, prow	příď [pr̝iːc]
cabin	kabina [ˈkabɪna], kajuta [ˈkajuta]
to call at	zakotvit v/ve [zakɔtvɪt f/ʊ/ʋɛ]
captain	kapitán [ˈkapɪtaːn]
car ferry	přívoz pro auta [ˈpr̝iːvɔs ˈprɔˈauta]
connection	spojení [ˈspɔjɛɲiː]
course	kurs [kurs]
crew	posádka [ˈpɔsaːtka]
deck	paluba [ˈpaluba]
disembark	vylodit [ˈvɪlɔɟɪt]
dock at	kotviště [ˈkɔtvɪʃcɛ]
embankment	nábřeží [ˈnaːbr̝ɛʒiː]
embark, board	nalodit [ˈnalɔɟɪt]
ferry	trajekt [ˈtrajɛkt], přívoz [ˈpr̝iːvɔs]
ferry crossing	převoz trajektem [ˈpr̝ɛvɔs ˈtrajɛktɛm]
knot	uzel [ˈʔuzɛl]
land	pevnina [ˈpɛʋɲɪna]
life jacket	plovací vesta [ˈplɔʋat͡siː ˈʋɛsta]
life preserver	záchranný kruh [ˈzaːxranɪ ˈkrux]
lifeboat	záchranný člun [ˈzaːxranɪ ˈt͡ʃlun]
lighthouse	maják [ˈmajaːk]
motorboat	motorový člun [ˈmɔtɔrɔviː ˈt͡ʃlun]
oar	veslo [ˈʋɛslɔ]
on board	na palubě [ˈnapalubjɛ]
passenger	cestující [ˈt͡sɛstujiːt͡sɪ]
port	levobok [ˈlɛvɔbɔk], přístav [ˈpr̝iːstaf]
port fee	přístavní poplatek [ˈpr̝iːstavɲiː ˈpɔplatɛk]
promenade deck	promenádní paluba [ˈprɔmɛnaːɟɲiː ˈpaluba]
reservation	rezervace (jízdenky) [ˈrɛzɛrvat͡sɛ (ˈjiːzdɛŋkɪ)]
round-trip ride	okružní jízda [ˈʔɔkruʒɲiː jiːzda]
rowboat	veslice [ˈʋɛslɪt͡sɛ], pramice [ˈpramɪt͡sɛ]
to sail	vyplout [ˈvɪplɔut]
sailboat	plachetnice [ˈplaxɛcɲɪt͡sɛ]
sailor	námořník [ˈnaːmɔr̝ɲiːk], lodník [ˈlɔɟɲiːk]

seasickness	mořská nemoc ['mɔr̩ska: 'nɛmɔ͡ts]
ship	parník ['parɲi:k]
shore	břeh [br̩ɛx]
springboard, gangway	lodní můstek ['lɔɟɲi: 'mu:stɛk]
starboard	pravobok ['praʋɔbɔk]
stern	záď [za:c]
steward	steward ['stɛʋart]
ticket	jízdenka ['ji:zdɛɲka], lístek ['li:stɛk]
tweendecks	mezipalubí ['mɛzɪˌpalʊbɪ:]
wave	vlna ['ʊlna]
yacht	jachta ['jaxta]

At the Border
Na hranicích

Passport Check | **Pasová kontrola**

Your passports, please!	Váš pas prosím! ['ʋa:ʃ 'pas 'prɔsɪ:m]
Your passport is expired.	Máte prošlý pas. ['ma:tɛ 'prɔʃlɪ: 'pas]
I belong to a tourist group from …	Patřím k turistické skupině z/ze … ['patr̩ɪ:m 'kturɪstɪ͡tske: 'skupɪɲɛ s/z/zɛ]
Please show me your dog's/cat's …	Ukázal/-a byste mi prosím … pro vašeho psa/vaši kočku? [ᵘuka:zal/ -a bɪstɛ mɪ 'prɔsɪ:m … 'prɔʋaʃɛɦɔ 'psa/'prɔʋaʃɪ: 'kɔ͡tʃku]
health certificate by an official veterinarian.	zdravotní potvrzení od úředního veterináře ['zdraʋɔ͡tɲi: 'potʊr̩zɛɲi: ᵘot̯ʔu:rɛɟni:ɦɔ 'ʋɛtɛrɪna:r̩ɛ]
rabies vaccination certificate.	potvrzení o očkování proti vzteklině ['potʊr̩zɛɲi: ᵘɔʔɔ͡tʃkɔʋa:ɲi: 'prɔcɪ 'ʊstɛklɪɲɛ]
Do you have a visa?	Máte vízum? ['ma:tɛ 'ʋɪ:zum]
Can I get a visa here?	Můžu dostat vízum tady? ['ma:tɛ 'ʋɪ:zum]

Customs

Celní kontrola

Do you have something to declare?

Máte něco k proclení?
['ma:tɛ 'ɲɛtsɔ 'kprɔtslɛɲi:]

No, I have only a few gifts.

Ne, mám jenom pár dárků.
['nɛ 'ma:m 'jɛnɔm 'pa:r 'da:rkʊ:]

Please go over there to the right/left.

Zajed'te si tady napravo/nalevo.
['zajɛctɛ sɪ 'tadɪ 'napravɔ/'nalɛvɔ]

Please open the luggage/ this trunk.

Prosím otevřte zavazadlový prostor/ tenhle kufr. ['prɔsi:m ˀɔtɛfr̩tɛ 'zavazadlɔʊɪ: 'prɔstɔr/'tɛnɦlɛ 'kʊfr̩]

Do I have to clear this through customs?

Musím to proclít?
['musɪ:m tɔ 'prɔtslɪ:t]

How much do I have to pay?

Kolik budu platit cla?
['kɔlɪg 'budu 'placɪ͡ts la]

Word List: At the Border

arrival	příjezd ['pr̩ɪ:jɛst]
border crossing	hraniční přechod ['ɦraɲɪt͡ʃɲi: 'pr̩ɛxɔt]
child's I.D./identity card	dětsky průkaz ['cɛtskɪ: 'pru:kas]
citizenship	státní příslušnost ['sta:cɲi: 'pr̩ɪ:sluʃnɔst]
customs check	celní kontrola [t͡sɛlɲi: 'kɔntrɔla]
customs duty officer	celník/celnice [t͡sɛlɲi:k/t͡sɛlɲɪt͡sɛ]
customs office	celnice [t͡sɛlɲɪtsɛ]
date of birth	datum narození ['datum 'narɔzɛɲi:]
domestic I.D. card	občanský průkaz [ˀɔpt͡ʃanskɪ: 'pru:kas], občanka [ˀɔpt͡ʃaŋka]
driver's license	řidičský průkaz ['r̩ɪɟɪt͡ʃskɪ: 'pru:kas], řidičák ['r̩ɪɟɪt͡ʃa:k]
duty	clo [t͡slɔ], celní poplatky [t͡sɛlɲi: 'pɔplatkɪ]
duty-free	beze cla ['bɛzɛt͡sla], bezcelní ['bɛst͡sɛlɲi:]
exit	výjezd ['vɪ:jɛst], vycestování ['vɪt͡sɛstɔva:ɲi:]
regulation	ustanovení [ˀustanɔvɛɲi:], předpisy ['pr̩ɛtpɪsɪ]
export	vývoz ['vɪ:vɔs]

family name, last name	příjmení ['prɪːmɛɲi:]
first name	(křestní) jméno
	[('kr̥ɛscɲɪ:) '(j)mɛːnɔ]
green insurance card	zelená pojišťovací karta
	['zɛlɛna: 'pɔjɪʃcɔʋatsɪ: 'karta]
health certificate	zdravotní potvrzení
	['zdraʋɔcɲi: 'pɔtʊrzɛɲi:],
	vysvědčení od úředního veterináře
	['ʋɪsʋjɛtʃɛɲi: ⁰ɔt⁰ʊːrɛɲɲi:ɦɔ
	'ʋɛtɛrɪna:rɛ]
import	dovoz ['dɔʋɔs]
international vaccination certificate	mezinárodní očkovací průkaz
	['mɛzɪna:rɔɟɲi: ⁰ɔtʃkɔʋatsɪ:
	'pruːkas]
license plate	poznávací značka státu
	['pɔzna:ʋatsɪ: 'znatʃka 'staːtʊ]
maiden name	rodné jméno ['rɔdnɛ: '(j)mɛːnɔ]
marital status	stav [staf]
married	ženatý *(man)* ['ʒɛnatɪ:],
	vdaná *(woman)* ['ʋdana:]
(travel) passport	(cestovní) pas [(t͡sɛstɔʋɲi:) 'pas]
passport check	pasová kontrola ['pasɔʋa: 'kɔntrɔla]
place of birth	místo narození ['mɪːstɔ 'narɔzɛɲi:]
place of residence	bydliště ['bɪdlɪʃcɛ]
rabies	vzteklina ['ʋstɛklɪna]
single	svobodný ['sʋɔbɔdnɪ:]
subject to duty	podléhající clu ['pɔdlɛːɦajiːt͡sɪ: 't͡slʊ]
vaccination certificate	potvrzení o očkování
	['pɔtʊrzɛɲi: ⁰ɔ⁰ɔtʃkɔʋa:ɲi:]
valid	platný ['platnɪ:]
visa	vízum ['ʋɪːzʊm]
widower/widow	vdovec/vdova ['ʋdɔʋɛt͡s/'ʋdɔʋa]

Local Transportation
Městská hromadná doprava

Many cities have trolleys. In Prague there are buses, street-cars, and three Metro lines, A, B, and C.

Excuse me, please, where is the nearest ...	Kde je prosím nejbližší zastávka ...
	['gdɛ jɛ 'prɔsiːm 'nɛjblɪʃiː 'zasta:ʃka]
bus stop?	autobusu? [⁰'autɔbusʊ]
trolley stop?	trolejbusu? ['trɔlɛjbusʊ]
streetcar stop?	tramvaje? ['tramʋajɛ]
Metro stop?	metra? ['mɛtra]

Which bus/Which streetcar goes to ...?	Který autobus/Která tramvaj jede do ...? ['kterɪ: ˀaʊ̯tɔbus/'ktera: 'tramʋaˈj·ɛdɛ 'dɔ]
Which line goes to ...?	Která linka jede do ...? ['ktera: 'lɪŋka 'jɛdɛ 'dɔ]
Does this bus go to ...?	Jede tenhle autobus do ...? ['jɛdɛ 'tɛnɦlɛ ˀaʊ̯tɔbuz'dɔ]
When/From where does this bus leave?	Kdy/Odkud odjíždí ten autobus? ['gdɪ/ˀɔtkut ˀɔdjiːʒɟi: tɛn ˀaʊ̯tɔbus]
When is the first/last Metro to ...?	Kdy jede první/poslední metro do ...? ['gdɪ 'jɛdɛ 'pruɲi:/'pɔslɛɟɲi: 'mɛtrɔ 'dɔ]
Which direction should I go?	Kterým směrem mám jet? ['kterɪːm 'smɲɛrɛm 'maːm jɛt]
How many stops is it?	Kolik je to stanic? ['kɔlɪk jɛ tɔ 'staɲɪt͡s]
Where do I have to get off/change?	Kde musím vystoupit/přestupovat? ['gdɛ 'musi:m 'ʋɪstoʊ̯pɪt/'pr̝ɛstupɔʋat]

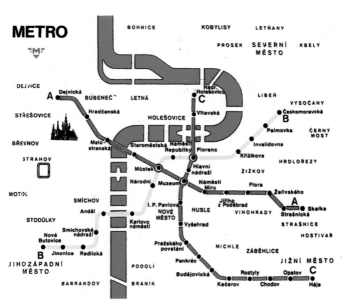

Could you please tell me where I must get off?	Řekněte mi prosím, kde musím vystoupit. ['r̝ɛkɲɛtɛ mɪ 'prɔsiːm 'gdɛ 'musiːm 'vɪstɔupɪt]
Where can I buy a ticket?	Kde si můžu koupit lístek (jízdenku)? ['gdɛ sɪ 'muːʒu 'kɔupɪt 'liːstɛk ('jiːzdɛŋku)]

City transportation tickets can be purchased in kiosks, tobacco and newspaper stands, and in ticket machines. Passengers must mark their ticket upon entry for all means of transportation. It is not possible to buy the ticket once on board. One can also buy weekly passes (especially in Prague).

I would like one ticket to …	Prosím jeden lístek do … ['prɔsiːm 'jɛdɛn 'liːstɛg 'dɔ]
You must mark your ticket!	Musíte si označit jízdenku! ['musiːtɛ sɪ ᵗ'ɔznatʃɪt 'jiːzdɛŋku]
May I also buy 24-hour tickets/blocks of tickets/weekly passes?	Dají se taky koupit celodenní jízdenky/bloky jízdenek/týdenní jízdenky? ['dajiː sɛ 'takɪ 'kɔupɪt t͡sɛlɔdɛɲiː 'jiːzdɛŋkɪ/'blɔkɪ 'jiːzdɛnɛk/ 'tɪːdɛɲiː 'jiːzdɛŋkɪ]
One pass for this/next month, please.	Tramvajenku na tenhle/na příští měsíc prosím. ['tramvajɛŋku 'natɛnɦlɛ/'napr̝iːʃciː 'mɲɛsiːt͡s 'prɔsiːm]
I would like one tourist ticket for … days.	Prosím turistickou jízdenku na … dní. ['prɔsiːm 'turɪstɪt͡skɔu 'jiːzdɛŋku 'na …'dɲiː]

Taxi

Taxi

Where is the nearest taxi stand?	Kde je tu nejbližší stanoviště taxíků? ['gdɛ jɛ tu 'nɛjblɪʃiː 'stanɔvɪʃcɛ 'taksɪkuː]
To the railway station.	Na nádraží. ['nana:draʒɪː]
To the hotel …	Do hotelu … ['dɔɦɔtɛlu]
To … street.	Do … ulice. ['dɔ … ᵗ'ulɪt͡sɛ]
To …, please.	Prosím do … ['prɔsiːm 'dɔ]

How much will it cost to …?	Kolik to bude stát do …? ['kɔlɪk tɔ 'budɛ 'staːˈdˈɔ]
Please stop here.	Tady zastavte prosím. ['tadɪ 'zastaftɛ 'prɔsiːm]
Please wait. I will be back in 5 minutes.	Počkejte tu prosím. Za pět minut se vrátím. ['pɔtʃkejtɛ tu 'prɔsiːm 'zapjɛt 'mɪnut sɛ 'vraːciːm]
This is for you.	To je pro vás. ['tɔ jɛ 'prɔvaːs]

On Foot
Pěšky

Excuse me, where is …?	Prosím vás, kde je …? ['prɔsiːm 'vaːz gdɛ jɛ]
Could you please tell me how to get to …?	Můžete mi říct, kudy mám jít k/ ke …? ['muːʒɛtɛ mɪ rɪːtʃt 'kudɪ 'maːm 'jiːt 'k/g/kɛ]
I am sorry, I don't know.	Lituji, to nevím. ['lɪtujɪ tɔ 'nɛvɪːm]
What is the shortest way to …?	Jaká je nejkratší cesta do/k/ke …? ['jakaː jɛ 'nejkratʃɪ 'tsɛsta 'dɔ/'k / g/kɛ]
How far is it to …?	Jak je to daleko k/ke …? ['jak jɛ tɔ 'dalɛkɔ 'k/g/kɛ]
It's a long way. (It's not far.)	To je daleko. (To není daleko.) [tɔ jɛ 'dalɛkɔ (tɔ 'nɛɲɪ 'dalɛkɔ)]
It is quite near.	Je to docela blízko. ['jɛ tɔ 'dɔtsɛla 'blɪːskɔ]
Go straight/left/right.	Jděte rovně/doleva/doprava. ['jɛtɛ 'rɔvɲɛ/'dɔlɛva/'dɔprava]
First/Second street to the left/right.	První/Druhá ulice vlevo/vpravo. ['pruɲiː/'druɦaː 'ʔulɪtsɛ 'vlɛvɔ/'fpravɔ]

Cross over …
  the bridge.
  the square.
  the street.
	Přejděte … ['prɛjɟɛtɛ]
	  přes most. ['prɛzmɔst]
	  přes náměstí. ['prɛznaːmɲɛsciː]
	  přes ulici. ['prɛsʔulɪtsɪ]

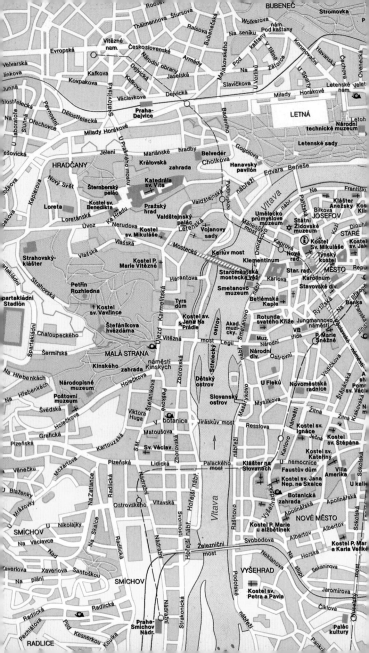

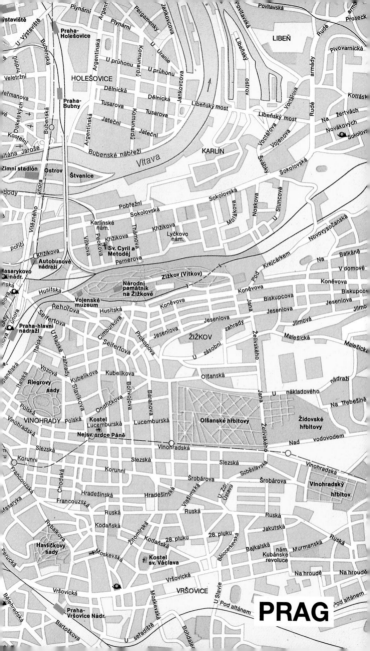

PRAG

Then ask again.	Pak se zase zeptejte. ['pak sɛ 'zasɛ 'zɛptɛjtɛ]
You cannot miss it.	Nemůžete to minout. ['nɛmuːʒɛtɛ tɔ 'mɪnoᴜt]
You can take bus number ...	Můžete jet autobusem číslo ... ['muːʒɛtɛ 'jɛt ᵂaᴜtɔbusɛm 'tʃiːslɔ]

The Golden Lane, Prague

Word List: On the Go in Town

building	budova ['budɔʋa]
bus	autobus [ᵂaᴜtɔbus]
bus station	autobusové nádraží [ᵂaᴜtɔbusɔʋɛː 'naːdraʒɪː]
to buy (ticket)	koupit jízdenku ['koᴜpɪt 'jiːzdɛɲku]
church	kostel ['kɔstɛl]
city bus	městský autobus ['mɲɛstskɪː ᵂaᴜtɔbus]
conductor	průvodčí ['pruːʋɔtʃɪː]
departure	odjezd [ᵂɔdjɛst]
direction	směr [smɲɛr]
downtown, city center	centrum (města) [ʦɛntrum ('mɲɛsta)]
driver	řidič/řidička ['rɪjɪtʃ/'rɪjɪtʃka]
house	dům [duːm]

house number	číslo domu [ˈt͡ʃiːslɔ ˈdɔmʊ]
long-distance bus	dálkový autobus [ˈdaːlkɔʋɪ ˈʔau̯tɔbʊs]
main street (in downtown)	hlavní třída [ˈɦlaʋɲiː ˈtr̝iːda], hlavní silnice [ˈɦlaʋɲiː ˈsɪlɲɪt͡sɛ]
mark the ticket	označit jízdenku [ˈʔɔznat͡ʃɪt ˈjiːzdɛŋkʊ]
metro	metro [ˈmɛtrɔ]
neighborhood, (city) district	(městská) čtvrt' [(ˈmɲɛstskaː) t͡ʃtʋr̩c]
park	park [park]
pass for all transportation in the city	síťová jízdenka [ˈsiːcɔʋaː jiːzdɛŋka], síťovka [ˈsiːt͡sɔfka]
pedestrian zone	pěší zóna [ˈpjɛʃiː ˈzoːna]
prepaid ticket	předplatní jízdenka [ˈpr̝ɛtplacɲi ˈjiːzdɛŋka]
push a button	stisknout knoflík [ˈscɪsknou̯t ˈknɔflɪːk]
rack railroad	zubačka [ˈzuba t͡ʃka]
rate per kilometer	cena za kilometr [t͡sɛna ˈzakɪlɔmɛtr̩]
receipt	stvrzenka [ˈstʊrzɛŋka]
road	silnice [ˈsɪlɲɪt͡sɛ]
round trip	okružní jízda (městem) [ˈʔɔkruʒɲi ˈjiːzda (ˈmɲɛstɛm)]
schedule	jízdní řád [ˈjiːzdɲi ˈr̝aːt]
side street	vedlejší ulice [ˈʋɛdlɛjʃɪ ˈʔʊlɪt͡sɛ]
sidewalk	chodník [ˈxɔɲniːk]
stop	zastávka [ˈzastaːʃka]
street (residential)	ulice [ˈʔʊlɪt͡sɛ]
streetcar	tramvaj [ˈtramʋaj], elektrika [ˈʔɛlɛktrika]
suburb	předměstí [ˈpr̝ɛdmɲɛsciː], periférie [ˈpɛrɪfɛːrɪjɛ]
taxi driver	taxikář/ka [ˈtaksɪkaːr̩/ka]
taxi stand	stanoviště taxi(ků) [ˈstanɔʋɪʃt͡sɛ ˈtaksɪ(kuː)]
terminal	konečná (stanice) [ˈkɔnɛt͡ʃnaː (ˈstaɲɪt͡sɛ)]
ticket	jízdenka [ˈjiːzdɛŋka]
ticket collector	revizor (jízdenek) [ˈrɛʋɪzɔr (jiːzdɛnɛk)], kontrolor [ˈkɔntrɔlɔr]
ticket machine	automat na jízdenky [ˈʔau̯tɔmat ˈnajiːzdɛŋkɪ]

ticket marking machine	strojek na označování jízdenek ['strɔjɛk 'na ɔznaʧɔʋaːɲi 'jiːzdɛnɛk]
ticket price	jízdné ['jiːzdnɛː]
tip	spropitné ['sprɔpɪtnɛː]
to call out	vyvolat *pf* ['ʋɪʋɔlat], vyvolávat *ipf* ['ʋɪʋɔlaːʋat]
to depart	odjet *pf* ['ʔɔdjɛt], odjíždět *ipf* ['ʔɔdjiːʒɟɛt]
to get off	vystoupit *pf* ['ʋɪstɔupɪt], vystupovat *ipf* ['ʋɪstupɔʋat]
to get on	nastoupit *pf* ['nastɔupɪt], nastupovat *ipf* ['nastupɔʋat]
to stop	zastavit ['zastaʋɪt]
total price	paušál ['paʊʃaːl]
trolley	trolejbus ['trɔlɛjbʊs]
twenty-four hour pass	jízdenka na celý den ['jiːzdɛŋka 'naʦɛliː 'dɛn]
weekly pass	týdenní jízdenka ['tɪːdɛɲiː 'jiːzdɛŋka]

Many street names have changed since the "Velvet Revolution," but the old names are still often in use. (Watch out when using city maps!)

4 **Accommodations**
Ubytování

Information

Informace

Could you please recommend ...	Můžete mi prosím doporučit ... ['muːʒɛtɛ mɪ 'prɔsiːm 'dɔpɔruʧɪt]
a good hotel?	nějaký dobrý hotel? ['ɲɛjakɪː 'dɔbrɪː 'ɦɔtɛl]
an affordable hotel?	nějaky ne moc drahý hotel? ['ɲɛjakɪː 'nɛ 'mɔʦ 'draɦɪː 'ɦɔtɛl]
a guest house?	penzión? ['pɛnzijɔːn]
a bed and breakfast?	ubytování v soukromí? [ˀubɪtɔvaːɲi: 'fsɔ͡ukrɔmiː]

Many hotels in Prague are medium-priced, often compara-ble to American prices. There are, however, many private guest houses, advertised by signs PRIVAT (PRIVATE) or ZIM-MER FREI (VACANCY). There are also nice camps, although in Prague in summer they tend to be full.

Is it downtown/in a quiet place/near the woods/near the water?	Je to v centru/na klidném místě/blízko lesa/blízko vody? ['jɛ tɔ 'fʦɛntru/'naklidnɛːˈm.ɪːstɛ/blɪːskɔ 'lɛsa/'blɪːskɔ 'vɔdɪ]
How much will the accommodation cost?	Kolik asi bude stát ubytování? ['kɔlɪk ˀasɪ 'budɛ 'staːt ˀubɪtɔvaːɲiː]
Is there a campsite/a youth hostel around here?	Je tady někde kempink/ubytovna pro mládež? ['jɛ 'tadɪ 'ɲɛgdɛ 'kɛmpɪŋk/ˀubɪtɔvna 'prɔmlaːdɛʒ]

Hotel/Guest House/Bed and Breakfast

Hotel/Penzión/Pokoj v soukromí

At the Reception Desk   V recepci

I have a room reserved under the name ...	Mám u vás rezervovaný pokoj na jméno ... ['maːm ˀuvaːs 'rɛzɛrvɔvanɪː 'pɔkɔj 'namɛːnɔ]
Do you have any vacancies ...	Máte ještě volné pokoje ... ['maːtɛ ˌ(j)ɛʃʧɛ 'vɔlnɛː 'pɔkɔjɛ]
for one night?	na jednu noc? ['najɛdnu 'nɔʦ]
for two days/for a week?	na dva dny/na týden? ['nadva 'dnɪ/'natɪːdɛn]

No, everything is full, unfortunately.

Ne, máme bohužel všechno obsazené. ['nɛ 'maːmɛ 'bɔɦuʒɛl 'ʃʃɛxnɔ ''ɔpsazɛnɛː]

Yes, what kind of room would you like?

Ano, jaký pokoj byste si přál/-a? [''anɔ 'jakiː 'pɔkɔj 'bɪstɛ sɪ 'praːl/-a]

A single room …

Jednolůžkový … ['jɛdnɔˌluːʃkɔui:]

A double room …

Dvoulůžkový … ['dvɔuˌluːʃkɔui:]

A quiet room …

Nějaký tichý pokoj … ['ɲɛjakiː 'cɪxiː 'pɔkɔj]

A sunny room …

Slunný pokoj … ['slunːiː 'pɔkɔj]

  with running hot and cold water.

s tekoucí teplou i studenou vodou. ['stɛkɔuʦiː 'studɛnɔu ''ɪ 'tɛplɔu 'vɔdɔu]

  with shower.

se sprchou. ['sɛsprxɔu]

  with a bath.

s koupelnou. ['skɔupɛlnɔu]

  with a balcony/a porch.

s balkónem/s terasou. ['zbalkɔːnɛm/'stɛrasɔu]

  with a view of nature/ of the garden.

s vyhlídkou do přírody/na zahradu. ['suɦliːtkɔu 'dɔprɪːrɔdɪ/'nazaɦradu]

  with windows to the street.

s okny do ulice. ['s'ɔknɪ 'dɔ'ulɪʦɛ]

  with windows to the yard.

s okny do dvora. ['s ʔɔknɪ 'dɔdvɔra]

  on the 1st floor/on the 2nd floor.

v přízemí/v prvním patře. ['ʃprɪːzɛmɪ/'ʃpruɲiːm 'patrɛ]

May I have a look at the room?

Můžu se na ten pokoj podívat? ['muːʒu sɛ 'natɛn 'pɔkɔj 'pɔɟiːvat]

I don't like this room. Please show me another room.

Tenhle pokoj se mi nelíbí. Ukažte mi, prosím vás, nějaky jiný. ['tɛnɦlɛ 'pɔkɔj sɛ mɪ 'nɛliːbiː ''ukaʃtɛmɪ 'prɔsiːm vaːs 'ɲɛjakɪ 'jɪniː]

This room is very nice. I will take it.

Tenhle pokoj je moc hezký. Vzal/-a bych si ho. ['tɛnɦlɛ 'pɔkɔ 'jʔɛ 'mɔdz 'ɦɛskɪ 'vzal/-a ˌbɪx sɪ ɦɔ]

Could you put in an extra bed/a crib?

Můžete sem dát přistýlku/dětskou postýlku? ['muːʒɛtɛ 'sɛm 'daːt 'prɪstiːlku/'ɟɛʦkou 'pɔstɪːlku]

How much is a room …

Kolik stojí pokoj … ['kɔlɪk 'stɔjiː 'pɔkɔj]

  with breakfast?

se snídaní? ['sɛsɲiːdaɲiː]

  with board?

s polopenzí? ['spɔlɔpɛnziː]

  with full board?

s plnou penzí? ['splnɔu 'pɛnziː]

Could you please fill in the registration form?

Vyplňte laskavě přihlášku.
['vɪplɲte 'laskaʊje 'pr̝ɪfila:ʃku]

Could you please show me your passport/your I.D.?

Ukažte mi prosím váš pas/občanský průkaz. [ʔʊkaʃte mɪ 'prɔsɪːm ʊa:ʃ pas/ʔɔpʧanskɪ 'pruːkas]

Please have them bring my luggage to the room.

Ať' mi prosím přinesou zavazadla do pokoje. [ʔac mɪ 'prɔsɪːm 'pr̝ɪnɛsɔʊ 'zaʊazadla 'dɔpɔkɔje]

Where can I park my car?

Kde můžu zaparkovat auto?
['gdɛ 'muːʒʊ 'zaparkɔʊat ʔaʊtɔ]

In the garage./In the parking lot.

V naší garáži./Na našem parkovišti.
['ʊ naʃɪ 'gara:ʒɪ/'nanaʃem 'parkɔʊɪʃcɪ]

Is there a swimming pool in the hotel?/Is there access to the water from the hotel?

Je v hotelu bazén?/Má hotel vlastní přístup k vodě? ['je 'ʊɦɔtelʊ 'bazɛːn/'ma: 'ɦɔtel 'ʊlascɲi: 'pr̝i:stup 'kʊɔje]

Talking to the Hotel Staff

Dialogy s personálem v hotelu

What time do you start serving breakfast?

Od kolika hodin (po)dáváte snídani? [ʔɔtkɔlɪka 'ɦɔɟɪn '(pɔ)da:ʊa:te 'sɲi:daɲɪ]

When do you serve meals?

Kdy podáváte jídlo?
['gdɪ 'pɔda:ʊa:te 'ji:dlɔ]

Where is the dining room?

Kde je jídelna? ['gdɛ je 'ji:delna]

Where is breakfast served?

Kde se snídá? ['gdɛ sɛ 'sɲi:da:]

Would you like your breakfast brought to your room?

Přejete si donést snídani na pokoj?
['pr̝ejete sɪ 'dɔnɛ:st 'sɲi:daɲɪ 'napɔkɔj]

Please bring my breakfast to my room at ... o'clock.

Doneste mi prosím vás snídani na pokoj v/ve ... hodin. ['dɔnɛstemɪ 'prɔsɪːm ʊa:'s'ɲi:daɲɪ 'napɔkɔj 'ʃ/ʊ/ʊe ... 'ɦɔɟɪn]

For breakfast I'd like ...

K snídani bych chtě l/-a ...
['k sɲi:daɲɪ bɪx'cɛl/-a]

   black coffee.
   coffee with milk.

   černou kávu. [ʧernɔʊ 'ka:ʊʊ]
   bílou kávu/kávu s mlékem.
['bɪ:lɔʊ 'ka:ʊʊ/'ka:ʊʊ smlɛːkɛm]

decaffeinated coffee.	kávu bez kofeinu.
	[ˈkaːʊʊ ˈbɛskɔfɛjɪnʊ]
tea and milk/lemon.	čaj s mlékem/s citrónem.
	[t͡ʃaj ˈsmlɛːkɛm/ˈst͡sɪtrɔːnɛm]
herbal tea.	bylinkový čaj. [ˈbɪlɪŋkɔʊɪ ˈt͡ʃaj]
hot chocolate.	čokoládu/kakao.
	[t͡ʃɔkɔlaːdʊ/ˈkakaɔ]
juice.	džus. [ˈd͡ʒʊs]
soft-boiled eggs.	vajíčko na měkko.
	[ˈʋajiːt͡ʃkɔ ˈnamɲɛkɔ]
scrambled eggs.	míchaná vejce. [ˈmiːxanaː ʋɛjt͡sɛ]
eggs and bacon.	vejce na slanině.
	[ˈʋɛjt͡sɛ ˈnaslaɲɪɲɛ]
bread/rolls/toast.	chleba/housky/toust.
	[ˈxlɛba/ˈhɔʊskɪ/tɔʊst]
a roll.	rohlík. [ˈrɔɦlɪːk]
butter.	máslo. [ˈmaːslɔ]
cheese.	sýr. [sɪːr]
salami.	salám. [ˈsalaːm]
ham.	šunku. [ˈʃʊŋkʊ]
honey.	med. [mɛt]
fruit preserves.	džem. [d͡ʒɛm]
granola.	muesli. [ˈmɪːslɪ]
yogurt.	jogurt. [ˈjɔɡʊrt]
some fruit.	nějaké ovoce. [ˈɲɛjakɛː ˈʔɔʋɔt͡sɛ]

Could I have a packed lunch tomorrow?	Můžu zítra dostat oběd v balíčku?
	[ˈmʊːʒʊ ˈziːtra ˈdɔstat ˈʔɔbjɛt ˈʊbalɪːt͡ʃkʊ]
Please wake me up at … o'clock in the morning.	Ráno mě prosím vzbuďte v … hodin.
	[ˈraːnɔ mɲɛ ˈprɔsiːm ˈʊzbʊct͡ɛ ʊ … ˈɦɔɟɪn]
Would you please bring me …	Přinesl/-a byste mi …
	[ˈpr̝ɪnɛs/-la ˈbɪstɛ mɪ]
another towel?	ještě jeden ručník?
	[ˈ(j)ɛʃt͡ɛ ˈjɛdɛn ˈrʊt͡ʃɲiːk]
soap?	mýdlo? [ˈmɪːdlɔ]
a few hangers?	pár ramínek? [ˈpaːrˈamɪːnɛk]
How does … work?	Jak se zachází s …?
	[ˈjak sɛ ˈzaxaːzɪː s]
My key, please.	Prosím klíč. [ˈprɔsiːm klɪːt͡ʃ]
Has anyone asked for me?	Neptal se po mně někdo?
	[ˈnɛptal sɛ ˈpɔmɲɛ ˌɲɛɡdɔ]

Is there any mail for me?	Nepřišel mi nějaký dopis? ['nɛprɪʃɛl mɪ 'nɛjakɪː 'dɔpɪs]
Do you have postcards/stamps?	Máte pohledy/známky? ['maːtɛ 'pɔɦlɛdɪ/'znaːmkɪ]
Where can I find a mailbox around here?	Kde je tu poštovní schránka? ['gdɛ jɛ tʊ 'pɔʃtɔʊɲiː sxraːŋka]
Where can I rent/borrow ...?	Kde se dá pronajmout/vypůjčit ...? ['gdɛ sɛ 'daː 'prɔnajmɔʊt/'ʋɪpuːjt͡ʃɪt]
Where can I make a telephone call?	Kde si můžu zatelefonovat? ['gdɛ sɪ 'mʊːʒʊ 'zatɛlɛfɔnɔʋat]
Could I keep my valuables in your safe?	Mohl/-a bych si dát nějaké cennější věci k vám do sejfu? ['mɔɦl/-la bɪx sɪ daːt 'nɛjakɛ 't͡sɛɲɛjʃɪː 'ʋjɛt͡sɪ kʋaːm 'dɔsɛjfʊ]
Could I leave my things here until I return?	Můžu si tu nechat věci, než se vrátím? ['mʊːʒʊ sɪ tʊ 'nɛxat 'ʋjɛt͡sɪ 'nɛʃ sɛ 'ʋraːt͡siːm]

Complaints	**Reklamace a stížnosti**
The room is not cleaned up.	Pokoj není uklizený. ['pɔkɔj 'nɛɲiː ʔʊklɪzɛnɪː]
The shower ...	Sprcha ... ['sprxa]
The toilet ...	Splachování ... ['splaxɔʋaːɲiː]
The heating ...	Topení ... ['tɔpɛɲiː]
The light ...	Světlo ... ['sʋjɛtlɔ]
The radio ...	Rádio ... ['raːɟɪjɔ]
The television ... doesn't work.	Televizor ... ['tɛlɛʋɪzɔr] nefunguje. ['nɛfʊŋgʊjɛ]
The faucet is leaking.	Kohoutek kape. ['kɔɦɔʊtɛk 'kapɛ]
There is no (hot) water.	Neteče (teplá) voda. ['nɛtɛt͡ʃɛ ('tɛplaː) 'ʋɔda]
The toilet is clogged/the sink is clogged.	Záchod je ucpaný./Umyvadlo neodtéká. ['zaːxɔt jɛ ʔʊt͡spanɪː/ʔʊmɪʋadlɔ 'nɛʔɔtʼɛːkaː]
The window does not close/open.	Okno se nedá zavřít/otevřít. ['ɔknɔ sɛ 'nɛdaː 'zaʋr̝iːt/'ɔtɛʋr̝iːt]
This is not the right key.	To je špatný klíč. ['tɔ jɛ 'ʃpatnɪː kliːt͡ʃ]

Checking Out

Odjezd

I am leaving tonight/
tomorrow at ... o'clock.

Odjíždím dnes večer/zítra v/ve ...
hodin. [ˈɔdjɪʒiːm ˈdnɛs ˈvɛtʃɛr/ˈziːtra
ʊ/f/ʋɛ ... ˈɦɔɟɪn]

What time do I have to
leave the room?

Do kdy musím uvolnit pokoj?
[ˈdɔɡdɪ ˈmʊsiːm ˈʊvɔlɲɪt ˈpɔkɔj]

Please prepare my bill.

Připravte mi prosím účet.
[ˈpr̝ɪpraftɛ mɪ ˈprɔsiːm ˈʊːtʃɛt]

Please bill us separately.

Prosím pro každého vlastní účet.
[ˈprɔsiːm ˈprɔkaʒdɛːɦɔ ˈvlascɲiː
ˈʊːtʃɛt]

May I pay in dollars/by
check?

Můžu zaplatit v dolarech/šekem?
[ˈmuːʒʊ ˈzaplacɪt ˈʊmarka:x/
ˈɛʊrɔʃɛkɛm]

May I pay by credit
card?

Můžu platit kreditní kartou?
[ˈmuːʒʊ ˈplacɪt ˈkrɛɟɪcɲiː ˈkartoʊ]

Please send my mail to
this address.

Pošlete mi prosím poštu na tuhle
adresu. [ˈpɔʃlɛtɛ mɪ ˈprɔsiːm ˈpɔʃtʊ
ˈnatuɦlɛ ˈadrɛsʊ]

Bring my luggage
downstairs, please.

Ať mi přinesou zavazadla dolů,
prosím. [ˈʔac mɪ ˈpr̝ɪnɛsoʊ ˈzavazadla
ˈdɔluː ˈprɔsiːm]

Please call me a cab.

Zavolejte mi prosím taxíka.
[ˈzavɔlɛjtɛ mɪ ˈprɔsiːm ˈtaxɪˈka]

Thank you for
everything! Good-bye!

Děkuji za všechno! Na shledanou!
[ˈdjɛkʊjɪ ˈzafʃɛxnɔ ˈnasxlɛdanoʊ]

Word List: Hotel/Guest House/Bed and Breakfast

adapter (socket) | (zásuvkový) adaptér [ˈadaptɛːr]
air-conditioning | klimatizace [ˈklɪmatɪzaˈt͡sɛ]
armchair | křeslo [ˈkr̝ɛslɔ]
ashtray | popelník [ˈpɔpɛlɲiːk]
babysitting | opatrování/hlídání dětí [ˈʔɔpatrɔʋaːɲiː/ˈɦliːdaːɲiː ˈɟɛciː]
barbecue party | grilovací večírek [ˈgrɪlɔʋaˈt͡siː ˈvɛtʃiːrɛk]
bathroom (bath only, without a toilet) | koupelna [ˈkoʊpɛlna]
bathtub | vana [ˈʋana]

bed	postel ['pɔstɛl]
bed linen (the whole set)	ložní prádlo ['lɔʒɲi: 'pra:dlɔ]
bed linen exchange	výměna (ložního) prádla ['ʋɪːmɲɛna (lɔʒɲi:ɦɔ) 'pra:dla]
bed sheet (bottom sheet)	prostěradlo ['prɔscɛradlɔ]
bidet	bidet [bɪdɛt]
blanket, comforter	přikrývka ['pr̝ɪkrɪːfka], deka [dɛka]
breakfast	snídaně ['sɲi:daɲɛ]
buffet-style breakfast	švédská snídaně ['ʃʋɛːtska: 'sɲi:daɲɛ]
category	kategorie ['katɛgɔrɪjɛ]
chair	židle ['ʒɪdlɛ]
children's playground	dětské hřiště ['jɛtskɛː 'ɦr̝ɪʃcɛ]
children's pool	brouzdaliště ['brɔʊzdalɪʃcɛ]
to clean	vyčistit ['ʋɪtʃɪscɪt]
coffeehouse	kavárna ['kaʋa:rna]
crib	dětská postýlka ['jɛtska: 'pɔstɪːlka]
dining room	jídelna ['ji:dɛlna]
dinner	večeře ['ʋɛtʃɛr̝ɛ]
elevator	výtah ['ʋɪ:tax]
entertainment program	zábavní program ['za:baʋɲi: 'prɔgram]
extension cord	prodlužovací ňůra ['prɔdluʒɔʋatsɪ: 'ʃɲʊːra], prodlužovačka ['prɔdluʒɔʋatʃka]
extra week	týden navíc ['tɪːdɛn 'naʋiːts]
floor	poschodí ['pɔsxɔʝi:], patro ['patrɔ]
guest house	penzión ['pɛnzɪjɔ:n]
half-board (breakfast and dinner only, no lunch)	polopenze ['pɔlɔpɛnzɛ]
hanger	ramínko (na šaty) ['ramɪːŋkɔ ('naʃatɪ)]
heating	topení ['tɔpɛɲi:]
key	klíč ['klɪːtʃ]
lamp	lampa ['lampa]
light switch	vypínač ['ʋɪpɪːnatʃ]
lunch	oběd ['ʔɔbjɛt]
maid (chamber)	pokojská ['pɔkɔjska:]
main season	hlavní sezóna ['ɦlaʋɲi: 'sɛzɔːna]
mattress	matrace ['madratsɛ]
minibar	minibar ['mɪnɪbar]
mirror	zrcadlo ['zr̩tsadlɔ]
motel	motel ['mɔtɛl]
night lamp	noční lampička ['nɔtʃɲi: 'lampɪtʃka]
night stand	noční stolek ['nɔtʃɲi: 'stɔlɛk]
off-season	období po sezóně ['ʔɔbdɔbɪ: 'pɔsɛzɔːɲɛ]

overnight stay with breakfast	nocleh ['nɔt͡slɛx] se snídaní ['sɛsɲi:daɲi:]
patio	terasa ['tɛrasa]
pillow	polštářek ['pɔlʃta:rɛk]
plug	zástrčka ['za:strt͡ʃka]
porch	balkón ['balkɔ:n]
porter	vrátny ['ʊra:tnɪ:]
pre-season	období před sez prn [ʔ'ɔbdɔbɪ: 'prɛtsɛzɔ:nɔũ]
radio	rádio ['ra:ɟijɔ]
reception	vstupní hala recepce ['fstupɲi: ɦala 'rɛt͡sɛpt͡sɛ], recepce ['rɛt͡sɛpt͡sɛ]
registration/registration form	přihlášení ['prɪɦla:ʃɛɲi:], přihláška ['prɪɦla:ʃka]
reservation	rezervace ['rɛzɛrʊat͡sɛ]
room	pokoj ['pɔkɔj]
room and board	plná penze ['plna: 'pɛnzɛ]
room telephone	telefon na pokoji ['tɛlɛfɔʔn·apɔkɔjɪ]
safe	sejf ['sɛjf]
shower	sprcha ['sprxa]
social room	společenská místnost ['spɔlɛt͡ʃɛnska: 'mɪ:stnɔst], klubovna ['klubɔʊna]
swimming pool bar	bar u bazénu ['bar ʔ'ubazɛ:nu]
television room	místnost s televizí ['mɪ:stnɔst 'stɛlɛʊɪzɪ:]
television set	televizor ['tɛlɛʊɪzɔr]
toilet	toaleta ['tɔalɛta]
toilet paper	toaletní papír ['tɔalɛt͡ɲi: 'papɪ:r]
towel	ručník ['rut͡ʃɲi:k]
transfer bus	autobus na transfer [ʔ'aʊtɔbus 'natransfɛr]
ventilator	ventilátor ['ʊɛntɪla:tɔr]
wall socket	(elektrická) zásuvka ['za:suɸka]
wardrobe, closet	skříň ['skrɪ:ɲ]
wash basin, sink	umývadlo [ʔ'umɪʊadlɔ]
wastepaper basket	koš na papír ['kɔʃ 'napapɪ:r]
water	voda ['ʊɔda]
cold water	studená voda ['studɛna: 'ʊɔda]
hot water	teplá voda ['tɛpla: 'ʊɔda]
water glass	sklenice ['sklɛɲit͡sɛ]
watertap, faucet	kohoutek ['kɔɦɔũtɛk]
window	okno [ʔ'ɔknɔ]
woolen blanket	vlněná přikrývka ['ʊlɲɛna: 'prɪkrɪ:ɸka], deka ['dɛka]

Vacation Rentals: Houses/Apartments

Chalupy, chaty/Letní byty

Are water and electricity included in the price?

Jsou v nájmu i poplatky za vodu a elektřinu? ['sou 'ʊnaːjmu 'ɪ 'pɔplatkɪ 'zaʊɔdu 'a 'ʔɛlɛktr̩ɪnu]

Are pets allowed?

Smějí se tam brát zvířata? ['smɲɛjiː sɛ tam 'braːt 'zʊiːr̩ata]

Where can we get the keys to the house/the apartment?

Kde dostaneme klíče od domu/od bytu? ['gdɛ 'dɔstanɛmɛ 'kliːt͡ʃɛ 'ʔɔdˑɔmu/'ʔɔdbɪtu]

Do we have to return them to the same place?

Vracejí se zase tam? ['ʊrat͡sɛjiː sɛ 'zasɛ 'tam]

Where are the garbage cans?

Kde jsou popelnice? ['gdɛ ˌsou 'pɔpɛlɲit͡sɛ]

Do we have to clean up before leaving?

Musíme před odjezdem sami uklidit? ['musiːmɛ 'pr̩ɛt͡ʔɔdjɛzdɛm 'samɪ 'ʔuklɪɟɪt]

Word List: Vacation Rentals: Houses/Apartments

▶ See also Word List: Hotel/Guest House/Bed and Breakfast

apartment	apartmá [ᵘapartma:]
bedroom	ložnice [ˈlɔʒnɪt͡sɛ]
brochure	prospekt [ˈprɔspɛkt]
bunk bed	palanda [ˈpalanda]
central heating	ústřední topení [ᵘuːstr̝ɛɲiː ˈtɔpɛɲiː]
clean up before departure	úklid před odjezdem [ᵘuːklɪt ˈpr̝ɛtˀɔdjɛzdɛm]
coffee-maker	kávovar [ˈkaːʋɔʋar]
cottage	chatička [ˈxacɪt͡ʃka]
couch	gauč [gaʊt͡ʃ]
day of arrival	den příjezdu [ˈdɛn ˈpr̝iːjɛzdʊ]
dining corner	jídelní kout [ˈjiːdɛlɲiː ˈkɔʊt]
dish towel	utěrka [ᵘucɛrka]
dishwasher	myčka na nádobí [ˈmɪt͡ʃka ˈnana:dɔbiː]
electrical stove	elektrický sporák [ᵘɛlɛktrɪt͡skɪ ˈspɔra:k]
electricity	elektrický proud [ᵘɛlɛktrɪt͡skɪ ˈprɔʊt]
electricity payment	paušál za elektřinu [ˈpaʊʃa:l ˈzaˀɛlɛktr̝ɪnʊ]
extras (cost)	vedlejší náklady [ʋɛdlɛjʃiː ˈna:kladɪ]
garbage	odpad [ᵘɔtpat], odpadky [ᵘɔtpatkɪ]
garbage can	popelnice [ˈpɔpɛlɲɪt͡sɛ]
garbage container	koš na odpadky [ˈkɔʃ ˈnaˀɔtpatkɪ]
gas stove	plynový sporák [ˈplɪnɔʊiː ˈspɔra:k]
hot water tank	bojler [ˈbɔjlɛr]
key return	předání klíčů [ˈpr̝ɛda:ɲi ˈkliːt͡ʃuː]
kitchen stove	sporák [ˈspɔra:k]
kitchenette	kuchyňský kout [ˈkʊxɪɲskɪ ˈkɔʊt]
landlord/landlady	majitel domu [ˈmajɪtɛl ˈdɔmʊ], domácí [ˈdɔma:t͡sɪ]
living room	obývací pokoj [ᵘɔbɪːʋat͡sɪ ˈpɔkɔj], obývák [ᵘɔbɪːʋa:k]
pets	domácí zvířata [ˈdɔma:t͡sɪ ˈzʋɪːrata]
recreational facility	rekreační zařízení [ˈrɛkrɛat͡ʃɲi ˈzar̝ɪːzɛɲiː]
refrigerator	chladnička [ˈxlaɟɲɪt͡ʃka], lednička [ˈlɛɟɲɪt͡ʃka]
rent	nájem [ˈna:jɛm], nájemné [ˈna:jɛmnɛ:]
to rent (out)	pronajmout pf [ˈprɔnajmkɔʊt], pronajímat ipf [ˈprɔnaji:mat],
studio	ateliér s kuchyňkou [ᵘatɛlɪjɛ:r ˈskʊxɪɲkɔʊ]

summer apartment	letní byt ['lɛɲiː 'bɪt]
toaster	opékač ['ʲopɛːkaːt͡ʃ],
	toustovač ['toʊstovat͡ʃ]
vacation cottage	chata ['xata], chalupa ['xalupa]
voltage	napětí (v síti) ['napjɛci: ('fsiːcɪ)]
washing machine	pračka ['pronajiːmat]
water consumption	spotřeba vody ['spotr̩eba 'vodɪ]

Camping
Kempink

Is there a campsite somewhere nearby?	Je tu někde blízko kempink? ['jɛ tu 'ɲɛgdɛ 'bliːsko 'kɛmpɪŋk]
Do you have room for another trailer/a tent?	Máte ještě místo na přívěs (na karavan)/stan? ['maːtɛ 'ʲ(j)ɛʃt͡ʃɛ 'miːsto 'napr̩iːʋjɛs ('nakaraʋan)/'nastan]
How much is it per person for a day?	Kolik se platí za osobu za den? ['kolɪk sɛ 'placiː 'zaʲosobu 'zadɛn]
How much is it for …	Jaký je poplatek za … ['jakiː jɛ 'poplatɛk 'za]
a car?	auto? [ʲʲauto]
a trailer?	karavan/obytný přívěs? ['karaʋan/ʲobɪtniː 'pr̩iːʋjɛs]
an RV?	obytný vůz? [ʲobɪtniː 'ʋuːs]
a tent?	stan? [stan]
Do you have cottages/ trailers to rent?	Pronajímáte chaty/karavany? ['pronajiːmaːtɛ 'xatɪ/'karaʋanɪ]
Where can I park my trailer?/Where can I put up my tent?	Kde můžu zaparkovat obytný přívěs?/ Kde si můžu postavit stan? [gdɛ 'muːʒu 'zaparkoʋat ʲobɪtniː 'pr̩iːʋjɛs/'gdɛ sɪ 'muːʒu 'postaʋit 'stan]
We'd like to stay for … days/weeks.	Chceme zůstat … dní/týdnů. ['xt͡sɛmɛ 'zuːstat … ɟniː/'tɪːdnuː]
Is there a grocery store around here?	Je tu někde obchod potravinami? ['jɛ tu 'ɲɛgdɛ 'opxot 'spotraʋinamɪ]
Where is …	Kde jsou … ['gdɛ ˌsoʊ]
the bathroom?	toalety? ['toalɛtɪ]
the washroom?	umývárny? [ʲʲumɪʋaːrnɪ]
the shower?	sprchy? ['spr̩xɪ]

Are there electrical connections?	Je tu elektrická přípojka? ['jɛ tu ᵇɛlɛktrɪt͡ska: 'prɪ:pɔjka]
Is the voltage 220 or 110 volts?	Máte napětí 220 (dvěstědvacet) nebo 110 (stodeset) voltů? ['ma:tɛ 'napjɛci: 'dujɛscɛduat͡sɛt 'nɛbɔ 'stɔduat͡sɛt 'vɔltu:]
Where can I borrow/ exchange propane tanks?	Kde si můžu vypůjčit/vyměnit plynové bomby? ['gdɛ sɪ 'muːʒu 'vɪpuːt͡ʃɪt/'vɪmɲɛɲɪt 'plɪnɔvɛː 'bɔmbɪ]
Is the camp guarded at night?	Je kempink v noci hlídaný? [jɛ 'kɛmpɪŋk 'vnɔt͡sɪ 'hliː:danɪ:]
Do you have a playground for children?	Máte tu hřiště pro děti? ['ma:tɛ tu 'hr̝ɪʃcɛ 'prɔjɛci]
Could you please lend me …?	Můžete mi prosím půjčit …? ['muːʒɛtɛ mɪ 'prɔsiː:m puːt͡ʃɪt]

Youth Hostels

Ubytovna pro mládež

| Can I borrow bed linen/ a sleeping bag? | Půjčujete ložní prádlo/spací pytle? ['puːt͡ʃujɛtɛ 'lɔʒɲɪ 'pra:dlɔ/'spat͡siː 'pɪtlɛ] |
| The front door is locked at midnight. | Vchod se zamyká ve 24 hodin. ['fxɔt sɛ 'zamɪka: 'vɛduat͡sɛt͡ʃtɪɾɪ ɦɔɟɪn] |

Word List: Camping/Youth Hostels

to camp	stanovat ['stanɔvat]
camp leader	vedoucí kempinku ['vɛdɔut͡siː 'kɛmpɪŋku]
camp, campground	kempink ['kɛmpɪŋk]
camping license	kempinkový průkaz ['kɛmpɪŋkɔviː 'pruː:kas]
campsite	kempink ['kɛmpɪŋk]
children's playground	dětské hřiště ['ɟɛtskɛː 'hr̝ɪʃcɛ]
club room	klubovna ['klubɔvna]
communal bedroom	několikalůžkový/vícelůžkový pokoj ['ɲɛkɔlɪkaluːʃkɔviː/'viː:t͡sɛluːʃkɔviː 'pɔkɔj]
communal sleeping room	společná noclehárna ['spɔlɛt͡ʃna: 'nɔt͡slɛɦaːrna]
cooker	vařič ['vaɾɪt͡ʃ]

drinking water	pitná voda ['pɪtna: 'ʋɔda]
dryer (laundry)	sušička na prádlo ['suʃɪtʃka 'napra:dlɔ]
electrical connection	elektrická přípojka [ˀɛlɛktrɪtska: pr̩i:pɔjka]
electrical current	elektrický proud [ˀɛlɛktrɪtskɪ: 'prɔut]
farm	statek ['statɛk]
gas lamp	plynová lampa ['plɪnɔʋa: 'lampa]
gas stove	plynový va ri č ['plɪnɔʋɪ: 'ʋarɪtʃ]
kitchen sink	dřez na nádobí ['dr̝ɛs 'nana:dɔbɪ:]
membership card	členský průkaz ['tʃlɛnskɪ: 'pruːkas]
paraffin lamp	petrolejová lampa ['pɛtrɔlɛjɔʋa: 'lampa], petrolejka ['pɛtrɔlɛjka]
payment for use	poplatek za použití ['pɔplatɛk 'zapɔuʒɪci:]
plug	zástrčka ['za:strtʃka]
preregistration	předběžná přihláška ['pr̝ɛdbjɛʒna: 'prɪhla:ʃka], ohlášení předem [ˀɔhla:ʃɛɲi: 'pr̝ɛdɛm]
propane gas	propanbutan ['prɔpanbutan]
propane tank	plynová bomba ['plɪnɔʋa: 'bɔmba]
to rent, to borrow	půjčit *pf* ['puːtʃɪt], vypůjčit *ipf* ['ʋɪpuːtʃɪt]
rental fee	půjčovné ['puːjtʃɔʋnɛ:]
RV (recreational vehicle)	obytný vůz [ˀɔbɪtnɪ: 'ʋuːs]
sleeping bag	spací pytel ['spatsɪ: 'pɪtɛl], spacák ['spatsa:k]
sleeping bag liner	vložka do spacáku ['ʋlɔʃka 'dɔspatsa:ku]
social room	společenská místnost ['spɔlɛtʃɛnska: 'mɪːstnɔst]
socket	zásuvka ['za:suɸka]
student dormitory	kolej ['kɔlɛj]
tent	stan ['stan]
tent peg	stanový kolík ['stanɔʋɪ: 'kɔlɪːk]
tent pole	stanová tyčka ['stanɔʋa: 'tɪtʃka]
tent rope	šňůra ke stanu ['ʃɲuːra 'kɛstanu]
trailer	obytný přívěs/karavan [ˀɔbɪtnɪ: 'pr̩ɪːʋjɛs/'karaʋan]
washroom	umyvárna [ˀumɪʋa:rna]
water	voda ['ʋɔda]
water canister	kanystr na vodu ['kanɪstr 'naʋɔdu]
youth hostel	ubytovna/noclehárna pro mládež [ˀubɪtɔʋna/'nɔtslɛɦa:rna 'prɔmla:dɛʃ]
youth hostel card	průkaz ubytovny pro mládež ['pruːkas ˀubɪtɔʋnɪ 'prɔmla:dɛʃ]
youth hostel leader	vedoucí ubytovny ['ʋɛdɔutsɪ: ˀubɪtɔʋnɪ]

RESTAURANT

5 **Eating and Drinking**
Pohostinství

Eating Out

Jít jíst

Where can I find ... a good restaurant?	Kde je tady ... ['gdɛ jɛ 'tadɪ] nějaká dobrá restaurace? ['nɛjaka: 'dɔbra: 'rɛstaῦratsɛ]
a restaurant with local specialties?	typická restaurace? ['tɪpɪ́tska: 'rɛstaῦratsɛ]
an inexpensive restaurant?	nějaká ne moc drahá restaurace? ['nɛjaka: 'nɛ mɔd͡z 'draɦa: 'rɛstaῦratsɛ]
a cafeteria/fast-food restaurant?	bufet/rychlé občerstvení? ['bufɛt/'rɪxlɛ: ᵗ'ɔpt͡ʃɛrstvɛɲi:]
Where can I eat well/cheaply around here?	Kde se tady v okolí dá dobře/levně jíst? ['gdɛ sɛ 'tadɪ 'f'ɔkɔli: da: 'dɔbr̩ɛ/lɛʊɲɛ ji:st]

At the Restaurant

V restauraci

Please reserve a table for four people for tonight.	Rezervujte nám prosím na dnes večer stůl pro čtyři osoby. ['rɛzɛrvujtɛ na:m 'prɔsɪ:m 'nadnɛs 'ʋɛt͡ʃɛr 'stu:l 'prɔʃtɪɾɪ ᵗ'ɔsɔbɪ]
Until what time do you serve hot meals?	Do kolika hodin podáváte teplá jídla? ['dɔkɔlɪka 'ɦɔɟɪn 'pɔda:va:tɛ 'tɛpla: 'ji:dla]
Is this table/place still free?	Je tenhle stůl/tohle místo ještě volné? ['jɛ 'tɛnɦlɛ 'stu:l/'tɔɦlɛ 'mɪ:stɔ '(j)ɛʃt͡ʃɛ 'vɔlnɛ:]
A table for two/three people, please.	Stůl pro dvě/tři osoby, prosím. ['stu:l 'prɔdvjɛ/tr̩ɪ ᵗ'ɔsɔbɪ 'prɔsɪ:m]
Where is the restroom, please?	Kde jsou prosím toalety? ['gdɛ soῦ 'prɔsɪ:m 'tɔalɛtɪ]
This way, please.	Tudy prosím. ['tudɪ 'prɔsɪ:m]

Ordering ► See also Chapter 4

Objednávka

Waiter,	Pane vrchní/slečno,
	['panɛ 'ʊrxɲi:/'slɛt͡ʃnɔ]
the menu, please.	prosím jídelní lístek.
	['prɔsi:m 'ji:dɛlɲi: 'li:stɛk]
the wine list, please.	prosím nápojový lístek.
	['prɔsi:m 'na:pɔjɔʊɪ: 'li:stɛk]
What can you recommend?	Co byste mi doporučil/-a?
	['tsɔ ˌbɪstɛ mɪ 'dɔpɔrʊt͡ʃɪl/-a]
Do you have a vegetarian/diet menu?	Máte vegetariánská jídla/dietní jídla?
	['ma:tɛ 'ʋɛgɛtarɪja:nska: 'ji:dla/'ɟɪjɛcɲi: 'ji:dla]

There are many Czech specialties and the cuisine resembles Austrian and German cuisine. There are many sweets and snacks. The national meals include pork with sauerkraut and dumplings—vepřo-knedlo-zelo and beef tenderloin in cream sauce—svíčková. One always eats a soup with the lunch meal.

Do you have children's portions here?	Dáváte taky dětské porce? ['da:ʋa:tɛ 'takɪ ¹ɟɛtskɛ: 'pɔrtsɛ]
What are some typical Czech meals?	Jaká jsou typická česká jídla? ['jaka: sɔu 'tɪpɪtska: 'tʃɛska: 'ji:dla]
Have you chosen?	Máte už vybráno? ['ma:tɛ ²ʊʃ 'ʋɪbra:nɔ]
What would you like for appetizer/dessert?	Jaký předkrm/moučník si dáte? [jakɪ: 'prɛtkr̩m/'moutʃɲi:k sɪ 'da:tɛ]
I would like …	Dal/-a bych si … ['dal/-a bɪx sɪ]
For appetizer/dessert/ main course I will have …	Jako předkrm/moučník/hlavní jídlo si dám … ['jakɔ 'prɛtkr̩m/'moutʃɲi:k/ 'ɦlaʋɲi: 'ji:dlɔ sɪ 'da:m]
Thank you, no appetizer for me.	Děkuji, předkrm nechci. ['ɟɛkujɪ 'prɛtkr̩m 'nɛxtsɪ]
Unfortunately, we are out of …	… bohužel (už) nemáme. ['bɔɦuʒɛl (²ʊʃ) 'nɛma:mɛ]
This meal is made to order (it takes a while to prepare).	Tohle jídlo je na objednávku. ['tɔɦlɛ ji:dlɔ jɛ 'na²ɔbjɛdna:ʃku]
Could I get … instead of …?	Mohl/-a bych dostat místo … …? ['mɔɦl/-la bɪx 'dɔstat 'mi:stɔ]
I don't like … Could you make the meal without …?	Nesnáším … Mohli byste to jídlo udělat bez …? ['nɛsna:ʃi:m … 'mɔɦlɪ 'bɪstɛ tɔ ji:dlɔ ²uɟɛlat bɛs]
How would you like your steak?	Jak si přejete ten biftek? ['jak sɪ 'prɛjɛtɛ tɛn 'bɪftɛk]
well done	dobře propečený ['dɔbrɛ 'prɔpɛtʃɛnɪ:]
medium	ne moc propečený ['nɛ 'mɔts 'prɔpɛtʃɛnɪ:]
rare	po anglicku ['pɔ ²aŋglɪtsku]
What would you like to drink?	Co budete pít? [tsɔ 'budɛtɛ 'pi:t]
I would like a glass of …	Prosím sklenici … ['prɔsi:m 'sklɛɲɪtsɪ]
I would like a bottle of …	Prosím láhev … ['prɔsi:m 'la:ɦɛf]
With ice, please.	S ledem prosím. ['slɛdɛm 'prɔsi:m]
Bon appetit! Enjoy your meal!	Dobrou chut'! ['dɔbrou̯ 'xuc]

Would you like anything else?	Máte ještě nějaké přání? ['ma:tɛ '(j)ɛʃcɛ 'ɲɛjakɛ: 'pɾa:ɲi:]
Please bring us ...	Přineste nám prosím ... ['pɾɪnɛstɛ na:m 'prɔsi:m]
Could we get some more bread/water/wine?	Mohli bychom dostat ještě trochu chleba/vody/vína? ['mɔɦlɪ ˌbɪxɔm 'dɔstat '(j)ɛʃcɛ 'trɔxu 'xlɛba/ 'ʋɔdɪ/'ʋi:na]

Complaints
Stížnosti

There is no ...	Tady schází ... ['tadɪ 'sxa:zɪ:]
You haven't forgotten about my ..., have you?	Nezapomněl/-a jste na můj/na mou/na mé ...? ['nɛzapɔmɲɛl/-a stɛ 'namu:j/'namo͡u/ 'namɛ:]
I did not order this.	To jsem si neobjednal/-a. ['tɔ sɛm sɪ 'nɛˀɔbjɛdnal/-a]
The meal is cold/too salty.	Jídlo je studené/přesolené. ['ji:dlɔ jɛ 'studɛnɛ:/'pɾɛsɔlɛnɛ:]
The meat is too tough/too fatty.	To maso je moc tuhé/moc tučné. [tɔ 'masɔ jɛ 'mɔt͡s 'tuɦɛ: 'mɔt͡s 'tut͡ʃnɛ:]
The fish is not fresh.	Ta ryba není čerstvá. [ta 'rɪba 'nɛɲi: 't͡ʃɛrstʋa:]
Please take it away/back.	Odneste si to./Vemte si to zpátky. [ˀɔdnɛstɛ sɪ tɔ/ʋɛmtɛ sɪ tɔ 'spa:tkɪ]
I want to speak with the manager, please.	Zavolejte mi prosím šéfa. ['zaʋɔlɛjtɛ mɪ 'prɔsi:m 'ʃɛ:fa]

The Check
Účet

The check, please.	Platit prosím. ['placɪt 'prɔsi:m]
The check, please. We are in a hurry.	Platit prosím. Spěcháme. ['placɪt 'prɔsi:m 'spjɛxa:mɛ]
All together, please.	Prosím všechno dohromady. ['prɔsi:m 'fʃɛxnɔ 'dɔɦrɔmadɪ]

Please bill us separately.	Platíme každý zvlášť'. ['placi:mɛ 'kaʒdɪ 'zʊla:ʃc]
Does this include everything?/Does this include the tip/the cover charge?	Je v tom všechno?/Je to včetně obsluhy/kuvertu? ['jɛ ʃtɔm 'ʃʃɛxnɔ/jɛ tɔ 'ftʃɛcɲɛ ᵊɔpslʊɦɪ/'kʊʋɛrtʊ]
I think you made a mistake/you did not add it correctly.	Myslím, že jste se spletl/-a přepočítal/-a. ['mɪslɪ:m ʒɛ stɛ sɛ splɛt/-la'prɛpɔtʃɪ:tal/-a]
I did not have this. I had …	Tohle jsem neměl/-a. Měl/-a jsem … ['tɔɦlɛ sɛm 'nɛmɲɛl/-a mɲɛl/-a sɛm]
Did you enjoy your meal?	Chutnalo vám? ['xʊtnalɔ ʋa:m]
It was excellent.	Bylo to výborné. ['bɪlɔ tɔ 'ʋɪ:bɔrnɛ:]
That's for you.	To je pro vás. ['tɔ jɛ 'prɔʋa:s]
That's OK. Keep the difference.	To je v pořádku. ['tɔ jɛ 'fpɔɾa:tkʊ]

As a Dinner Guest
Pozvání na jídlo/Jídlo ve společnosti

Thank you for the invitation!	Děkuji za pozvání! ['ɟɛkʊjɪ 'zapɔzʋa:ɲi:]
Please go ahead and eat!	Poslužte si!/Berte si! ['pɔslʊʃtɛ sɪ/'bɛrtɛ sɪ]
To your health!	Na vaše zdraví! ['naʋaʃɛ 'zdraʋɪ:]
Could you please pass me …?	Můžete mi prosím podat …? ['mu:ʒɛtɛ mɪ 'prɔsɪ:m 'pɔdat]
Anything else?	Ještě něco? ['(j)ɛʃcɛ 'ɲɛtsɔ]
Thank you, no more.	Děkuji, už ne. ['ɟɛkʊjɪ ʔʊʃ nɛ]
I've had enough, thank you.	Děkuji, už nemůžu. ['ɟɛkʊjɪ ʔʊʃ 'nɛmu:ʒʊ]
May I smoke a cigarette?	Smím si zapálit? ['smɪ:m sɪ 'zapa:lɪt]

Word List: Eating and Drinking

▶ See also Chapter 8, Word List: Food and Drink

appetizer	předkrm [ˈprɛtkrm]
ashtray	popelník [ˈpopɛlɲiːk]
baked	pečený [ˈpɛt͡ʃɛniː]
baked (casserole)	zapékaný [ˈzapɛːkaniː]
bar	bar [bar]
bayleaf	bobkový list [ˈbopkouiː ˈlɪst]
beef	hovězí (maso) [ˈɦoujɛzɪː (ˈmaso)]
beer	pivo [ˈpɪuo]
light/dark beer	světlé/černé pivo [ˈsujɛtlɛː/ˈt͡ʃɛrnɛː ˈpɪuo]
boiled	vařený [ˈvaɾɛnɪː]
bone	kost [kost]
bottled beer	lahvové pivo [ˈlaɦuouɛ· ˈpɪuo]
bowl	mísa [ˈmɪːsa]
bratwurst	pečená klobása [ˈpɛt͡ʃɛna ˈkloba:sa]
bread	chleba [ˈxlɛba]
breakfast	snídaně [ˈsɲiːdaɲɛ]
butter	máslo [ˈmaːslo]
carafe	karafa [ˈkarafa]
carbonated water	sodovka [ˈsodofka]
carraway	kmín [kmiːn]
cask	sudové [ˈsudouɛː]
children's portion	dětská porce [ˈɟɛt͡ska ˈportsɛ]
cloves	hřebíček *sing* [ˈɦɾɛbiːt͡ʃɛk]
cold	studený [ˈstudɛnɪː]
cook	kuchař/ka [ˈkuxaɾ/ka]
to cook	vařit [ˈvaɾɪt]
corkscrew	vývrtka [ˈviːʋrtka]
course	chod [xot]
cup	šálek [ˈʃaːlɛk]
delicate	jemný [ˈjɛmnɪː]
dessert	moučník [ˈmout͡ʃɲiːk], dezert [ˈdɛzɛrt]
diabetic	diabetik/diabetička [ˈɟɪjabɛtɪk/ˈɟɪjabɛtɪt͡ʃka]
diet meal, diet food	dietní jídlo [ˈɟɪjɛcɲi jiːdlo]
dinner	večeře [ˈvɛt͡ʃɛɾɛ]
dressing	nálev [ˈnaːlɛf]
drink	nápoj [ˈnaːpoj]
dry (wine)	suchý (suché víno) [ˈsuxɪː (ˈsuxɛː ˈʋiːno)]
fatty	tučný [ˈtut͡ʃnɪː], mastný [ˈmastnɪː]
fish	ryba [ˈrɪba]

fish bone	rybí kost ['rıbı: 'kɔst]
fork	vidlička ['ʋɪdlɪtʃka]
french fries	hranolky ['ɦranɔlkɪ], pomfrity ['pɔmfrɪtɪ]
fresh	čerstvý [ˈtʃɛrstʋɪ:]
fried	škvařený [ˈʃkʋarɛnɪ:], dušený ['duʃɛnɪ:]
fried, baked	pečený ['pɛtʃɛnɪ:], smažený ['smaʒɛnɪ:], opékaný [ˈʔɔpɛ:kanɪ:]
shish kebab-style	na rožni ['narɔʒɲɪ]
grilled	grilovaný ['ɡrɪlɔʋanɪ:]
in a pan	na pánvi ['napa:nʋɪ]
garlic	česnek [ˈtʃɛsnɛk]
glass	sklenice ['sklɛɲɪtsɛ]
hard	tvrdý ['tʋrdɪ:]
have some, to take some (food) to	posloužit si ['pɔslɔʊʒɪt sɪ]
herbs	bylinky *pl* ['bɪlɪŋkɪ], koření *sing* ['kɔrɛɲɪ:]
homemade	domácí ['dɔma:tsɪ:]
hot	horký ['ɦɔrkɪ:]
to be hungry	mít hlad ['mɪ:d 'ɦlat], byt hladovy/-á ['bɪ:d 'ɦladɔʋɪ:/-a:]
juicy	šťavnatý [ˈʃtʃaʊnatɪ:]
ketchup	kečup ['kɛtʃup]
knife	nůž [nʊːʃ]
lean (meat)	libový ['lɪbɔʊɪ:]
lemon	citrón [ˈtsɪtrɔːn]
lemonade	limonáda ['lɪmɔna:da]
lunch	oběd [ˈʔɔbjɛt]
main course	hlavní jídlo ['ɦlaʋɲɪ 'ji:dlɔ]
make a salad dressing	udělat nálev na salát [ˈʔudjɛlat 'na:lɛf 'nasala:t]
mayonnaise	majonéza ['majɔnɛ:za]
meal, food	pokrm ['pɔkr̩m], jídlo ['ji:dlɔ]
menu	menu ['mɛnɪ:], jídelní lístek ['ji:dɛlɲɪ: 'lɪ:stɛk]
mineral water	minerálka ['mɪnɛra:lka]
mustard	hořčice ['ɦɔr̝tʃɪtsɛ]
napkin	ubrousek [ˈʔubrɔʊsɛk]
nonalcoholic	nealkoholický ['nɛʔalkɔɦɔlɪtskɪ:]
noodles	nudle *pl* ['nudlɛ]

nutmeg	muškátový oříšek
	[ˈmuʃkaːtɔʊɪ ˈ ɔɾiːʃek]
oil	olej [ˈ ɔlɛj]
olive oil	olivový olej [ˈ ɔlɪʊɔʊɪ ˈ ɔlɛj]
olives	olivy [ˈ ɔlɪʊɪ]
onion	cibule [ˈt͡sɪbʊlɛ]
order	objednávka [ˈ ɔbjɛdnaːfka]
to order (food)	objednat [ˈ ɔbjɛdnat]
paprika (ground)	(mletá) paprika [(ˈmlɛtaː) ˈpaprɪka]
parsley	petržel [ˈpɛtɾʒel]
pepper	pepř [pɛpɾ̩]
pepper shaker	pepřenka [ˈpɛpɾɛŋka]
plate	talíř [ˈtaliːr]
plum brandy, slivovitz	slivovice [ˈslɪʊɔʊɪt͡sɛ]
poached	dušený [ˈduʃenɪː]
pork	vepřové (maso) [ˈʊepɾɔʊeː (ˈmasɔ)]
portion	porce [ˈpɔrt͡sɛ]
potatoes	brambory [ˈbrambɔrɪ]
quick meal	minutka [ˈmɪnʊtka]
raw	syrový [ˈsɪrɔʊɪː]
rice	rýže [ˈriːʒɛ]
roast	rožeň [ˈrɔʒeɲ]
roasted	pražený [ˈpraʒenɪː]
salad	salát [ˈʃcaʊnatɪː]
salad buffet	volný výběr salátů
	[ˈʊɔlnɪː ˈʊiːbjer ˈsalaːtuː],
	salátový bufet [ˈsalaːtɔʊɪ ˈbʊfɛt]
salt	sůl [suːl]
salt shaker	slánka [ˈslaːŋka]
sauce	omáčka [ˈ ɔmaːt͡ʃka]
saucer	podšálek [ˈpɔtʃaːlɛk],
	talířek [ˈtaliːɾek]
side dish	příloha [ˈpɾiːlɔɦa]
slice (of bread)	krajíc [ˈkrajiːt͡s]
smoked	uzený [ˈ ʊzenɪː]
soft	měkký [ˈmɲɛkɪː]
soup	polévka [ˈpɔlɛːfka]
soup plate, soup bowl	hluboký talíř [ˈɦlubɔkɪː ˈtaliːr]
sour	kyselý [ˈkɪsɛlɪː]
specialty	specialita [ˈspɛtsɪjalɪta]
to spice up	okořenit [ˈ ɔkɔɾeɲɪt]
spices	koření [ˈkɔɾeɲiː]
spicy, hot	ostrý [ˈ ɔstrɪː]
spoon	lžíce [ˈlʒɪːt͡sɛ]
stain	skvrna [ˈskʊrna]

steamed	dušený [ˈduʃɛnɪː], vařený v páře [ˈʋaɾɛnɪː ˈʃpaːɾɛ]
straw	stéblo [ˈstɛːblɔ], **slámka** [ˈslaːmka]
stuffed	plněný [ˈpl̩ɲɛnɪː], nadívany [ˈnaɟiːʋanɪː]
stuffing	nádivka [ˈnaːɟɪfka]
sugar	cukr [ˈt͡sukr]
sweet	sladký [ˈslatkɪː]
sweetener (artificial)	sladidlo [ˈslaɟɪdlɔ], cukerin [ˈt͡sukɛrɪːn]
table setting	prostírání [ˈprɔscɪːraːɲiː], kuvert [ˈkuʋɛrt]
tablecloth	ubrus [ˈʔubrus]
taste	chuť [xuc]
to taste	ochutnat [ˈʔɔxutnat]
teaspoon	kávová lžička [ˈkaːʋɔʋaː ˈlʒɪt͡ʃka]
tip	spropitné [ˈsprɔpɪtnɛː]

Tipping is common not only in restaurants, but for other services as well.

toothpick	párátko [ˈpaːraːtkɔ]
tough	tuhý [ˈtuɦɪː]
to uncork	vytáhnout zátku [ˈʋɪtaːɦnɔut ˈzaːtku], odšpuntovat [ˈʔɔtʃpuntɔʋat]
utensils	příbor [ˈpr̝ɪːbɔr]
veal	telecí (maso) [ˈtɛlɛt͡sɪː (ˈmasɔ)]
vegetarian	vegetariánský [ˈʋɛɡɛˌtarɪjaːnskɪː]
vinegar	ocet [ˈʔɔt͡sɛt]
waiter, waitress	číšník/číšnice [ˈt͡ʃɪːʃɲiːk/ˈt͡ʃɪːʃɲɪt͡sɛ]
head waiter	pane vrchní [ˈpanɛ ˈʋr̩xɲiː]
water	voda [ˈʋɔda]
water glass	sklenice na vodu [ˈsklɛɲɪt͡sɛ ˈnaʋɔdu]
well cooked	dobře uvařený [ˈdɔbr̝ɛ ˈʔuʋaɾɛnɪː], hotový [ˈɦɔtɔʋɪː]
well-done	propečený [ˈprɔpɛt͡ʃɛnɪː]
wine	víno [ˈʋɪːnɔ]
wineglass	sklenice na víno [ˈsklɛɲɪt͡sɛ ˈnaʋɪːnɔ]

Menu

Jídelní lístek

Studené předkrmy

Chřest zapečený v šunce
[ˈxr̩ɛzd ˈzapɛt͡ʃɛnɪ: ˈʃʃʊn̪t͡sɛ]

Pražská šunka [ˈpraʃska: ˈʃʊŋka]

Šunková rolka se šlehačkou a křenem
[ˈʃʊŋkʊʊa: ˈrɔlka ˈsɛʃlɛɦat͡ʃkʊʊ ʔa
ˈkr̩ɛnɛm]

Toasty se žampióny
[ˈtɔʊstɪ: ˈsɛʒampɪjɔ:nɪ]

Cold Appetizers

Asparagus baked with ham

Prague ham

Ham roll with whipped
cream and horseradish

Toast with mushrooms

Polévky

Bramborová polévka
[ˈbrambɔrɔʊa: ˈpɔlɛ:ʃka]
(**Bramboračka** [ˈbrambɔrat͡ʃka])

Hovězí vývar (hovězí maso, zelenina,
játrová rýže) [ˈɦɔʊjɛzɪ: ʊɪːʊar
(ˈɦɔʊjɛzɪ: ˈmasɔ ˈzɛlɛɲina
ˈja:trɔʊa: ˈrɪːʒɛ)]

Hovězí vývar, vejce, zelenina
[ˈɦɔʊjɛzɪ: ʊɪːʊar ˈʊɛjt͡sɛ ˈzɛlɛɲina]

Žampionový krém
[ˈʒampɪjɔ:nɔʊɪ: ˈkrɛ:m]

Soups

Potato soup

Bouillon (beef, vegetables,
and liver dumplings)

Bouillon, eggs, and
vegetables

Mushroom cream soup

Saláty

Hlávkový salát [ˈfɦlaːfkɔʊɪ ˈsalaːt]

Pikantní zelný [ˈpɪkaɲcɲɪ ˈzɛlnɪː]

Tomatový s vejcem
[ˈtɔmatɔʊɪ ˈsʊɛjʦsɛm]

Salads

Green salad

Spicy cabbage

Tomato salad with eggs

Ryby

Kapr na kmíně, vařené brambory
[ˈkapr̩ ˈnakmɪːɲɛ ˈʊaɾɛnɛː ˈbrambɔrɪ]

Kapr na slanině, vařené brambory
[ˈkapr̩ ˈnaslaɲɪɲɛ ˈʊaɾɛnɛː ˈbrambɔrɪ]

Kapr smažený, labužnický salát
[ˈkapr̩ ˈsmaʒɛnɪ ˈlabʊʒɲɪ̈tskɪ ˈsalaːt]

Pstruh na mandlích, vařené
brambory [ˈpstrʊx ˈnamandlɪːx
ˈʊaɾɛnɛː brambɔrɪ]

Pstruh po mlynářsku, vařené
brambory [ˈpstrʊx ˈpɔmlɪnaːr̩sku
ˈʊaɾɛnɛː brambɔrɪ]

Fish

Carp on carraway seeds
with potatoes

Carp on bacon with
potatoes

Fried carp, gourmet salad

Trout with almonds and
potatoes

Trout "a la miller" with
potatoes

Drůbež

Kachna pečená, červené zelí,
bramborové knedlíky [ˈkaxna
ˈpɛʧɛnaː ˈʧɛrʊɛnɛː ˈzɛlɪː
ˈbrambɔrɔʊɛ ˈknɛdlɪːkɪ]

Kuře pečené na víně, smažené
hranolky [ˈkuɾɛ ˈpɛʧɛnɛː ˈnaʊɪːɲɛ
ˈsmaʒɛnɛː ˈfɦranɔlkɪ]

Poultry

Baked duck, red cabbage,
and potato dumplings

Chicken baked in wine
sauce, french fries

Pečená husa, knedlík, zelí
['pɛt͡ʃɛna: 'ɦusa 'knɛdli:k 'zɛlɪ:]

Baked goose, sauerkraut, and dumplings

Pečené kuře, brambory a kompot
['pɛt͡ʃɛnɛ: 'kuɾɛ 'brambɔrɪ ʔa 'kɔmpɔt]

Baked chicken, potatoes, and stewed fruit

Bezmasá jídla

Vegetarian meals

Vaječná omeleta se sýrem a žampióny, vařené brambory
['vajɛt͡ʃna: ʔɔmɛlɛta 'sɛsɪːrɛm ʔa ʒampɪjo:nɪ 'vaɾɛnɛ: 'brambɔrɪ]

Egg omelette with cheese, mushrooms, and potatoes

Zeleninová mísa, sázené vejce, vařené brambory
['zɛlɛnɪnɔva: 'mɪːsa 'sa:zɛnɛ: 'vɛjt͡sɛ 'vaɾɛnɛ: 'brambɔrɪ]

Vegetable plate, egg "sunny side up," potatoes

Národní jídla

Traditional meals

Guláš s chlebem/s bramborem
['gula:ʃ 'sxlɛbɛm/zbrambɔrɛm]

Goulash with bread/with potatoes

Svíčková na smetaně s knedlíkem
['svɪːt͡ʃkɔva: 'nasmɛtaɲɛ 'sknɛdlɪːkɛm]

Beef tenderloin in cream sauce with dumplings

Španělsky ptáček, dušená rýže
['ʃpaɲɛlskɪ: 'pta:t͡ʃɛk 'duʃɛna: 'rɪːʒɛ]

Stuffed meat rolls (sausage, egg, pickles) with rice

Staročeské zelí obložené (pečená kachna, uzená krkovička, pečená vepřová kýta, slanina), houskové, bramborové, špekové knedlíky
['starɔt͡ʃɛskɛ: 'zɛlɪ: ʔɔblɔʒɛnɛ: ('pɛt͡ʃɛna: 'kaxna ʔuzɛna: 'krkɔvɪt͡ʃka 'pɛt͡ʃɛna: 'vɛpɾɔva: 'kɪːta 'slaɲɪna) 'ɦɔuskɔvɛ: 'brambɔrɔvɛ: 'ʃpɛkɔvɛ: 'knɛdlɪːkɪ]

Old-Czech-style sauerkraut with meat and dumplings (baked duck, smoked beef neck, baked pork leg, bacon) bread, potato, bacon dumplings

Vepřová, knedlík, zelí
(vepřoknedlozelo) ['ʋɛprɔʋaː
"knɛdlɪːk zɛlɪː ('ʋɛprɔ 'knɛdlɔ 'zɛlɔ)]

Pork, dumplings, and
sauerkraut

Jídla na objednávku

Meals Made to Order

Biftek s broskví, šunka, smažené
hranolky ['bɪftɛk zbrɔskʊːˈ ʃuŋka
ˈsmaʒɛnɛː ˈɦranɔlkɪ]

Beefsteak with peach, ham,
and french fries

Pražský vepřový steak (česnek, křen,
okurka), smažené hranolky
['praʃkɪː ˈʋɛprɔʋɪː ˈstɛjk
(ˈtʃɛsnɛk ˈkrɛn ⁱˈɔkurka)
ˈsmaʒɛnɛː ˈɦranɔlkɪ]

Prague pork steak (garlic,
horseradish, pickles) and
french fries

Smažený řízek s bramborovým
salátem/brambory/hranolky
['smaʒɛnɪː ˈrɪːzɛk zbrambɔrɔʋɪːm
ˈsalaːtɛm/ˈbrambɔrɪ/ˈɦranɔlkɪ]

Breaded fried pork steak
with potato salad/potatoes/
french fries

Svíčkové řezy se šunkou a vejcem,
smažené hranolky ['sʋɪːtʃkɔʋɛː
ˈrɛzɪ ˈsɛʃuŋkɔʊ ʔa ˈʋɛjtsɛm
ˈsmaʒɛnɛː ˈɦranɔlkɪ]

Beef tenderloin cuts with
ham and egg, and french
fries

Telecí medailonky zapečené
(šunka, sýr, vejce), smažené
hranolky ['tɛlɛtsɪː ˈmɛdajlɔŋkɪ
ˈzapɛtʃɛnɛː (ˈʃuŋka ˈsɪːr ˈʋɛjtsɛ)
ˈsmaʒɛnɛː ˈɦranɔlkɪ]

Baked veal rounds (ham,
cheese, egg) and french
fries

Telecí řízek s chřestem, smažené
hranolky ['tɛlɛtsɪː ˈrɪːzɛk ˈsxrɛstɛm
ˈsmaʒɛnɛː ˈɦranɔlkɪ]

Veal steak with asparagus
and french fries

Vepřová játra, vejce, rajčata,
smažené hranolky ['ʋɛprɔʋaː
ˈjaːtra ˈʋɛjtsɛ ˈrajtʃata ˈsmaʒɛnɛː
ˈɦranɔlkɪ]

Pork liver, eggs, tomatoes,
and french fries

Přílohy

Bramborové knedlíky
['brambɔrɔʊɛ: 'knɛdlɪ:kɪ]

Bramborový salát
['brambɔrɔʊɪ: sala:t]

Curry rýže ['karɪ 'rɪ:ʒɛ]

Dušená rýže ['duʃena: 'rɪ:ʒɛ]

Dušené zelí ['duʃɛnɛ: 'zɛlɪ:]

Houskové knedlíky
['ɦɔʊskɔʊɛ: knɛdlɪ:kɪ]

Smažené hranolky
['smaʒɛnɛ: ɦranɔlkɪ]

Smažené krokety
['smaʒɛnɛ: 'krɔkɛtɪ]

Špekové knedlíky
['ʃpɛkɔʊɛ: 'knɛdlɪ:kɪ]

Tatarská omáčka
['tatarska: ˮɔma:t͡ʃka]

Vařené brambory
['ʋaɽɛnɛ: 'brambɔrɪ]

Žampionová rýže
['ʒampɪjɔn͡ʊa: 'rɪ:ʒɛ]

Side Dishes

Potato dumplings

Potato salad

Curried rice

Steamed rice

Steamed cabbage

Bread dumplings

French fries

Fried potato balls

Bacon dumplings

Tartar sauce

Boiled potatoes

Mushroom rice

Moučníky

Ovocné knedlíky (švestkové, třešňové, jahodové nebo meruňkové)
[[ˈʲɔʊɔt͡snɛː ˈknɛdliːkɪ (ˈʃʊɛstkɔʊɛː ˈtrɛʃɲɔʊɛː ˈjahɔdɔʊɛː nɛbɔ ˈmɛruɲkɔʊɛː)]]

Palačinky s ovocem a se šlehačkou
[ˈpalat͡ʃɪɲkɪ 's ˈʔɔʊɔt͡sɛm ˈa ˌsɛʃlɛɦat͡ʃkɔʊ]

Vdolečky se šlehačkou
[ˈʊdɔlɛt͡ʃkɪ ˌsɛʃlɛɦat͡ʃkɔʊ]

Sweet Dishes

Fruit-filled dumplings (with plums, cherries, strawberries, or apricots)

Crepes with fruit and whipped cream

Scones with whipped cream

Sweet dishes are often eaten in place of the main course (after the soup).

Dezerty

Sachrův dort se šlehačkou
[ˈsaxruːʊ ˈdɔrt ˌsɛʃlɛɦat͡ʃkɔʊ]

Větrník se šlehačkou
[ˈʋjɛtrɲiːk ˌsɛʃlɛɦat͡ʃkɔʊ]

Slané mandle [ˈslanɛː ˈmandlɛ]

Sýrový talíř s máslem
[ˈsɪːrɔʊɪ ˈtalɪːr̩ ˈsmaːslɛm]

Desserts

Sacher's torte with whipped cream

Cream puff

Salted almonds

Cheese plate with butter

Kompoty, poháry

Ananas [ˈʔananas]

Jahody [ˈjaɦɔdɪ]

Mandarinky [ˈmandarɪɲkɪ]

Maliny se šlehačkou
[ˈmalɪnɪ ˌsɛʃlɛɦat͡ʃkɔʊ]

Stewed Fruit, Sundaes

Pineapple

Strawberries

Tangerines

Raspberries with whipped cream

Zmrzlinové poháry

Zmrzlinový pohár se šlehačkou a ovocem ['zmr̩zlɪnoʊɪ: 'poɦaːr 'sɛʃlɛɦatʃkoʊ ʔa ⁱⁿoʊʦɛm]

Zmrzlinový pohár se šlehačkou, ovocem a vaječným koňakem ['zmr̩zlɪnoʊɪ: 'poɦaːr 'sɛʃlɛɦatʃkoʊ ⁱⁿoʊʦɛm ʔa 'ʋajetʃnɪːm 'koɲakɛm]

Zmrzlinový pohár „Fruit koktejl" se šlehačkou a griotkou ['zmr̩zlɪnoʊɪ: 'poɦaːr 'fruːt ˌkoktɛjl 'sɛʃlɛɦatʃkoʊ ʔa 'grɪjotkoʊ]

Ice Cream Sundaes

Ice cream sundae with whipped cream and fruit

Ice cream sundae with whipped cream, fruit, and eggnog

Ice cream sundae "fruit cocktail" with whipped cream and cherry liquor

Beverages

Nápojový lístek

Vína bílá

Rulandské ['rʊlantskɛ:]

Rýnský ryzlink ['riːnskɪ 'rɪzlɪŋk]

Tramín ['tramɪːn]

Vína červená

Frankovka ['fraŋkofka]

Rulandské ['rʊlantskɛ:]

Vavřinecké ['ʋaʊrɪnɛtskɛ:]

Píva

Budvar ['bʊdʋar]

Plzeňský prazdroj ['pl̩zɛɲskɪ: 'prazdroj]

White wines

Rulander

Rhine Riesling

Traminer

Red Wines

Frankovka

Rulander

Vavrinecer

Beer

Budweiser

Pilsner Urquell

Aperitívy

Becherovka [ˈbɛxɛrɔfka]

Slivovice [ˈslɪʋɔʋiʦɛ]

Aperitifs

Becherbitter (herb liquor)

Slivovitz (plum brandy)

Sekty

Bohemia sekt [ˈbɔɦɛmɪja sɛkt]

Krymský sekt [ˈkrɪmskɪ ˈsɛkt]

Champagne

Bohemia

Crimea

Nealkoholické nápoje

Ananasový džus
[ˈʔananasɔʋɪː ˈdʒʊs]

Grapefruitový džus
[ˈɡrɛpfrujtɔʋɪː ˈdʒʊs]

Pomerančový džus
[ˈpɔmɛranʧɔʋɪː ˈdʒʊs]

Minerální voda (= minerálka)
[ˈmɪnɛraːlɲi ˈʋɔda (ˈmɪnɛraːlka)]

soda (= sodovka) [ˈsɔda (ˈsɔdɔfka)]

Nonalcoholic Beverages

Pineapple juice

Grapefruit juice

Orange juice

Mineral water

Carbonated water

Teplé nápoje

Káva turecká [ˈkaːʋa ˈtʊrɛʦkaː]

Káva překapávaná
[ˈkaːʋa ˈprɛkapaːʋanaː]

Espreso [ˈʔɛsprɛsɔ]

Vídeňská káva [ˈʋiːdɛɲskaː ˈkaːʋa]

Čaj [ʧaj]

Grog [ɡrɔk]

Coffee and Tea

Turkish coffee (boiling water poured over ground coffee in a cup)

Filtered coffee

Espresso

Vienna coffee (with whipped cream)

Tea

Rum toddy

6 **Culture and Nature**
Kultura a příroda

At the Visitor's (Tourist) Center
V cestovní kanceláří

I would like a city map/ a map of ...	Chtěl/-a bych plán města/plán ... [xcɛl/-a bɪx plaːn mɲɛsta/plaːn]
Do you have any brochures for ...?	Máte prospekty ...? [ˈmaːtɛ ˈprɔspɛktɪ]
Do you have a calendar of cultural events for this week?	Máte kalendář kulturních pořadů na tento týden? [ˈmaːtɛ ˈkalɛndaːr ˈkulturɲɪx ˈpɔɾaduː ˈnatɛntɔ ˈtɪːdɛn]
Do you give bus tours?	Pořádáte okružní jízdy? [ˈpɔɾaˌdaːtɛ ⁱᵗɔkruʒɲiː ˈjiːzdɪ]
How much is a bus tour?	Kolik stojí okružní jízda? [ˈkɔlɪk ˈstɔjiː ⁱᵗɔkruʒɲiː ˈjiːzda]

Places of Interest/Museums
Pamětihodnosti/Muzea

Museums and galleries are generally closed on Mondays (some are closed on other days, e.g., the Jewish Museum in Prague is closed on Saturdays). If Monday is a holiday, then museums and galleries will be closed on Tuesday.

What places of interest/ tourist sites do you have here?	Jaké jsou tady zajímavosti/ pamětihodnosti? [ˈjakɛ jsɔu̯ tadɪ ˈzajiːmavɔscɪ/ˈpamɲɛcɪɦɔdnɔscɪ]
We would like to see ...	Rádi bychom si prohlédli ... [ˈraːɟɪ ˌbɪxɔm sɪ ˈprɔɦlɛːdlɪ]
When is the museum open?	Kdy je otevřené muzeum? [ˈɡdɪ jɛ ⁱᵗɔtɛu̯ɾɛnɛː ˈmuzɛum]
Free entry!	Vstup volný! [ˈfstup ˈʊɔlnɪː]
When does the tour begin?	Kdy začíná prohlídka? [ˈɡdɪ ˈzat͡ʃɪːna ˈprɔɦliːtka]
Do you have tours in English here?	Provádíte taky v angličtině? [ˈprɔvaˌɟiːtɛ ˈtakɪ ˈʊaŋɡlɪt͡ʃɪɲɛ]

Are we allowed to take pictures here?	Smí se tady fotografovat? ['smɪː sɛ 'tadɪ 'fɔtɔgrafɔvat]
What square is this?/ What church is this?	Jaké je to náměstí?/Jaký je to kostel? ['jakɛː jɛ tɔ 'naːmɲɛscɪː/ 'jakɪː jɛ tɔ 'kɔstɛl]
Is this ...?	Je to ...? ['jɛ tɔ]

An old Celtic seat made of rock, "Dívčí Kámen," south of the city of České Budějovice

When was this building built/restored?	Kdy byla postavena/restaurována tahle budova? ['gdɪ 'bɪla 'pɔstavɛna/ 'rɛstaurɔvaːna 'tafilɛ 'budɔva]
From which period is this structure?	Z kterého období je tahle stavba? ['sktɛrɛːɦɔ 'ɔbdɔbɪː jɛ 'tafilɛ 'stauba]
Do you have some other works by this architect in this town?	Máte ve městě ještě jiná díla od tohoto architekta? ['maːtɛ 'vɛmɲɛscɛ (j)ɛʃcɛ jɪna: ɟiːla 'ɔt·ɔɦɔtɔ 'arxɪtɛkta]
Has the excavation been completed?	Jsou už vykopávky ukončeny? ['sɔu 'uʃ 'vɪkɔpaːfkɪ 'ukɔnʧɛnɪ]
Where are the finds exhibited?	Kde jsou vystavené nálezy? ['gdɛ sɔu 'vɪstavɛnɛː 'naːlɛzɪ]

Who painted this picture?/Who made this statue?	Kdo maloval tenhle obraz?/Kdo je autorem téhle sochy? [ˈgdɔ ˈmalɔval ˈtɛnɦlɛ ᵓɔbras/ˈgdɔ jɛ ᵓautɔrɛm ˈtɛːɦlɛ ˈsɔxɪ]
Do you have the exhibition catalogue?	Máte katalog výstavy? [ˈmaːtɛ ˈkatalɔk ˈʋɪːstaʋɪ]
Do you have this painting as a poster/a postcard/a slide?	Máte tenhle obraz jako plakát/pohlednici/diapozitiv? [ˈmaːtɛ ˈtɛnɦlɛ ᵓɔbras ˈjakɔ ˈplakaːt/pɔɦlɛɟɲɪt͡sɪ/ɟɪjapɔzɪtɪˑf]

Castles and chateaux will be closed out of season, from November until March.

Word List: Places of Interest/Museums

abbott	opat [ᵓɔpat]
aisle	boční/postranní loď [ˈbɔt͡ʃɲi:/ˈpɔstraɲi: lɔc]
altar	oltář [ᵓɔltaːr̝]
amphitheater	amfiteátr [ᵓamfɪt͡ɛaːtr̩]
Antiquity	antika [ᵓantɪka]
of Antiquity *(adj)*	antický [ᵓantɪt͡skɪː]
aqueduct	akvadukt [ᵓakʋadukt]
arch	oblouk [ᵓɔblɔʊ̯k]
arch of triumph	vítězný oblouk [ˈʋɪːcɛznɪː ᵓɔblɔʊ̯k]
archbishop	arcibiskup [ᵓartsɪbɪskup]
archeology	archeologie [ᵓarxɛɔlɔgɪjɛ]
architect	architekt [ᵓarxɪtɛkt]
architecture	architektura [ᵓarxɪtɛktuːra]
art	umění [ᵓʊmɲɛɲiː]
Art Nouveau	secese [ˈsɛt͡sɛsɛ]
baby Jesus	Jezulátko [ˈjɛzulaːtkɔ]
ballustrade	balustráda [ˈbalustraːda]
baptismal font	křtitelnice [ˈkr̝cɪtɛlɲɪt͡sɛ]
baron	baron/ka [ˈbarɔn/ˈbarɔŋka]
Baroque	baroko [ˈbarɔkɔ]
of Baroque *(adj)*	barokní [ᵓbarɔkɲiː]
basilica	bazilika [ˈbazɪlɪka]
bastion	bašta [ˈbaʃta]
bay	arkýř [ᵓarkɪːr̝]
belfry, bell-tower	zvonice [ˈzʋɔɲɪt͡sɛ]
bell	zvon [zʋɔn]

Benedictines (religious order)	benediktýni *pl* ['bɛnɛɟɪktɪːɲɪ]
bishop	biskup ['bɪskʊp]
bishopry	biskupství ['bɪskʊpstʊɪ]
blueprint	půdorys ['pʊːdɔrɪs]
brick	cihla [ʦɪɦla]
bridge	most [mɔst]
bronze	bronz [brɔns]
Bronze Age	doba bronzová ['dɔba 'brɔnzɔʊaː]
building	budova ['bʊdɔʊa]
bullwark walls	hrázděné zdivo ['ɦraːzɟɛnɛː 'zɟɪʊɔ]
to burn	spálit ['spaːlɪt]
bust	bysta ['bɪsta], poprsí ['pɔprsɪː]
Byzantine	byzantský ['bɪzanʦkɪː]
candleholder	svícen ['svɪːʦɛn]
capital (column)	hlavice sloupu ['ɦlaʊɪʦɛ 'slɔʊpʊ]
Capuchins	kapucíni *pl* ['kapʊʦɪːɲɪ]
carpet	koberec ['kɔbɛrɛʦ]
castle	hrad ['ɦrat]
castle yard	hradní nádvoří ['ɦraɟɲɪː 'naːdʊɔr̝ɪː]
catacombs	katakomby ['kataˌkɔmbɪ]
cathedral	chrám [xraːm], katedrála ['katɛdraːla]
Catholic	katolík/katolička ['katɔlɪːk/katɔlɪʧ̩ka]
cave paintings	jeskynní malby *pl* ['jɛskɪɲɪː 'malbɪ]
ceiling	strop [stɔp]
ceiling paintings	nástropní malba ['naːstrɔpɲɪː 'malba]
cellar	sklep [sklɛp]
Celtic	keltský ['kɛltskɪː]
Celts	Keltové ['kɛltɔʊɛː]
cemetery	hřbitov ['ɦr̝bɪtɔf]
century	století ['stɔlɛʦɪː]
ceramics, pottery	hrnčířství ['ɦr̩nʧɪːrstʊɪː], keramika ['kɛramɪka]
chalice	kalich ['kalɪx]
chapel	kaple ['kaplɛ]
chateaux	zámek ['zaːmɛk]
chimes	zvonkohra ['zvɔŋkɔɦra]
choir	kůr [kʊːr]
choir benches	kůrové lavice *pl* ['kʊrɔʊɛː 'laʊɪʦɛ]
choir hallway	kůrová chodba ['kʊrɔʊaː 'xɔdba]
Christian	křesťan ['kr̝ɛscan]
Christianity	křesťanství ['kr̝ɛscanstʊɪː]
church	kostel ['kɔstɛl]
church tower	kostelní věž ['kɔstɛlɲɪː 'ʊjɛʃ]

Cistercians	cisterciáni *pl* [ˈt͡sɪstɛrt͡sɪjaːɲɪ]
citadel	citadela [ˈt͡sɪtadɛla]
city center	střed města [ˈstr̝ɛt ˈmɲɛsta]
city fortification	městské hradby [ˈmɲɛstskɛː ˈɦradbɪ]
city-round tour	okružní jízda městem [ˈʔokruʒɲiː ˈjiːzda ˈmɲɛstɛm]
Classicism	klasicismus [ˈklasɪt͡sɪzmʊs]
collage	koláž [ˈkolaːʃ]
column	sloup [slo͡up]
confession	vyznání [ˈʋɪznaːɲiː]
convent	klášter [ˈklaːʃtɛr]
convent church	klášterní kostel [ˈklaːʃtɛrɲiː ˈkostɛl]
copper engraving	mědirytina [ˈmɲɛɟɪrɪt͡sɪna]
copy	kopie [ˈkopɪjɛ]
Corinthian	korintský [ˈkorɪntskɪː]
count/countess	hrabě/hraběnka [ˈɦrabjɛ/ˈɦrabjɛŋka]
courtyard	dvůr [dvo͡uːr]
craft, artisanship	umělecké řemeslo [ˈʔumɲɛlɛt͡skɛː ˈr̝ɛmɛslo]
cross	kříž [kr̝ɪːʃ]

The old Jewish cemetery, Prague

crucifix	kříž [krɪ:ʃ], krucifix ['kruʦɪfɪks]
crusade	křížová výprava ['krɪːʒɔʋaː 'ʋɪːpraʋa]
crusader	křižák ['krɪʒaːk]
crypt	krypta ['krɪpta]
Cubism	kubismus ['kubɪzmus]
cult place	kultovní místo ['kultɔʋɲiː 'mɪːstɔ]
cutting	řezba ['rɛzba]
design	design ['dɪzajn]
ditch	příkop ['prɪːkɔp]
dome structure	kopulovitá stavba ['kɔpulɔʋɪtaː 'staʋba]
dome, cupola	kopule ['kɔpulɛ]
Dorish	dórský ['dɔːrskɪː]
draw bridge	padací most ['padaʦɪː mɔst]
drawing	kresba ['krɛzba]
duke/duchess	vévoda/vévodkyně ['ʋɛːʋɔda/'ʋɛːʋɔtkɪɲɛ]
dungeon	hladomorna ['ɦladɔˌmɔrna]
dynasty	dynastie ['dɪnastɪjɛ]
early Christian	ranně křest'anský ['raɲɛ 'krɛscanskɪː]
early Gothic	ranná gotika ['rana: 'gɔtɪka]
early work	dílo z ranného období ['ɟiːlɔ 'zranɛ:ɦɔ ᵛ'ɔbdɔbɪː]
emperor/empress	císař/císařovna ['ʦɪsːar/'ʦɪːsaɾɔʋna]
Empire/Empire-style	empír/empírový sloh [ᵛ'ɛmpɪːr/ᵛ'ɛmpɪːrɔʋɪː 'slɔx]
epoch	epocha [ᵛ'ɛpɔxa]
etching	lept [lɛpt]
ethnography museum	národopisné museum ['naːrɔdɔpɪsnɛː 'muzɛ͡um]
excavations	vykopávky *pl* ['ʋɪkɔpaːfkɪ]
execution	poprava ['pɔpraʋa]
exhibit	exponát [ᵛ'ɛkspɔnaːt]
exhibition	výstava ['ʋɪːstaʋa]
Expressionism	expresionismus [ᵛ'ɛksprɛˌsɪjɔnɪzmus]
facade	fasáda ['fasaːda], průčelí ['pruːʧɛlɪː]
faience, china	fajáns ['fajaːns]
finds	nálezy ['naːlɛzɪ]
fortress	pevnost ['pɛʋnɔst]
foundation	základy ['zaːkladɪ]
Franciscans (religious order)	františkáni *pl* ['fraɲcɪʃkaːɲɪ]

free masons	zednáři ['zɛdnaːrɪ]
fresco	freska ['frɛska]
frieze	vlys [vlɪs]
gallery	galerie ['galɛrɪjɛ], ochoz ['ɔxɔs]
gate	brána ['braːna], vrata *pl* ['vrata]
ghost	duch [dux]
glass painting	malba na skle ['malba 'nasklɛ]
gold working	umělecké zlatnictví ['umnɛlɛt͡skeː zlacɲɪt͡stvɪː], zlatotepectví ['zlatoˌtɛpɛt͡stvɪː]
Gothic	gotika ['gɔtɪka]
Gothic *(adj)*	gotický ['gɔtɪt͡skiː]
graphics	grafika/grafický list ['grafɪka/'grafɪt͡skiː 'lɪst]
grave	hrob [ɦrɔp]
gravemound	mohyla ['mɔɦɪla]
gravestone	náhrobek ['naːɦrɔbɛk], (náhrobní) pomník ['(naːɦrɔbɲiː) 'pɔmɲiːk], náhrobní kámen ['naːɦrɔbɲi 'kaːmɛn]
Greek *(adj)*	řecký ['rɛt͡skiː]
Greeks	řekové ['rɛkɔvɛː]
guide	průvodce/průvodkyně ['pruːvɔt͡sɛ/'pruːvɔtkɪɲɛ]
guild house	cechovní dům ['t͡sɛxɔvɲi 'duːm]
Hapsburgs	Habsburkové ['ɦabzburkɔvɛː]
heathen	pohanský ['pɔɦanskɪː]
high culture	vyspělá kultura ['vɪspjela 'kultuːra]
high Gothic	vrcholná gotika ['vr̩xɔlnaː 'gɔtɪka]
history	dějiny ['ɟɛjɪnɪ]
Huns	Hunové ['ɦunɔvɛː]
Hussite wars	husitské války ['ɦusɪt͡skeː 'vaːlkɪ]
Hussites	husité ['ɦusɪtɛː]
ice cave	ledová jeskyně ['lɛdɔva 'jɛskɪɲɛ]
icon	ikona ['ɪkɔna]
illustration	ilustrace ['ɪlustrat͡sɛ]
Impressionism	impresioninismus ['ɪmprɛˌsɪjɔnɪzmus]
influence	vliv [vlɪf]
ink drawing	kresba tuší ['krɛzba 'tuʃɪː]
inlay	intarzie ['ɪntarzɪjɛ]
inner courtyard	vnitřní dvůr ['vɲɪtr̩ɲiː 'dvuːr]
inquisition	inkvizice ['ɪŋkvɪzɪt͡sɛ]

inscription	nápis ['na:pɪs]
Ionic	iónský ['jɔ:nskɪ:]
Jesuits	jezuité ['jɛzujɪtɛ:]
Jew	žid [ʒɪt]
king/queen	král/královna [kra:l/'kra:lɔuna]
knight	rytíř ['rɪci:r]
landscape painting	krajinomalba ['krajɪnɔˌmalba]
late Gothic	pozdní gotika ['pɔzɟɲi: 'gɔtɪka]
late work	dílo z pozdního období ['ɟi:lɔ 'spɔzɟɲi:ɦɔ "ɔbdɔbi:]
library	knihovna ['kɲɪɦɔuna]
lithography	litografie ['lɪtɔˌgrafɪjɛ]

*A view from the St.
Vitus' Cathedral, Prague*

Luxemburgs	Lucemburkové ['luʦɛmˌburkɔuɛ:]
majolica china	majolika ['majɔlɪka]
Mannerism	manýrismus ['manɪ:rɪzmus]
manneristic	manýristický ['manɪ·rɪstɪʦkɪ:]
marble	mramor ['mramɔr]
market	trh [trx], tržiště ['trʒɪʃcɛ]
mass	bohoslužba ['bɔɦɔˌsluʒba]
material	materiál ['matɛrɪja:l]
mausoleum	mauzoleum ['mau̯zɔlɛu̯m]

mayor	starosta/starostka ['starɔsta/'starɔstka]
memorabilia, sight-seeing places	pamětihodnosti ['pamɲɛcɪɦɔdnɔscɪ]
memorable site	památné místo ['pama:tnɛ 'mɪːstɔ] memoriál ['mɛmɔrɪjaːl]
Middle Ages	středověk ['strɛdɔujɛk]
Middle Ages *(adj)*	středověký ['strɛdɔujɛkɪː]
model	model ['mɔdɛl]
modern	moderní ['mɔdɛrɲiː]
Mongols	Mongolové ['mɔŋɡɔlɔuɛː]
monk	mnich [mɲɪx]
monstrance	monstrance ['mɔnstrantsɛ]
monument, memorial	pomník ['pɔmɲiːk], památka ['pama:tka]
mosaic	mozaika ['mɔzajka]
Moslem	muslim ['mʊslɪm], mohamedán ['mɔamɛdaːn]
mosque	mešita ['mɛʃɪta]

multivision show	multivizionální show ['mʊltɪʊɪzɪjɔnaːlɲi: 'ʃɔʊ]
museum	muzeum ['mʊzɛʊm]
natural sciences museum	přírodovědné muzeum ['pɾɪːrɔdɔʊjɛdnɛː 'mʊzɛʊm]
nave	střední/hlavní loď ['strɛɲɲiː/'ɦlaʊɲi: 'lɔc], chrámová loď ['xraːmɔʊa: 'lɔc]
Neoclassicism	neoklasicismus ['nɛɔklasɪtsɪzmʊs]
nobleman, noblewoman	šlechtic *m*/šlechtična *f* ['ʃlɛxcɪts/'ʃlɛxcɪtʃna]
nude	akt ['ʔakt]
nun	jeptiška ['jɛpcɪʃka]
obelisk	obelisk ['ʔɔbɛlɪsk]
oil painting	olejomalba ['ʔɔlɛjɔˌmalba]
old ages	starověk ['starɔujɛk]
old town	staré město ['starɛː 'mɲɛstɔ]
opera	opera ['ʔɔpɛra]
order *(rel)*	řád ['ɾaːt]
organ	varhany ['ʋaɦanɪ]
Orient	Orient ['ʔɔrɪjɛnt]
oriental	orientální ['ʔɔrjɛntaːlɲiː]
original	originál ['ʔɔrɪgɪnaːl]
ornament	ornament ['ʔɔrnamɛnt]
Orthodox	ortodoxní ['ʔɔrtɔdɔksɲiː]

painter	malíř/ka ['malɪːr/ka]
painting (the activity)	malířství ['malɪːrstʊɪ:]
painting, picture	malba ['malba], obraz ['ʔɔbras]
painting collection	sbírka obrazů ['zbɪːrka ʔɔbrazʊ:]
palace	palác ['palaːts]
panelled altar	deskový oltář ['dɛskɔʊɪː ʔɔltaːr]
parchment	pergamen ['pɛrgamɛn]
pastel	pastel ['pastɛl]
pavilion	pavilion ['paʊɪlɔːn]
period of boom	doba rozkvětu ['dɔba 'rɔskʊjɛtʊ], vrcholné období ['ʊrxɔlnɛː ʔɔbdɔbɪː]
Persian	perský ['pɛrskɪː]
photograph	fotografie ['fɔtɔˌgrafɪjɛ]
photomontage	fotomontáž ['fɔtɔˌmɔntaːʃ]
pilgrim	poutník ['pɔʊ͡cɲiːk]
pilgrimage	pout' ['pɔʊc]
pilgrimage church	poutní kostel ['pɔʊ͡cɲiː 'kɔstɛl]
pillar	pilíř ['pɪlɪːr]
place of birth	rodiště ['rɔɟɪʃcɛ]
plague	mor [mɔr]
plague column	morový sloup ['mɔrɔʊɪː 'slɔ͡ʊp]
plunder	drancování ['dran͡tsɔʊaːɲiː], plenění ['plɛɲɛɲiː]
pointed (gothic) arch	lomený (gotický) oblouk ['lɔmɛnɪː ('gɔtɪ͡tskɪː) ʔɔblɔ͡ʊk]
porcelain	porcelán ['pɔr͡tsɛlaːn]
portal	portál ['pɔrtaːl]
portrait	portrét ['pɔrtrɛːt]
poster	plakát ['plakaːt]
prehistorical	prehistorický ['prɛɦɪstɔrɪ͡tskɪː]
preservation of memorials	ochrana památek ['ʔɔxrana 'pamaːtɛk]
priest	kněz [kɲɛs]
prince	kníže ['kɲiːʒɛ]
Protestant	protestant ['prɔtɛstant]
pseudogothics	neogotika ['nɛɔˌgɔtɪka], pseudogotika ['psɛ͡ʊdɔˌgɔtɪka]
pulpit	kazatelna ['kazatɛlna]
pyramid	pyramida ['pɪramɪda]
Realism	realismus ['rɛalɪzmus]
to rebuild	postavit znovu ['pɔstaʊɪt 'znɔʊʊ]
to reconstruct	rekonstruovat ['rɛkɔnstrʊɔʊat]
relief	reliéf ['rɛlɪjɛːf], plastika ['plastɪka]

religion	náboženství [ˈnaːboʒɛnstʊɪ:], vyznání [ˈʊɪznaːɲɪ:]
remains	pozůstatky *pl* [ˈpozuːstatkɪ]
Renaissance	renesance [ˈrɛnɛzantsɛ]
to restore	restaurovat [ˈrɛstaʊrovat]
restoring	restaurování [ˈrɛstaʊrovaːɲɪ:], restaurační práce [ˈrɛstaʊratʃɲɪ: ˈpraːtsɛ]
ringwall	okružní val [ˈokruʒɲi: ˈʊal]
Rococco	rokoko [ˈrokoko]
Roman *(adj., the city)*	římský [ˈr̝ɪːmskɪ:]
Roman *(adj., the style)*	románský [ˈromaːnskɪ:]
Roman style	románský sloh [ˈromaːnskɪ: slox]
Romans	římané [ˈr̝ɪːmanɛ:]
Romanticism	romantismus [ˈromantɪzmus]
roof	střecha [ˈstr̝ɛxa]
rosette	rozeta [ˈrozɛta], růžice [ˈruːʒɪtsɛ]
rotunda	rotunda [ˈrotunda]
round arch	kruhový oblouk [ˈkruɦovɪ: ˈoblouk]
round tour	okružní jízda [ˈokruʒɲi: ˈjiːzda]
ruin	zřícenina [ˈzr̝ɪːtsɛɲɪna]
sacristy, vestry	sakristie [ˈzakrɪstɪjɛ]
sandstone	pískovec [ˈpɪːskovɛts]
sarcophagus	sarkofág [ˈsarkofaːk]
school	škola [ˈʃkola]
sculptor	sochař [ˈsoxar̝]
sculpture	socha [ˈsoxa]
serf	nevolník *m*/nevolnice *f* [ˈnɛvolɲɪ:k/ˈnɛvolɲɪtsɛ]
shield	štít [ˈklɛmba]
siege	obléhání [ˈoblɛːɦaːɲɪ:]
sight-seeing tour	prohlídka [ˈproɦlɪːtka]
silkscreen	sítotisk [ˈsɪːtotʃɪsk]
Slavs	Slované [ˈslovanɛ:]
spiritual	duchovní [ˈduxovɲɪ:]
square	náměstí [ˈnaːmɲɛsci:]
statue	socha [ˈsoxa]
still life	zátiší [ˈzaːcɪʃɪ:]
Stone Age	doba kamenná [ˈdoba ˈkamɛnaː]
structure, construction	stavba [ˈstaʊba]
stucco	štuk [ʃtuk], štuková omítka [ˈʃtukova: ˈomɪːtka]
study trip	studijní cesta [ˈstuɟɪjɲi: tsɛsta]
style	sloh [slox]

summer house, country seat	letohrádek [ˈlɛtoˌɦiraːdɛk]
support pillar	opěrný pilíř [ˈʔɔpjɛrnɪ ˈpɪliːr]
surrealism	surrealismus [ˈsɪrɛalɪzmʊs]
symbol, typical feature	symbol [ˈsɪmbɔl], charakteristický znak [ˈxaraktɛrɪstɪt͡skɪ ˈznak]
symbolism	symbolismus [ˈsɪmbɔlɪzmʊs]
synagogue	synagoge [ˈsɪnagɔːga]
tapestry	gobelín [ˈgɔbɛliːn], goblén [ˈgɔblɛːn]
Tartars	Tataři [ˈtatarɪ]
terra-cotta	terakota [ˈtɛrakɔta]
the changing of the guard	střídání stráží [ˈstrɪːdaːɲɪ ˈstraːʒiː]
theater	divadlo [ˈɟɪʊadlɔ]
Thirty-Year War	třicetiletá válka [ˈtr̝ɪt͡sɛcɪlɛtaː ˈʋaːlka]
torso	torzo [ˈtɔrzɔ]
tower, tower gate	věž [ʋjɛʃ], brána [ˈbraːna]
townhouse	radnice [ˈraɟnɪtsɛ]
trade town	obchodní město [ˈʔɔpxɔɟɲiː ˈmɲɛstɔ]
tradition, custom	obyčej [ˈʔɔbɪt͡ʃɛj], zvyk [zʋɪk]
transept	příčná loď [ˈpr̝ɪːt͡ʃna ˈlɔc]
traversing	křížení (chrámových) lodí [ˈkr̝ɪːʒɛɲiː (ˈxraːmɔʊɪːx) ˈlɔɟiː]
treasure chest	klenotnice [ˈklɛnɔcɲɪtsɛ]
Turks	Turci [ˈtʊrt͡sɪ]
university	univerzita [ˈʔʊnɪʋɛrzɪta]
vase	váza [ˈʋaːza]
vaulted hallway	klenutá chodba [ˈklɛnʊtaː ˈxɔdba]
vaulting	klenba [ˈklɛmba]
Virgin Mary	panna Maria [ˈpana ˈmarɪja]
wall	zeď [zɛc], hradba [ˈɦradba]
wall painting	nástěnná malba [ˈnaːscɛna ˈmalba]
watercolor	akvarel [ˈʔakʋarɛl]
Way of the Cross	křížová chodba [ˈkr̝ɪːʒɔʊa ˈxɔdba], ambit [ˈʔambɪt]
weaving	tkalcovství [ˈtkalt͡sɔfstʋiː]
well	studna [ˈstʊdna]
window	okno [ˈʔɔknɔ]
wing	křídlo [ˈkr̝ɪːdlɔ]
woodcut	dřevoryt [ˈdr̝ɛʊɔrɪt]
work	dílo [ˈɟiːlɔ]
xylograph	dřevořezba [ˈdr̝ɛʊɔr̝ɛzba]

Excursions

Výlety

Can one see … from here?	Je odtud vidět …? [ˈjɛ ˈʔɔtˑʊt ˈʋɪɟɛt]
Which way is the …?	Kterým směrem leží/je …? [ˈktɛrɪːm ˈsmɲɛrɛm ˈlɛʒɪː/jɛ]
Are we going to pass …?	Půjdeme kolem …? [ˈpuɟɛmɛ ˈkɔlɛm]
Are we going to see the … too?	Navštívíme taky …? [ˈnafʃciːʋɪːmɛ ˈtakɪ]
How much free time will we have in …?	Kolik volného času budeme mít v/ve …? [ˈkɔlɪk ˈʋɔlnɛːɦɔ t͡ʃasu ˈbudɛmɛ mɪːt ˈf/ʊ/ʋɛ]
When will we go back?	Kdy pojedeme zpátky? [ˈkdɪ ˈpɔjɛdɛmɛ ˈspaːtkɪ]
At what time do we return?	V kolik hodin se vrátíme? [ˈfkɔlɪg ˈɦɔɟɪn sɛ ˈʋraːciːmɛ]

Word List: Excursions

abyss	propast [ˈprɔpast]
all-day trip	celodenní/jednodenní výlet [ˈt͡sɛlɔdɛɲiː/ˈjɛdnɔdɛɲiː ˈʋɪːlɛt]
barrel organ	flašinet [ˈflaʃɪnɛt]
botanical garden	botanická zahrada [ˈbɔtanɪt͡ska: ˈzaɦrada]
brewery	pivovar [ˈpɪʋʊʋar]
castle	hrad [ɦrat]
cave	jeskyně [ˈjɛskɪɲɛ], grota [ˈɡrɔta]
cave dwelling	jeskynní obydlí [ˈjɛskɪɲiː ˈʔɔbɪdlɪː]
chateaux	zámek [ˈzaːmɛk]
country seat	venkovské sídlo [ˈʋɛŋkɔfskɛː ˈsiːdlɔ]
dam lake	přehradní jezero [ˈpr̝ɛɦraɟniː ˈjɛzɛrɔ]
dike	hráz [ɦraːs]
entertainment park	lunapark [ˈlʊnapark], rekreační komplex [ˈrɛkrɛ͡aːt͡ʃɲiː ˈkɔmplɛks]
farm	statek [ˈstatɛk], grunt [ɡrʊnt]
fireworks	ohňostroj [ˈʔɔɦɲɔstrɔj]
forest fire	lesní požár [ˈlɛsɲiː ˈpɔʒaːr]
fountain with jet streams	vodotrysk [ˈʋɔdɔtrɪsk]
giant mountains	velehory [ˈʋɛlɛɦɔrɪ]

gorge, abyss	rokle ['rɔklɛ], propast ['prɔpast]
health spring	léčivý pramen ['lɛt͡ʃɪʋɪ: 'pramɛn]
island	ostrov ['ʔɔstrɔf]
lake	jezero ['jɛzɛrɔ]
landscape	krajina ['krajɪna]
mammoth	mamut ['mamʊt]
market	trh [tr̩x], tržiště ['tr̩ʒɪʃcɛ]
market building	tržnice ['tr̩ʒɲit͡sɛ]
mill	mlýn [mlɪ:n]
mountain leader/guide	horský vůdce/průvodce
	['fiɔrskɪ: 'ʋu:t͡sɛ/'prʊ:ʋɔt͡sɛ]
mountain pass	průsmyk ['prʊ:smɪk]
mountain village	horská ves ['fiɔrska: 'ʋɛs]
mountains, mountain range	hory ['fiɔrɪ], pohoří ['pɔfiɔɽɪ:]
national park	národní park ['na:rɔɟɲi: 'park]
nature reserve	přírodní rezervace ['pr̝ɪ:rɔɟɲi: 'rɛzɛrʋat͡sɛ]
noble seat	panské sídlo ['panskɛ: 'sɪ:dlɔ]
observatory	hvězdárna ['fiʋjɛzdaːrna]
outdoor museum, preserved town	skansen ['skansɛn], museum v přírodě ['muzɛʊm 'fpr̝ɪ:rɔɟɛ], památkově chráněná obec ['pama:tkɔʋjɛ 'xra:ɲɛna: 'ʔɔbɛt͡s]
picturesque	malebný ['malɛbnɪ:]

The Vltava River (Moldau)

pilgrimage site	poutní místo [ˈpouʦɲi: ˈmi:sto]
planetarium	planetárium [ˈplanɛta:rɪjum]
prehistoric man	pračlověk [ˈpratʃlovjɛk]
shore promenade	nábřežní promenáda [ˈna:br̝ɛʒɲi: ˈpromɛna:da]
sight-seeing tour	okružní jízda [ˈʔokruʒɲi: ˈji:zda]
spring	pramen [ˈpramɛn]
square	náměstí [ˈna:mɲɛsci:]
stalactite and stalagmite cave	krápníková/krasová jeskyně [ˈkra:pɲi:kova:/ˈkrasova: ˈjɛskɪɲɛ]
suburb	předměstí [ˈpr̝ɛdmɲɛsci:]
surroundings	okolí [ˈʔokɔli:]
trip	výlet [ˈʋi:lɛt]
valley	údolí [ˈʔu:dɔli:]
view	vyhlídka [ˈʋɪɦli:tka], rozhled [ˈrozɦlɛt], výhled [ˈʋi:ɦlɛt]
viewing tower	rozhledna [ˈrozɦlɛdna]
waterfall	vodopád [ˈʋodopa:t]
wild bird reserve	ptačí rezervace [ˈptatʃi: ˈrɛzɛrʋaʦɛ]
wildlife preserve	obora [ˈʔobora]
woods, forest	les [lɛs]
zoo	zoo [zɔ:ɔ], zoologická zahrada [ˈzɔlɔgɪʦka: ˈzaɦrada]

Events/Entertainment

Kulturní akce/Zábava

Theater/Concerts/Movies

Divadlo/Koncert/Kino

What is playing tonight (at the theater)?

Co dávají dnes večer (v divadle)? [ˈʦɔ ˈda:ʋaji: dnɛs ˈʋɛtʃɛr (ˈʋɪʋadlɛ)]

What is playing at the movies tomorrow night?

Co dávají zítra večer v biografu/v kině? [ˈʦɔ ˈda:ʋaji: ˈzi:tra ˈʋɛtʃɛr ˈʋbɪjografu/ˈfkɪɲɛ]

Do they give concerts in the church?

Pořádají se v kostele koncerty? [ˈpor̝a:daji: sɛ ˈfkostɛlɛ ˈkonzɛrtɪ]

Can you recommend a good play/a good movie?

Můžete mi doporučit nějakou pěknou divadelní hru/nějaký dobrý film? [ˈmu:ʒɛtɛ mɪ ˈdopɔrutʃɪt ˈɲɛjakou ˈpjɛknou ˈɟɪvadɛlɲi: ɦru/ˈɲɛjakɪ ˈdobri: ˈfɪlm]

When does the performance start?	V kolik (hodin) začíná představení? ['fkɔlɪg ('hɔɟɪn) 'zatʃɪːna: 'prɛtstauɛɲiː]
Where do they sell tickets?	Kde se prodávají vstupenky? ['gdɛ sɛ 'prɔdaːuajiː 'fstupɛŋkɪ]
I would like two tickets for tonight.	Prosím dva lístky na dnes večer. ['prɔsɪːm dua 'lɪːs(t)kɪ 'nadnɛs 'uɛtʃɛr]
Two tickets for …, please.	Prosím dva lístky po … ['prɔsɪːm dua 'lɪːskɪ 'pɔ]
Two adults, one child.	Dva pro dospělé, jeden dětský. ['dua 'prɔdɔspjɛlɛ: 'jɛdɛn 'ɟɛtskɪː]
The performance is sold out.	Představení je vyprodáno. ['prɛtstauɛɲiː jɛ 'uɪprɔdaːnɔ]
Can you please give me the program?	Můžu dostat program, prosím? ['muːʒu 'dɔstat 'prɔgram 'prɔsɪːm]
At what time does the performance end?	V kolik hodin představení končí? ['fkɔlɪg 'hɔɟɪn 'prɛtstauɛɲiː 'kɔntʃɪː]
Where is the cloakroom?	Kde je šatna? ['gdɛ jɛ 'ʃatna]

> *One must wear a dress or a suit for a theater performance or a concert.*

Word List: Theater/Concerts/Movies

accompaniment, company	doprovod ['dɔprɔuɔt]
act	jednání ['jɛdnaːɲiː]
afternoon performance	odpolední představení [ˈɔtpɔlɛɟɲiː 'prɛtstauɛɲiː]
ballet	balet ['balɛt]
break	přestávka ['prɛstaːfka]
box (theater)	lóže ['lɔːʒɛ]
cabaret	kabaret ['kabarɛt]
cash register	pokladna ['pɔkladna]
chamber music concert	komorní koncert ['kɔmɔrɲiː 'kɔnzɛrt]
choir	sbor [zbɔr], chór [xɔːr]
church concert	koncert v kostele ['kɔnzɛrt 'fkɔstɛlɛ]
circus	cirkus ['tsɪrkus]
cloakroom	šatna ['ʃatna]
comedy	veselohra ['uɛsɛlɔɦra]

Knight games in the yard of the castle in Prague

composer (music)	(hudební) skladatel/ka [('ɦudɛbɲi:) 'skladatɛl/ka]
concert	koncert ['kɔnzɛrt]
conductor	dirigent ['ɟɪrɪgɛnt]
curtain	opona ['ʔɔpona]
dance floor	parket ['parkɛt]
dancer	tanečník/tanečnice ['tanɛt͡ʃɲi:k/'tanɛt͡ʃɲit͡sɛ]
direction	režie ['rɛʒɪjɛ]
director	režisér/ka ['rɛʒɪsɛ:r/ka]
drama	drama ['drama], hra [ɦra]
fair, market	jarmark ['jarmark]
festival	festival ['fɛstɪʋal]
film	film [fɪlm]
folklore play	lidová hra ['lɪdoʋa: ɦra]
in the original version	v originále ['f'ʔorɪgɪna:lɛ], původní verze ['pu:ʋoɟɲi: 'ʋɛrzɛ]
jazz concert	džezový/jazzový koncert ['dʒɛzoʋɪ: 'kɔnzɛrt]
list of entertainment events	přehled kulturních pořadů ['pr̝ɛɦlɛt 'kulturɲi:x 'pɔr̝adu:]
main character	hlavní role ['ɦlaʋɲi: 'rolɛ]
movie actor/actress	filmový herec/filmová herečka ['fɪlmoʋɪ: 'ɦɛrɛt͡s/'fɪlmoʋa: 'ɦɛrɛt͡ʃka]
movie theater	kino ['kɪno], biograf ['bɪjograf]
musical	muzikál ['muzɪka:l]

musical play	zpěvohra ['spjɛʊɔɦra]
opera	opera [ˈʔɔpɛra]
opera glass	kukátko [ˈkʊkaːtkɔ]
operetta	opereta [ˈʔɔpɛrɛta]
orchestra	orchestr [ˈʔɔrxɛstr]
outdoor theater	přírodní divadlo [ˈprɪːrɔɟnɪː ˈɟɪʊadlɔ]
performance	představení [ˈprɛtstaʊɛɲɪː]
pop concert	pop koncert [ˈpɔpˌkɔnʦɛrt]
pop singer	zpěvák/zpěvačka pop-music ['spjɛʊaːk/ˈspjɛʊaʧka ˈpɔp ˈmjuːzɪk]
premiere	premiéra [ˈprɛmɪjɛːra]
program	program [ˈprɔgram]
repertory	repertoár [ˈrɛpɛrtɔaːr], program [ˈprɔgram]
role	role [ˈrɔlɛ]
row	řada [ˈrada]
short play theater	divadlo malých forem [ˈɟɪʊadlɔ ˈmalɪːx ˈfɔrɛm]
singer	pěvec/pěvkyně [ˈpjɛʊɛʦ/ˈpjɛfkɪɲɛ], zpěvák/zpěvačka ['spjɛʊaːk/ˈspjɛʊaʧka]
soloist	sólista/sólistka [ˈsɔːlɪsta/ˈsɔːlɪstka]
stage	jeviště [ˈjɛʊɪʃcɛ]
staging	inscenace [ˈʔɪnsʦɛnaʦɛ]
subtitles (film)	titulky *pl* [ˈtɪtʊlkɪ]
summer movie theater	letní kino [ˈlɛcɲɪː ˈkɪnɔ]
symphonic music concert	symfonický koncert [ˈsɪmfɔnɪʦkɪː ˈʔɔrxɛstr]
theater actor/actress	herec/herečka [ˈɦɛrɛʦ / ˈɦɛrɛʧka]
theater festival	festival [ˈfɛstɪʊal], divadelní slavnosti [ˈɟɪʊadɛlɲɪː ˈslaʊnɔscɪ]
theater play	činohra [ˈʧɪnɔɦra], divadelní hra [ˈɟɪʊadɛlɲɪː ˈɦra]
ticket	vstupenka [ˈfstʊpɛŋka]
ticket sale	předprodej [ˈprɛtˌprɔdɛj]
tragedy	tragédie [ˈtragɛːɟɪjɛ]
vaudeville	varieté [ˈʊarɪjɛtɛː]

Bar/Discotheque/Nightclub

Bar/Diskotéka/Noční klub

What is there to do here for fun in the evening?	Co se tu dá večer podniknout? [ˈʦɔ sɛ tʊ ˈdaː ʊɛʧɛr ˈpɔɟnɪknɔʊt]
Is there a nice bar somewhere?	Je tu nějaká příjemná hospůdka? [ˈjɛ tʊ ˈɲɛjakaː ˈprɪːjɛmnaː ˈɦɔspʊːtka]

Where can one go dancing here?	Kde se tu dá tancovat? ['gdɛ sɛ tʊ 'da: 'tan͡tsɔvat]
Do young people or an older crowd go there?	Chodí tam spíš mládež nebo starší lidi? ['xɔɟi: tam spɪ:ʃ 'mla:dɛʃ 'nɛbɔ 'starʃɪ: 'lɪɟɪ]
Do I have to dress up to go there?	Musí se tam ve večerních šatech? ['musɪ: sɛ tam 'ʋɛʋɛt͡ʃɛrɲɪːx 'ʃatɛx]
The entrance fee includes one drink.	Ve vstupném je zahrnutý jeden nápoj. ['ʋɛfstupnɛːm jɛ 'zaɦr̩nutɪ: 'jɛdɛn 'na:pɔj]
Beer, please.	Pivo prosím. ['pɪʋɔ 'prɔsiːm]
Once more, the same.	Ještě jednou totéž. ['(j)ɛʃcɛ 'jɛdnɔu 'tɔtɛːʃ]
This round is on me.	Tuhle rundu platím já. ['tuɦlɛ 'rundu 'placiːm 'ja:]
Another dance?	Zatančíme si (ještě jednou)? [zatant͡ʃiːmɛ sɪ ('(j)ɛʃcɛ 'jɛdnɔu)]
Are we going somewhere else?	Půjdeme ještě někam? ['puɟɛmɛ (j)ɛʃcɛ 'ɲɛkam]

Word List: Bar/Discotheque/Nightclub

band	hudební skupina ['ɦudɛbɲi: 'skupɪna]
bar	bar [bar]
beer bar	hospoda ['ɦɔspɔda], hospůdka ['ɦɔspu:tka]
casino	kasino ['kasi:nɔ]
to dance	tancovat ['tan͡tsɔvat]
dance band	taneční kapela ['tanɛt͡ʃɲi: 'kapɛla]
dance music	taneční hudba ['tanɛt͡ʃɲi: 'ɦudba]
disc jockey	diskdžokej ['ɟɪzgˌd͡ʒɔkɛj]
disco, discotheque	diskotéka ['ɟɪskɔtɛːka]
fashion show	módní přehlídka ['mɔ:ɟɲi: 'pr̝ɛɦli:tka]
folk music	lidová hudba ['lɪdɔʋa: 'ɦudba]
folklore	folklore ['fɔlklɔːr]
folklore evening	folklórní večer ['fɔlklɔːrɲi: 'ʋɛt͡ʃɛr]
gambling room	herna ['ɦɛrna]
to go out	někam si vyjít ['ɲɛkam sɪ 'ʋɪjiːt]
live music	hudba live ['ɦudba 'lajf], kapela ['kapɛla]
nightclub	noční klub/bar ['nɔt͡ʃɲi: 'klʊp/'bar]
party	párty ['paːrtɪ], mejdan ['mɛjdan]
porter	vrátný ['ʋra:tni:]
show	show [ʃɔʊ]

7 **On the Beach/Sports**
U vody/Sport

At the Swimming Pool/On the Beach
Na plovárně/U vody

Is there an outdoor/indoor swimming pool around here?

Je tu někde koupaliště?/krytý bazén?
['jɛ tʊ 'nɛɡdɛ 'koʊpalɪʃcɛ/'krɪtɪ: 'bazɛ:n]

Is there a heated swimming pool around here?

Jsou tu někde termální lázně?
['soʊ tʊ'nɛɡdɛ 'tɛrma:lɲɪ 'la:zɲɛ]

One ticket (with a cabana), please.

Prosím vstupenku (s kabinou).
['prɔsɪ:m 'ʃstʊpɛɲkʊ ('skabɪnoʊ)]

For swimmers only!

Jen pro plavce! ['jɛn 'prɔplaftsɛ]

People swim in pools, ponds, or lakes; the names vary (písník, rybník, jezero).

No diving allowed!

Skákání do vody zakázáno!
['ska:ka:ɲɪ 'dɔʊɔdɪ 'zaka:za:nɔ]

No swimming allowed!

Koupání zakázáno!
['kɔʊpa:ɲɪ 'zaka:za:nɔ]

How far out can we swim?

Jak daleko od břehu se smí plavat?
['jag 'dalɛkɔ ᵒodbr̝ɛɦʊ sɛ smɪ: 'plavat]

Is the current strong here?

Je tu silný proud? ['jɛ tʊ 'sɪlnɪ: 'proʊt]

Isn't it dangerous for children?

Není to nebezpečné pro děti?
['nɛɲi: tɔ 'nɛbɛspɛt͡ʃnɛ: 'prɔɟɛcɪ]

I would like to rent/borrow …

Rád/ráda bych si pronajal/-a/vypůjčil/-a … ['ra:t/'ra:da bɪx sɪ 'prɔnajal/-a/'ʊɪpu:t͡ʃɪl/-a]

  a boat.

  člun. [t͡ʃlʊn]

  a pair of water skis.

  vodní lyže. ['vɔɟɲi: 'lɪʒɛ]

How much is it for an hour/a day?

Kolik to stojí na hodinu/den?
['kɔlɪk tɔ 'stɔji: 'naɦɔɟɪnʊ/'nadɛn]

Sports

Sport

What sports events take place here?	Jaké sportovní akce se tady pořádají? ['jakɛ: 'spɔrtɔuɲi: "akt͡sɛ sɛ 'tadɪ 'pɔɾa:daji:]
What sports can one participate in here?	Jaké sporty je tu možné provozovat? ['jakɛ: 'spɔrtɪ jɛ tu 'mɔʒnɛ: 'prɔvɔzɔvat]
Is there a golf course/tennis court/race track around here?	Je tu golfové hřiště/tenisový kurt/dostihová dráha? ['jɛ tu gɔlfɔvɛ: 'ɦɾɪʃcɛ/'tɛnɪsɔuɪ: 'kurt/'dɔscɪɦɔva: 'dra:ɦa]

The tennis tradition is strong.
Horse riding is offered at riding clubs or in the country (often on private property).

Where can I go fishing?	Kde se tu dá rybařit? ['gdɛ sɛ tu 'da: 'rɪbaɾɪt]
I would like to see a soccer match/a horse race.	Chtěl/-a bych se podívat na fotbalový zápas/na dostihy. ['xcɛl/-a bɪx sɛ 'pɔɟi:vat 'nafɔdbalɔuɪ: 'za:pas/'nadɔscɪɦɪ]
When/Where does it take place?	Kdy/Kde se to koná? ['gdɪ/'gdɛ sɛ tɔ 'kɔna:]
How much is a ticket?	Kolik stojí vstupenka? ['kɔlɪk 'stɔji: 'fstupɛŋka]
Is there good downhill skiing in the mountains?	Jsou na horách dobré sjezdovky? ['sɔu̯ 'naɦɔra:x 'dɔbrɛ: 'sjɛzdɔfkɪ]
When is the cable car's last trip up/down?	V kolik hodin jede nahoru/dolů poslední lanovka? ['fkɔlɪg 'ɦɔɟɪn 'jɛdɛ 'naɦɔru/'dɔlu: 'pɔslɛɟni: 'lanɔfka]
I would like to go on a mountain hike.	Chtěl/-a bych podniknout horskou túru. ['xcɛl/-a bɪx pɔɟɲɪknɔu̯t 'ɦɔrskɔu 'tu:ru]
Could you please show me an interesting trail on the map?	Můžete mi na mapě ukázat nějakou zajímavou trasu? ['mu:ʒɛtɛ mɪ 'namapjɛ "uka:zat 'ɲɛjakɔu̯ 'zajmavɔu̯ 'trasu]
Where can I borrow ...?	Kde si můžu vypůjčit ...? ['gdɛ sɪ 'mu:ʒu 'vɪpu:jt͡ʃɪt]

I would like to take a course in …	Chtěl/-a bych si udělat kurs … ['xcɛl/-a bɪx sɪ ^ʔuɟɛlat 'kurs]
What kind of sport do you go in for?	Jaký sport provozujete? ['jakɪː 'spɔrt 'prɔvɔzujɛtɛ]
I play …	Hraju … ['ɦraju]
I am a fan of …	Fandím … ['faɲɟiːm]
I like to go to … /I like …	Chodím rád/-a na …/Líbí se mi … ['xɔɟiːm 'raːt/'raːda 'na/'lɪːbɪː sɛ mɪ]
Can I play too?	Můžu si s vámi zahrát? ['muːʒu sɪ svaːmɪ 'zaɦraːt]

Word List: Beach/Sports

active vacation	aktivní dovolená ['ʔaktɪvɲiː 'dɔvɔlɛnaː]
advanced	pokročilý/-á [pɔkrɔtʃɪlɪː/-aː]
aerobic	aerobik ['ʔɛrɔbɪk] od. ['ʔaɪrɔbɪk]
alpine skiing	sjezdové disciplíny ['sjɛzdɔvɛː 'ɟɪstsɪplɪːnɪ]
badminton	badminton ['bɛdmɪn(k)tɔn]
badminton racket	badmintonová raketa ['bɛdmɪn(k)tɔnɔvaː 'rakɛta]
ball	míč [mɪːtʃ]
basketball	košíková ['kɔʃɪːkɔvaː], basket ['baskɛt]
beach	pláž [plaːʃ]
beach umbrella	slunečník ['slunɛtʃɲiːk]
beginner	začátečník/začátečnice ['zatʃaːtɛtʃɲiːk/'zatʃaːtɛtʃɲɪtsɛ]
bicycle race	cyklistický závod ['tsɪklɪstɪtskɪː 'zaːvɔt]
bicycle ride	výlet na kole ['vɪːlɛt 'nakɔlɛ]
bicycling	cyklistika ['tsɪklɪstɪka]
boat rental	půjčovna loděk ['puːjtʃɔvna 'lɔɟɛk]
booth, cabin	kabina ['kabɪna]
to bowl	hrát kuželky ['ɦraːt 'kuʒɛlkɪ]
bowling	bovling ['bɔvlɪŋk]
cable railway	lanovka ['lanɔfka]
canoe	kánoe ['kaːnɔj]
cash register	pokladna ['pɔkladna]
chair lift	sedačková lanovka ['sɛdatʃkɔvaː 'lanɔfka]

championship	mistrovství ['mɪstrɔʃstuɪ:]
course	kurs [kʊrs]
cross-country ski trail	stopa pro běžkaře ['stɔpa 'prɔbjɛʃkaɾɛ]
cross-country skiing	běh na lyžích ['bjɛx 'nalɪʒɪ:x]
defeat	porážka ['pɔra:ʃka]
to dive	potápět se ['pɔta:pjɛt sɛ]
diving board	skokanské prkno ['skɔkanskɛ: 'prknɔ]
doubles (game)	čtyřhra [ˈtʃtɪɾɦra], dabl ['dabl]
field hockey	pozemní hokej ['pɔzɛmɲi: 'ɦɔkɛj]
to fish	rybařit ['rɪbaɾɪt], chytat ryby na udici ['xɪtat 'rɪbɪ 'na'ʊɟɪt͡sɪ]
fishing permit	rybářský lístek ['rɪba:ɾskɪ 'lɪ:stɛk]

A nudist beach is called "nudistická pláž," or just "nudi," and clothing is optional. Nudist beaches are not very common.

fishing rod	udice [ˈʊɟɪt͡sɛ]
fitness training	kondiční trénink ['kɔnɟɪt͡ʃɲi: 'trɛ:nɪŋk]
fitness center	fitnescentrum ['fɪtnɛsˌt͡sɛntrum]
flippers	ploutve [ploʊtʊɛ]
game	hra [ɦra]
goal	branka ['braŋka]
goalkeeper, goalie	brankář ['braŋka:ɾ]
golf	golf ['gɔlf]
golf club	golfová hůl *sing* ['gɔlfɔʊa: 'ɦu:l]
golf course	golfové hřiště ['gɔlfɔʊɛ: 'ɦɾɪʃt͡ɛ]
gymnastics	gymnastika ['gɪmnastɪka]
half time	poločas ['pɔlɔt͡ʃas]
handball	házená ['ɦa:zɛna:]
highest cable car stop	horní stanice lanovky ['ɦɔrɲi: 'staɲɪt͡sɛ 'lanɔfkɪ]
to hike	pěstovat turistiku ['pjɛstɔvat 'tʊrɪstɪkʊ], chodit na túry ['xɔɟɪt 'natu:rɪ]
hiking map	turistická mapa ['tʊrɪstɪt͡ska: 'mapa]
hiking trail	turistická cesta ['tʊrɪstɪt͡ska: 't͡sɛsta]
hockey stick	hokejka ['ɦɔkɛjka]
horse	kůň [kʊ:ɲ]
horse races	koňské dostihy ['kɔɲskɛ: 'dɔst͡ɪɦɪ]
horse ride	vyjížďka na koni ['vɪ: ʃcka 'nakɔɲɪ]
ice hockey	lední hokej ['lɛɟɲi: 'ɦɔkɛj]
ice skating	krasobruslení ['krasɔˌbruslɛɲi:]

inflatable mattress	nafukovací matrace ['nafukɔʋat͡sɪ: 'madrat͡sɛ]
inflatable raft	nafukovací člun ['nafukɔʋat͡sɪ: 't͡ʃlun]
jazz gymnastics	džezgymnastika ['dʒɛzɡɪmnastɪka]
to jog	džogovat ['dʒɔɡɔʋat], běhat ['bjɛɦat]
jogging	jogging ['dʒɔɡɪŋk]
judo	judo ['dʒʊdɔ]
karate	karate ['karatɛ]
kayak/canoe	kajak/kánoe ['kajak/'ka:nɔj]
kite flying	létání na draku ['lɛ:ta:ɲi: 'nadraku]
life preserver, float	plovací kruh ['plɔʋat͡sɪ: 'krux]
lifeguard	plavčík/plavčice ['plaft͡ʃɪ:k/'plaft͡ʃɪt͡sɛ]
light athletics	lehká atletika ['lɛxka: "atlɛtɪka]
to lose	prohrát ['prɔɦra:t]
lounger, reclining chair	lehátko ['lɛɦa:tkɔ]
match	zápas ['za:pas]
minigolf	minigolf ['mɪnɪɡɔlf]
minigolf club	hůl na minigolf ['ɦu:l 'namɪnɪɡɔlf]
motorboat	motorovy člun ['mɔtɔrɔʋɪ: t͡ʃlun]
motorcycling, car racing	motorismus ['mɔtɔrɪzmus]
mountain climbing	horolezectví ['ɦɔrɔˌlɛzɛt͡stʋɪ:]

net	sít' [sɪ:c]
nonswimmers	neplavci *pl* ['nɛplaft͡sɪ]
nudist beach	nudistická pláž ['nuɟɪstɪt͡ska: 'pla:ʃ]
one-day ticket	celodenní lístek [t͡sɛlɔdɛɲi: 'lɪ:stɛk]
paddleboat	šlapací člun ['ʃlapat͡sɪ: t͡ʃlun]
pebbles	oblázky *pl* ["ɔbla:skɪ]
Ping-Pong racket	pingpongová pálka ['pɪŋkpɔŋɡɔʋa: 'pa:lka]

playground	sportovní hřiště ['sportoʊɲi: 'ɦɾɪʃcɛ]
playing field	rekreační louka ['rɛkrɛatʃɲi: loʊka]
polo	pólo ['po:lɔ]
pond, lake	pískovna ['pɪːskoʊna],
	rybník ['rɪbɲiːk], jezero ['jɛzɛrɔ],
	zatopený lom ['zatɔpɛnɪ: lɔm]
private beach	soukromá pláž ['soʊkroma: 'pla:ʃ]
program	program ['prɔgram]
race, racing	závody ['za:ʊɔdɪ]
rafting	jízda na voru ['jiːzda 'naʊɔrʊ]
referee	rozhodčí ['rɔzɦɔtʃɪː],
	soudce ['soʊtsɛ]
regatta	regata ['rɛgata]
result	výsledek ['ʊɪːslɛdɛk]
to ride	jezdit na koni ['jɛzɟɪt 'nakɔɲɪ]
to ride a bicycle	jezdit na kole ['jɛzɟɪt 'nakɔlɛ]
riding	jezdecký sport ['jɛzdɛtskɪː spɔrt]
rollerskates	kolečkové brusle ['kɔlɛtʃkɔʊɛ: 'brʊslɛ]
to row	veslovat ['ʊɛslɔʊat]
rowboat	veslice ['ʊɛslɪt͡sɛ],
	pramice ['pramɪt͡sɛ]
rugby	ragby ['ragbɪ]
to sail	plachtit ['plaxcɪt]
sailboat	plachetnice ['plaxɛcɲɪt͡sɛ]
sand	písek ['pɪːsɛk]
sauna	sauna ['saʊna]
shower	sprcha ['sprxa]
singles (game)	dvouhra ['dʊɔʊɦra], singl ['sɪŋgl]
skateboard	skateboard ['skɛjdbɔrt]
skates	brusle ['brʊslɛ]
skating	bruslení ['brʊslɛɲiː]
skating rink	kluziště ['klʊzɪʃcɛ]
ski binding	lyžařské vázání ['lɪʒarskɛ: 'ʊa:za:ɲiː]
ski goggles	lyžařské brýle ['lɪʒarskɛ: 'brɪːlɛ]
ski poles	lyžařské hole ['lɪʒarskɛ: 'ɦɔlɛ]
ski slope	sjezdovka ['sjɛzdɔfka]
ski tow	lyžařský vlek ['lɪʒarskɪː 'ʊlɛk]
skiing	lyžování ['lɪʒɔʊa:ɲiː]
skiing course	lyžařský kurs ['lɪʒarskɪː kurs]
skiing instructor	lyžařský instruktor ['lɪʒɔʊa:ɲiː]
skis	lyže ['lɪʒɛ]
sky-diving	parašutistika ['paraʃʊtɪstɪka]
sled	saně ['saɲɛ]
sled ride	jízda na saních ['jiːzda 'nasaɲiːx]
slide	skluzavka ['sklʊzafka]
soccer	kopaná ['kɔpana:]
soccer match	fotbal ['fɔdbal]

soccer stadium	fotbalové hřiště ['fodbalɔuɛ: 'ɦɾɪʃcɛ], fotbalový stadión ['fodbalɔuɪ: 'staɟɪjɔ:n]
soccer team	fotbalové mužstvo ['fodbalɔuɛ: 'muʃstvɔ]
solarium	solárium ['sɔla:rɪjum]
spa, swimming pool	lázně ['la:zɲɛ], koupaliště ['kɔupalɪʃcɛ]
sportsman, sportswoman	sportovec/sportovkyně ['spɔrtɔuɛt͡s/'spɔrtɔfkɪɲɛ]
springboard	můstek ['mu:stɛk]
start	start [start]
stopover	mezistanice ['mɛzɪˌstaɲɪt͡sɛ]
sunburn	spálení [spa:lɛɲi:]
sunstroke	úpal [ᵊu:pal], úžeh [ᵊu:ʒɛx]
surfboard	prkno na surfing ['pr̩knɔ 'nasɛrfɪŋk]
surfing	surfing ['sɛrfɪŋk]
to swim	plavat ['plavat]
swimmer	plavec/plavkyně ['plauɛt͡s/'plafkɪɲɛ]
swimming place	místo na koupání ['mi:stɔ 'nakɔupa:ɲi:]

swimming pool	koupaliště ['kɔupalɪʃcɛ], plovárna ['plɔva:rna]
table tennis	stolní tenis ['stɔlɲi: 'tɛnɪs] pingpong ['pɪŋkpɔŋk]
team	mužstvo ['muʃstvɔ], družstvo [druʃstvɔ]
tennis	tenis ['tɛnɪs]
tennis racket	tenisová raketa ['tɛnɪsɔua: 'rakɛta]
the bottom stop of the cable railway	dolní stanice lanovky ['dɔlɲi: 'staɲɪt͡sɛ 'lanɔfkɪ]
ticket	vstupenka ['fstupɛŋka]
tie	nerozhodně ['nɛrɔzɦɔɟɲɛ]
towel	osuška [ᵊɔsuʃka]
training	trénink ['trɛ:nɪŋk]
victory	vítězství ['vi:cɛstvi:]
volleyball	odbíjená [ᵊɔdbɪ:jɛna:], volejbal ['vɔlɛjbal]
water polo	vodní pólo ['vɔɟɲi: 'pɔ:lɔ]
water wings	nafukovací rukávky ['nafukɔuat͡si: 'ruka:fkɪ]
weekly pass	týdenní permanentka ['tɪ:dɛɲi: 'pɛrmanɛntka]
wet suit	neoprénový oblek ['nɛɔprɛ:nɔuɪ: ᵊɔblɛk]
to win	vyhrát/zvítězit ['vɪɦra:t/'zvi:cɛzɪt]
wrestling (Greco-Roman style)	(řeckořímský) zápas [('rɛt͡skɔ'ri:mskɪ:) 'za:pas]

Questions/Prices

Dotazy/Ceny

opening hours	otvírací doba [ˈʔɔtʊɪːraˤtsɪː ˈdɔba]
open/closed	otevřeno/zavřeno [ˈʔɔtɛʊɾɛnɔ/zaʊɾɛnɔ]
company vacation	podniková dovolená [ˈpɔɟnɪkɔʊaː ˈdɔʊɔlenaː]

There are many private stores that have varying business hours (usually anywhere between 6 or 7 A.M. to 6 P.M.). The private stores are also likely to be open on Sundays.

bargain	výhodná nabídka [ˈʊɪːɦɔdnaː ˈnabɪːtka]
Where can I find …?	Kde najdu …? [ˈgdɛ ˈnajdʊ]
Can you recommend a store for …?	Můžete mi doporučit obchod …? [ˈmuːʒɛtɛ mɪ ˈdɔpɔruˤʃɪt ˈʔɔpxɔt]
Thank you, I am only looking.	Děkuji, já se jen dívám. [ˈɟɛkujɪ ˈjaː sɛ jɛn ˈɟiːʊaːm]
I would like …	Chtěl/-a bych … [ˈxcɛl/-a bɪx]
Do you have …?	Máte …? [ˈmaːtɛ]
Please show me …	Ukažte mi prosím … [ˈʔukaʃtɛ mɪ ˈprɔsiːm]

Please …
  a pair of …
  a piece of …
	Prosím … [ˈprɔsiːm]
	  pár … [ˈpaːr]
	  jeden kus … [ˈjɛdɛn ˈkus],
	  kousek … [ˈkɔ͡usɛk]

Could you please show me something else?	Můžete mi prosím ukázat něco jiného? [ˈmuːʒɛtɛ mɪ ˈprɔsiːm ˈʔukaːzat ˈɲɛ͡tsɔ ˈjɪnɛːɦɔ]
Do you have something cheaper?	Máte i něco levnějšího? [ˈmaːtɛ ˈʔɪ ˈɲɛ͡tsɔ ˈlɛʊɲɛjʃɪːɦɔ]
I like this. I will take it.	Tohle se mi líbí. Vezmu si to. [ˈtɔɦlɛ sɛ mɪ ˈlɪːbɪː ˈʊɛ(z)mu sɪ tɔ]
How much is it?	Kolik to stojí? [ˈkɔlɪk tɔ ˈstɔjiː]

Do you accept …	Berete … ['bɛrɛtɛ]
American dollars?	dolary? ['dɔlarɪ]
Eurochecks?	eurošeky? ['ᵉɛ̃urɔʃɛkɪ]
credit cards?	kreditní karty? ['krɛɟɪcɲɪ: 'kartɪ]
traveler's checks?	cestovní šeky? ['t͡sɛstɔʊɲɪ: 'ʃɛkɪ]

Credit cards and traveler's checks are accepted in some stores, usually luxury stores, and in hotels, but cash payment is still preferred. Eurochecks are officially accepted in stores, but the personnel is not accustomed to them yet.

Could you wrap it up for me?	Můžete mi to zabalit? ['muːʒɛtɛ mɪ tɔ 'zabalɪt]
I would like to exchange this.	Chtěl/-a bych tohle vyměnit. ['xcɛl/-a bɪx 'tɔɦlɛ 'vɪmɲɛɲɪt]

Word List: Stores

antique store	obchod se starožitnostmi ['ᵉɔpxɔt 'sɛ starɔʒɪtnɔstmɪ]
appliance store	obchod s elektropotřebami ['ᵉɔpxɔt 's'ɛlɛktrɔpɔtr̝ɛbamɪ]
arts and crafts	umělecké řemeslo ['ᵉumɲɛlɛt͡skɛ: 'r̝ɛmɛslɔ]
bakery	pekařství ['pɛkarstʊɪ:]
beauty parlor	kosmetický salón ['kɔsmɛtɪt͡skɪ: 'salɔːn]
bookstore	knihkupectví ['kɲɪxkupɛt͡stʊɪ:]
boutique	butik *m* ['butɪk]
butcher shop	řeznictví ['r̝ɛzɲɪt͡stʊɪ:]
camera store	foto-kino ['fɔtɔkɪnɔ]
confectioner	cukrovinky *pl* [t͡sukrɔʊɪŋkɪ]
confectioner, bakery	cukrárna [t͡sukra:rna]
craft trader	obchodník s uměleckými předměty ['ᵉɔpxɔɟɲiːk 's'umɲɛlɛt͡skɪːmɪ 'pr̝ɛdmɲɛtɪ]
dairy	mlékárna ['mlɛ:ka:rna]
delicatessen	lahůdky *pl* ['laɦu:tkɪ], delikatesy *pl* ['dɛlɪkatɛsɪ]
department store	obchodní dům ['ᵉɔpxɔɟɲi: 'du:m]
drugstore	drogýrie ['drɔgɛ:rɪjɛ]
dry cleaner	chemická čistírna ['xɛmɪt͡ska: 't͡ʃɪsci:rna]
fish market	rybárna ['rɪba:rna]
flea market	bleší trh ['blɛʃɪ: 'tr̩x]
flower shop	květinářství ['kvjɛcɪna:rstʊɪ:]
fruit store	ovocnářství ['ᵉɔʊɔt͡sna:rstʊɪ:]

The Original Czech Marionettes

furniture store	obchod s nábytkem ['ʔɔpxɔt 'snaːbɪtkɛm]
furrier	kožešnictví ['kɔʒɛʃnɪt͡stuɪː]
grocery store	obchod s potravinami ['ʔɔpxɔt 'spɔtrauɪnamɪ]
hairdresser	holič ['ɦɔlɪt͡ʃ], kadeřník ['kadɛɽniːk]
hardware store	železářství ['ʒelɛzaːrstuɪː]
housewares store	domácí potřeby *pl* ['dɔmaːt͡sɪ 'pɔtrɛbɪ]
jewelry	klenotník ['klɛnɔt͡ɲiːk]
junk peddler	vetešník ['uɛtɛʃɲiːk]
laundromat	prádelna ['praːdɛlna]
leather shop	kožená galantérie ['kɔʒɛnaː 'galantɛːrɪjɛ]
liquor store	obchod s lihovinami ['ʔɔpxɔt 'slɪɦɔuɪnamɪ]
market	trh [trx]
music store	hudebniny *pl* ['ɦudɛbɲɪnɪ]
newspaper stand	novinový stánek ['nɔuɪnɔuɪ 'staːnɛk]
optician	optik ['ʔɔptɪk]
perfume shop	parfumérie ['parfumɛːrɪjɛ]
pharmacy	lékárna ['lɛːkaːrna]
second-hand bookstore	antikvariát ['ʔantɪkuarɪjaːt]
second-hand store, thrift store	bazar ['bazar], obchod s použitým zbožím ['ʔɔpxɔt 'spɔuʒɪtiːm 'zbɔʒiːm], secondhand ['sɛkndɦɛnt]
self-service	samoobsluha ['samɔʔɔpsluɦa]
shoe store	obchod s obuví ['ʔɔpxɔt 's'ɔbuuɪː]
shoemaker	obuvník .['ʔɔbuuɲiːk], švec [ʃuɛt͡s]

shopping center, shopping mall	nákupní středisko [ˈnaːkupɲi ˈstrɛɟɪskɔ]
souvenir shop	suvenýry *pl* [ˈsuʋɛniːrɪ]
sporting goods store	sportovní potřeby *pl* [ˈspɔrtɔʊɲi ˈpɔtrɛbɪ]
stationery store	papírnictví [ˈpapɪːrɲɪʦtʋiː]
supermarket	supermarket [ˈsupɛrˌmarkɛt]
tailor	krejčí/krejčová (švadlena) [ˈkrɛɟʧɪː/ˈkrɛɟʧɔʋa: (ˈʃʋadlɛna)]
tobacco stand	trafika [ˈtrafɪka]
toy store	hračkářství [ˈɦraʧkaːrstʋiː]
travel agency	cestovní kancelář [ˈʦɛstɔʊɲi ˈkanʦɛlaːr]
vegetable stand	zelinář [ˈzɛlɪnaːr]
watchmaker	hodinář [ˈɦɔɟɪnaːr]
wine store	obchod s vínem [ˈʔɔpxɔt ˈsʋiːnɛm]

Groceries
Potraviny

What would you like?	Co to bude? [ˈʦɔ tɔ ˈbudɛ]
Please give me ...	Dejte mi prosím ... [ˈdɛjtɛ mɪ ˈprɔsɪːm]
one kilo ...	kilo ... [ˈkɪlɔ]
100 grams ...	deset deka ... [ˈdɛsɛˈdˑɛka]
10 slices ...	deset plátků ... [ˈdɛsɛt ˈplaːtkuː]
one piece ...	kousek/jeden kus ... [ˈkɔʊsɛk/ˈjɛdɛn ˈkus]
one package ...	balíček ... [ˈbalɪːʧɛk]
one jar ...	sklenici ... [ˈsklɛɲɪʦɪ]
one can ...	plechovku ... [ˈplɛxɔʃku]
one bottle ...	láhev ... [ˈlaːɦɛf]
one plastic bag ...	igelitovou tašku ... [ˈʔɪgɛlɪtɔʊɔ̑ʊ ˈtaʃku]
Do you mind if it's a little more?/Can I leave it?	Může toho být o trochu víc?/ Můžu to nechat? [ˈmuːʒɛ ˈtɔɦɔ ˈbɪːt ˈʔɔtrɔxu ˈʋɪːʦ/ˈmuːʒu tɔ ˈnɛxat]
Would you like anything else?	Přejete si ještě něco? [ˈprɛjɛtɛ sɪ (j)ɛʃʦɛ ˈɲɛʦɔ]
Could I taste a little bit?	Mohl/-a bych kousek ochutnat? [ˈmɔɦl/-la bɪx ˈkɔ̑ʊsɛk ˈʔɔxutnat]
Thank you, that will be all.	Děkuji, to je všechno. [ˈɟɛkujɪ tɔ jɛ ˈfʃɛxnɔ]

Word List: Groceries

almond	mandle ['mandlɛ]
apples	jablka ['jablka]
apricots	meruňky ['mɛruɲkɪ]
artichokes	artyčoky [ˈˀartɪʃɔkɪ]
asparagus	chřest [xřɛst], špargl ['ʃpargl]
avocado	avokádo [ˈˀavɔka:dɔ]
baby food	dětská výživa ['ɟɛtska: 'vɪːʒɪʋa]
baguette	veka ['ʋɛka]
baked goods, bakeries	pečivo ['pɛtʃɪʋɔ]
bananas	banány ['bana:nɪ]
basil	bazalka ['bazalka]
beans	fazole ['fazɔlɛ]
beef (meat)	hovězí (maso) ['ɦɔʋjɛzi:]
beer	pivo ['pɪʋɔ]
blackberries	ostružiny [ˈˀɔstruʒɪnɪ]
bread	chleba ['xlɛba], chléb [xlɛ:p]
bread crackers	knäckebrot ['knɛkɛˌbrɔt]
butter	máslo ['ma:slɔ]
buttermilk	podmáslí ['pɔdma:slɪ:]
cabbage (red, white)	zelí ['zɛlɪː]
cake, sweet filled croissant	koláč ['kɔla:tʃ]
Camembert	camembert ['kamambɛr(t)], hermelín ['ɦɛrmɛlɪːn]
cans (food cans)	konzervy ['kɔnzɛrʋɪ]
carrots	mrkev *sing* ['mrkɛf], karotka ['karɔtka]
cauliflower	květák ['kʋjɛta:k]
celery	celer ['ʦɛlɛr]
champagne	šampaňské ['ʃampaɲskɛː]
cheese	sýr[sɪ:r]
cherries	třešně ['třɛʃɲɛ]
chestnuts	kaštany ['kaʃtanɪ]
chicken	kuře ['kuřɛ]
chicory	puky *pl* ['pukɪ], cikórie ['ʦɪkɔ:rɪjɛ]
chips	brambůrky ['brambu:rkɪ]
chocolate	čokoláda [tʃɔkɔla:da]
chocolate bar	čokoládová tyčinka [tʃɔkɔla:dɔʋa: 'tɪtʃɪŋka]
chocolates	čokoládové bonbóny [tʃɔkɔla:dɔʋɛ: 'bɔmbɔ:nɪ]
chop, cutlet	kotleta ['kɔtlɛta]
coconut	kokos ['kɔkɔs]

coffee	káva ['ka:ʊa], kafe ['kafɛ]
cold cuts	nářez ['na:rɛs]
corn	kukuřice ['kukurɪt͡sɛ]
cottage cheese	tvaroh ['tʊarɔx]
cracker	suchar ['sʊxar]
crackers (salty or sweet)	sušenky ['sʊʃɛŋkɪ]
cream cheese	tvarohový sýr ['tʊarɔɦɔʊɪ: sɪ:r]
cream/whipped cream	smetana/šlehačka ['smɛtana/'ʃlɛɦat͡ʃka]
cucumber	okurka [ˀɔkurka]
currants	rybíz *sing* ['rɪbɪ:s]
dark bread	černý chleba [t͡ʃɛrnɪ: 'xlɛba]
dates	datle ['datlɛ]
dumpling	knedlík *sing* ['knɛdlɪ:k]

eel	úhoř [ˀu:ɦɔr]
eggplant	lilek ['lɪlɛk]
eggs	vejce ['ʊɛjt͡sɛ]
endive	štěrbák ['ʃcɛrba:k]
fat-free milk	netučné mléko ['nɛtut͡ʃnɛ: 'mlɛ:kɔ]
fennel	fenykl ['fɛnɪkl̩]
figs	fíky ['fɪ:kɪ]
fish	ryba ['rɪba]

flour	mouka [ˈmɔʊka]
fresh	čerstvý [ˈtʃɛrstʊiː]
fruit	ovoce [ˈʔɔʊɔtʃsɛ]
garlic	česnek [ˈtʃɛsnɛk]
granola	müsli [ˈmɪˑslɪ]
grapefruit	grapefruit [ˈgrɛpˌfruˑjt],
	gre(j)p [grɛ(j)p]
grapes	hrozny [ˈɦrɔznɪ], víno [ˈʊiːnɔ]
green beans	zelené fazole [ˈzɛlɛnɛː ˈfazɔlɛ]
ground meat	mleté maso [ˈmlɛtɛˑ ˈmasɔ]
goulash	guláš [ˈgʊlaːʃ]
ham	šunka [ˈʃʊŋka]
hard cheese	tvrdý sýr [ˈtʊrdɪˑ ˈsɪːr]
hazelnuts	lískové oříšky [ˈliːskɔʊɛˑ ʔɔrɪːʃkɪ]
herring	sleď [slɛc], slaneček [ˈslanɛtʃɛk]
home-grown chicken eggs	venkovská vejce [ˈʊɛŋkɔʃska ˑ ˈʊɛjtsɛ]
home-grown vegetables	vlastní [ˈʊlascɲiˑ]
honey	med [mɛt]
hot little peppers	feferonky [ˈfɛfɛrɔŋkɪ]
ice cream	zmrzlina [ˈzmrzlɪna]
kohlrabi	kedluben *sing* [ˈkɛdlʊbɛn]
lamb (meat)	jehněčí (maso) [ˈjɛɦɲɛtʃɪˑ]
leek	pórek [ˈpɔːrɛk]
lemonade	limonáda [ˈlɪmɔnaˑda]
lemons	citróny [tsɪtrɔˑnɪ]
lentils	čočka [ˈtʃɔtʃka]
lettuce	hlávkový salát [ˈɦlaˑʃkɔʊɪˑ ˈsalaːt]
licorice	pendrek [ˈpɛndrɛk]
liver pate	játrová paštika [ˈjaːtrɔʊaˑ ˈpaʃcɪka]
liver salami	játrovka [ˈjaːtrɔʃka],
	játrový salám [ˈjaːtrɔʊɪˑ ˈsalaːm]
mackerel	makrela [ˈmakrɛla]
margarine	margarín [ˈmargarɪˑn]
marmelade, fruit preserves	marmeláda [ˈmarmɛlaˑda]
mayonnaise	majonéza [ˈmajɔnɛːza]
meat	maso [ˈmasɔ]
milk	mléko [ˈmlɛːkɔ]
mineral water	minerálka [ˈmɪnɛraˑlka]
mint	máta [pɛpr]
mushrooms	houby [ˈɦɔʊbɪ]
mustard	hořčice [ˈɦɔrtʃɪtsɛ]
mutton (meat)	skopové (maso) [ˈskɔpɔʊɛˑ]
nectarines	nektaríny [ˈnɛktarɪːnɪ]

nonalcoholic beer	nealkoholické pivo ['nɛʔˌalkɔhɔlɪt͡skɛː 'pɪʋɔ]
nonorganic, grown with pesticides	chemicky ošetřovaný ['xɛmɪt͡skɪ ʔɔʃɛt̩ɾɔʋanɪː]
noodles	nudle ['nʊdlɛ]
nuts	ořechy [ʔɔɾɛxɪ]
oat flakes	ovesné vločky [ʔɔʋɛsnɛː 'ʋlɔt͡ʃkɪ]
oil	olej [ʔɔlɛj]
olive oil	olivový olej [ʔɔlɪʋɔʋɪː ʔɔlɛj]
olives	olivy [ʔɔlɪʋɪ]
onion	cibule [t͡sɪbʊlɛ]
open-face sandwiches	obložené chlebíčky [ʔɔblɔʒɛnɛː 'xlɛbɪːt͡ʃkɪ]
orange juice	pomerančový džus [(ˈpɔmɛrant͡ʃɔʋɪː) 'd͡ʒʊs]
orange lemonade	oranžáda [ʔɔranʒaːda]
oranges	pomeranče ['pɔmɛrant͡ʃɛ]
oregano	oregáno [ʔɔrɛgaːnɔ]
organic	chemicky neošetřovaný ['xɛmɪt͡skɪ 'nɛʔɔʃɛt̩ɾɔʋanɪː]
oysters	ústřice [ʔuːstɾit͡sɛ]
parsley	petržel ['pɛt̩rʒɛl]
peaches	broskve ['brɔskʋɛ]
peanuts	burské oříšky ['bʊrskɛː ʔɔɾiːʃkɪ]
pears	hrušky ['ɦrʊʃkɪ]
peas	hrách [ɦraːx]
pepper (spice)	pepř [pɛpr̩]
pepper (vegetable)	paprika ['paprɪka]
perch	okoun [ʔɔkɔʊn]
pineapple	ananas [ʔananas]
plums	švestky ['ʃʋɛstkɪ]
pork (meat)	vepřové (maso) ['ʋɛpɾɔʋɛː]
potatoes	brambory ['brambɔrɪ]
rabbit	králík ['kraːlɪːk]
raisins	rozinky ['rɔzɪŋkɪ]
raspberries	maliny ['malɪnɪ]
red wine	červené (víno) [t͡ʃɛrʋɛnɛː]
rice	rýže ['rɪːʒɛ]
roll (long, not round)	rohlík ['rɔɦlɪːk]
rolls	housky ['ɦɔʊskɪ]
rose, blush wine	rozé (víno) ['rɔzɛː]
rosemary	rozmarýn ['rɔzmarɪːn]
saffron	šafrán ['ʃafraːn]
salad	salát ['salaːt]

salami	salám [ˈsalaːm]
salt	sůl [suːl]
salty high-fat rolls	loupáčky [ˈloʊpaːt͡ʃkɪ]
sardelles, anchovies	sardelky [ˈsardɛlkɪ]
sardines	sardinky [ˈsarɟɪŋkɪ],
	olejovky [ˈʔɔlɛjɔfkɪ]
sausages	párky [ˈparkɪ]
semolina	krupice [ˈkrupiːt͡sɛ]
sheep cheese	ovčí sýr [ˈʔɔft͡ʃiː ˈsiːr]
smoked meat	uzené (maso) [ˈʔuzɛnɛː]
soft salami	měkký salám [ˈmɲɛkiː ˈsalaːm]
soup	polévka [ˈpɔlɛːfka]
sour cream	kyselá smetana [ˈkɪsɛlaː ˈsmɛtana]
sour milk	kyselé mléko [ˈkɪsɛlɛː ˈmlɛːkɔ]
spaghetti	špagety [ˈʃpagɛtɪ]
spinach	špenát [ˈʃpɛnaːt]
squash	dýně [ˈdɪːɲɛ]
strawberries	jahody [ˈjaɦɔdɪ]
sugar	cukr [ˈt͡sukr]
sweet cream/	sladká smetana/šlehačka
whipped cream	[ˈslatkaː ˈsmɛtana/ˈʃlɛɦat͡ʃka]
sweets	sladkosti [ˈslatkɔscɪ]
tangerine	mandarinka [ˈmandarɪŋka]
tea	čaj [t͡ʃaj]
tea bags	sáčkový čaj [ˈsaːt͡ʃkɔʊɪ ˈt͡ʃaj]
thyme	tymián [ˈtɪmɪjaːn]
toast	toust/topinka [tɔʊst/ˈtɔpɪŋka]
tomatoes	rajčata [ˈrajt͡ʃata]
tuna	tuňák [ˈtuɲaːk]
veal (meat)	telecí (maso) [ˈtɛlɛt͡siː]
vegetables	zelenina [ˈzɛlɛɲɪna]
vinegar	ocet [ˈʔɔt͡sɛt]
waffles	oplatky [ˈʔɔplatkɪ], vafle [ˈʋaflɛ]
walnuts	vlašské ořechy [ˈʋlaʃskɛː ˈʔɔɾɛxɪ]
watermelon, cantaloupe	meloun [ˈmɛlɔʊn],
	žlutý meloun [ˈʒlutɪː ˈmɛlɔʊn]
white beans	bílé fazole [ˈbiːlɛː ˈfazɔlɛ]
white mushrooms	žampióny [ˈʒampɪjɔːnɪ]
white wine	bílé (víno) [ˈbiːlɛː]
whole-grain bread	celozrný chleba [ˈt͡sɛlɔzrnɪː ˈxlɛba]
wine	víno [ˈʋiːnɔ]
yogurt	jogurt [ˈrɔɦlɪːk]
young goat (meat)	kůzlečí (maso) [ˈkuːzlɛt͡ʃiː]
zucchini	cukýny [ˈt͡sukiːnɪ], cukety [ˈt͡sukɛtɪ]

Drugstore Items

Drogerie

Word List: Drugstore Items

aftershave	voda po holení [ˈvɔda ˈpɔɦɔlɛɲiː]
baby bottle	kojenecká láhev [ˈkɔjɛnɛt͡ska laːɦɛf]
Band-Aid	náplast [ˈnaːplast]
body powder	tělový pudr [ˈcɛlɔviː ˈpudr̩]
brush	kartáč [ˈkartaːt͡ʃ]
cleansing lotion	odličovací mléko [ˈ°ɔdlɪt͡ʃɔvat͡sɪ ˈmlɛːkɔ]
clothes brush	kartáč na šaty [ˈkartaːt͡ʃ ˈnaʃatɪ]
cologne	kolínská (voda) [ˈkɔliːnska: (ˈvɔda)]
comb	hřeben [ˈɦr̝ɛbɛn]
condom	prezervativ [ˈprɛzɛrvatɪf]
cotton	vata [ˈvata]
cotton swab	vatové tyčinky [ˈvatɔvɛː ˈtɪt͡ʃɪŋkɪ]
cream, lotion	krém [krɛːm]
cream for dry/normal/ oily skin	na suchou/normální/mastnou pleť [ˈnasuxɔʊ̯/ˈnanɔrma:lɲi:/ˈnamastnɔʊ̯ ˈplɛc]
curlers	natáčky [ˈnataːt͡ʃkɪ]
dandruff shampoo	šampón proti lupům [ˈʃampɔ:n prɔcɪ ˈlupuːm]
deodorant	dezodorant [ˈdɛzɔdɔrant]
depilatory cream	depilační krém [ˈdɛpɪlat͡ʃɲiː krɛːm]
detergent	mycí prostředek [ˈmɪt͡sɪː ˈprɔstr̝ɛdɛk]
diapers	pleny [ˈplɛnɪ]
dish rag, dish sponge	hadr na nádobí [ˈɦadr̩ ˈnanaːdɔbɪː]
dishwashing brush	kartáček na nádobí [ˈkartaːt͡ʃɛk ˈnanaːdɔbɪː]
dishwashing soap	mycí prostředek (na nádobí) [ˈmɪt͡sɪː ˈprɔstr̝ɛdɛk (ˈnanaːdɔbɪː)]
electric razor	holicí strojek [ˈɦɔlɪt͡sɪː ˈstrɔjɛk]
eye shadow	oční stíny [ˈ°ɔt͡ʃɲiː ˈsci:nɪ]
eyebrow pencil	tužka na obočí [ˈtuʃka ˈnaˈ°ɔbɔt͡ʃɪː]
eyeliner	oční linky [ˈ°ɔt͡ʃɲiː ˈlɪŋkɪ]
face powder	pudr na obličej [ˈpudr̩ ˈnaˈ°ɔblɪt͡ʃɛj]
hair band	gumička do vlasů [ˈgumɪt͡ʃka ˈdɔvlasuː]
hair gel	želatina na vlasy [ˈʒɛlatɪːna ˈnavlasɪ]
hair mousse	tužidlo na vlasy [ˈtuʒɪdlɔ ˈnavlasɪ]
hair spray	lak na vlasy [ˈlak ˈnavlasɪ]
hairbrush	kartáč na vlasy [ˈkartaːt͡ʃ ˈnavlasɪ]

hairpins	sponky do vlasů ['spɔŋkɪ 'dʊvlasuː]
hand lotion	krém na ruce ['krɛːm 'narutsɛ]
lipstick	rtěnka ['rcɛŋka]
mascara	řasenka ['rasɛŋka]
mirror	zrcátko ['zr̩tsaːtkɔ]
moist towelettes	osvěžovací ubrousky [ʲɔsvjɛʒɔvatsɪ: ʲubrɔuskɪ]
moisturizing lotion	hydratační krém ['hɪdrataʧɲi: 'krɛːm]
mouthwash	ústní voda [ʲuːscɲi: 'vɔda]
nail file	pilníček na nehty ['pɪlɲiːʧɛk 'nanɛxtɪ]
nail polish	lak na nehty ['lak 'nanɛxtɪ]
nail polish remover	odlakovač [ʲɔdlakɔvaʧ]
nail scissors	nůžky *pl* na nehty ['nuːʃkɪ 'nanɛxtɪ]
nailbrush	kartáček na nehty ['kartaːʧɛk ' nanɛxtɪ]
pacifier	dudlík ['dʊdlɪːk]
perfume	parfém ['parfɛːm]
powder	pudr ['pʊdr̩]
razor blade	žiletka ['ʒɪlɛtka]
safety pins	zavírací špendlíky ['zavɪːratsɪː 'ʃpɛndlɪːkɪ]
sanitary napkins	dámské vložky ['daːmskɛ: 'vlɔʃkɪ]
shampoo	šampón ['ʃampɔːn]
shampoo for oily/ normal/dry hair	na mastné/normální/suché vlasy ['namastnɛ:/'nanorma:lɲi:/ 'nasuxɛ: 'vlasɪ]
shaving brush	štětka na holení ['ʃcɛtka 'naɦɔlɛɲiː]
shaving cream	mýdlo na holení ['mɪːdlɔ 'naɦɔlɛɲiː]
shower gel	tělový šampón [cɛlɔuɪ: ʃampɔːn], sprchový gel [sprxɔuɪ: 'gɛˑl]
skin lotion	pleťové mléko ['plɛcɔuɛ: 'mlɛːkɔ]
soap	mýdlo ['mɪːdlɔ]
SPF, sun protection factor	ochranný protisluneční faktor [ʲɔxranɪː 'prɔtɪslunɛʧɲi: 'faktɔr]
sponge	houba ['ɦɔuba]
stain remover (liquid)	tekutý čistič skvrn ['tɛkutɪ 'ʧɪstɪʧ 'skvr̩n]
styling mousse	pěnové tužidlo ['pjɛnɔuɛ: 'tuʒɪdlɔ]
suntan lotion	krém na opalování ['krɛːm 'naʲɔpalɔuaːɲiː]
suntan oil	olej na opalování [ʲɔlɛj 'naʲɔpalɔuaːɲiː]
tampons	tampóny ['tampɔːnɪ]
tissue	papírové kapesníky ['papɪːrɔuɛ: 'kapɛsɲiːkɪ]
toilet paper	toaletní papír ['tɔalɛcɲiː 'papɪːr]

toiletries bag	cestovní nesesér [ˈtsɛstoʊpi: ˈnɛsɛsɛːr]
toothbrush	kartáček na zuby [ˈkartaːtʃek ˈnazʊbɪ]
toothpaste	pasta na zuby [ˈpasta ˈnazʊbɪ]
tweezers	pinzeta [ˈpɪnzeta]
washcloth	žínka [ˈʒiːŋka]

Tobacco Products
Tabák a kuřácké potřeby

I would like a pack/
a carton with filter/
without filter.

Prosím balíček/kartón s filtrem/
bez filtru. [ˈprɔsiːm ˈbaliːtʃek/ˈkartoˑn
ˈsfɪltrem/ˈbɛsfɪltrʊ]

Do you have American/
menthol cigarettes?

Máte americké/mentolové cigarety?
[ˈmaːtɛ ᵊamɛrɪtskɛː/ˈmentoloʊeː
ˈtsɪɡaretɪ]

What brand of light/
strong cigarettes can
you recommend?

Jakou značku (lehkých/silných
cigaret) mi můžete doporučit?
[ˈjakoʊ ˈznatʃkʊ (ˈlexkɪːx/ˈsɪlnɪːx
ˈtsɪɡaret) mi ˈmuːʒete ˈdoporʊtʃɪt]

I would like ten cigars,
please.

Prosím deset doutníků. [ˈprɔsiːm
ˈdɛsɛˈdˑoʊtʃɲiːkʊ/ˈtsɪɡarɪlɔs]

I would like a pack/
a box of cigarette/
pipe tobacco, please.

Prosím balíček/krabičku
cigaretového/dýmkového tabáku.
[ˈprɔsiːm ˈbaliːtʃek/ˈkrabɪːtʃkʊ
ˈtsɪɡaretoʊeːɦɔ/ˈdiːmkoʊeːɦɔ
ˈtabaːkʊ]

I would like a box of
matches/a cigarette
lighter, please.

Prosím krabičku zápalek/zapalovač.
[ˈprɔsiːm ˈkrabɪːtʃkʊ ˈzaːpalɛk/
ˈzapaloʊatʃ]

Clothing/Leather Goods/Dry Cleaning
Oblečení/Kožené zboží/Čistírna

▶ **See also Chapter 1 – Colors**

Could you show me …?

Můžete mi ukázat …?
[ˈmuːʒete mi ᵊukaːzat]

Do you have a certain
color in mind?

Máte na mysli nějakou určitou barvu?
[ˈmaːtɛ ˈnamɪslɪ ˈɲejakoʊ ᵊurtʃɪtoʊ
ˈbarvʊ]

I would like something
in (color) …

Chtěl/-a bych něco v/ve …
[ˈxtsɛl/-a bɪx ˈɲɛtso ˈf/ʊ/ʊe]

I would like something that will match this.	Chtěl/-a bych něco, co se hodí k tomuhle. ['xcɛl/-a bɪx 'ɲɛt͡so t͡so sɛ 'ɦɔɟɪ 'ktɔmuɦlɛ]
Can I try it on?	Můžu si to zkusit? ['muːʒu sɪ tɔ 'skusɪt]

What size do you wear?	Jakou máte velikost? ['jakɔʊ̯ 'maːtɛ 'ʋɛlɪkɔst]
This is too ... tight/loose. short/long. small/big.	To je mi moc ... ['tɔ jɛ mɪ 'mɔt͡s] těsné/volné. ['cɛsnɛː/'ʋɔlnɛː] krátké/dlouhé. ['kraːtkɛː/'dlɔʊ̯ɦɛː] malé/velké. ['malɛː/'ʋɛlkɛː]
This fits me well. I will take it.	Tohle je mi dobře. Vezmu si to. ['tɔɦlɛ jɛ mɪ 'dɔbr̝ɛ 'ʋɛ(z)mu sɪ tɔ]
It is not exactly what I wanted.	Není to docela to, co bych chtěl/-a. ['nɛɲɪ tɔ 'dɔt͡sɛla 'tɔ t͡so bɪx 'cɛl/-a]
I would like a pair of ... shoes.	Chtěl/-a bych pár ... bot. [xcɛl/-a bɪx 'paːr ... 'bɔt]
I wear shoe size ...	Nosím boty číslo ... ['nɔsiːm 'bɔtɪ 't͡ʃiːslɔ]
These shoes are too tight.	Tlačí mě. ['tlat͡ʃiː mɲɛ]
They are too narrow/wide.	Jsou příliš těsné/volné. ['sɔʊ̯ 'pr̝iːlɪʃ 'cɛsnɛː/'ʋɔlnɛː]

I would also like a tube of shoe polish/a pair of shoelaces.	Prosím ještě tubu krému na boty/jedny tkaničky do bot. [ˈprɔsɪːm (j)ɛʃcɛ ˈtubu ˈkrɛːmu ˈnabɔtɪ/ˈjɛdnɪ ˈkaɲɪt͡ʃkɪ ˈdɔbɔt]
I would like new soles for these shoes.	Chtěl/-a bych si dát tyhle boty podrazit. [ˈxcɛl/-a bɪx sɪ ˈdaːt ˈtɪɦlɛ ˈbɔtɪ ˈpɔdrazɪt]
Can you replace the heels?	Můžete mi dát nové podpatky? [ˈmuːʒɛtɛ mɪ ˈdaːt ˈnɔvɛː ˈpɔtpatkɪ]
I would like to have these things washed/cleaned.	Chtěl/-a bych si dát tyhle věci vyčistit/vyprat. [ˈxcɛl/-a bɪx sɪ ˈdaːt ˈtɪɦlɛ ˈvjɛt͡sɪ ˈvɪt͡ʃɪscɪt/ˈvɪprat]
When will it be ready?	Kdy to bude hotové? [ˈgdɪ tɔ ˈbudɛ ˈɦɔtɔvɛː]

Word List: Clothing/Leather Goods/Dry Cleaning

backpack	batoh [ˈbatɔx], tlumok [ˈtlumɔk], ruksak [ˈruksak]
bag	kabela [ˈkabɛla], taška [ˈtaʃka]
bathing suit	plavky [ˈplafkɪ]
bathing trunks	plavky [ˈplafkɪ]
bathrobe	župan [ˈʒupan]
beach robe	koupací plášť' [ˈkõupat͡siː ˈplaːʃc]
beach shoes	plážové střevíce [ˈplaːʒɔvɛː ˈstr̝ɛviːt͡sɛ]
belt	pásek [ˈpaːsɛk]
bikini	bikiny [ˈbɪkɪnɪ]
blouse	blůza [ˈbluːza], halenka [ˈɦalɛŋka]
boots, women's	kozačky *pl* [ˈkozat͡ʃkɪ]
bow tie	motýlek [ˈmɔtɪːlɛk]
brassiere	podprsenka [ˈpɔtprsɛŋka]
button	knoflík [ˈknɔflɪːk]
checked	kostkovaný [ˈkɔstkɔvanɪː]
children's shoes	dětské boty [ˈɟɛtskɛː ˈbɔtɪ]
clogs	dřeváky [ˈdr̝ɛvaːkɪ]
coat, overcoat	plášť' *m* [plaːʃc], kabát [ˈkabaːt]
collar	límec [ˈliːmɛt͡s]
color	barva [ˈbarva]
cotton	bavlna [ˈbavlna]
dress	(dámské) šaty [(ˈdaːmskɛː) ˈʃatɪ]
dry clean	chemicky čistit [ˈxɛmɪt͡skɪ ˈt͡ʃɪscɪt]
evening dress	večerní šaty [ˈvɛt͡ʃɛrɲiː ˈʃatɪ]

folk costume	lidový/národní kroj ['lɪdoʊɪ:/'naːrɔɟnɪː 'krɔj]
fur coat	kožich ['kɔʒɪx]
fur jacket	krátký kožíšek ['kraːtkɪː 'kɔʒɪːʃɛk]
gloves	rukavice ['rʊkaʊɪt͡sɛ]
handkerchief	kapesník ['kapɛsɲiːk]
hat, cap	klobouk ['klɔbɔʊk], čepice [t͡ʃɛpɪt͡sɛ]
hose, stockings	punčochy ['pʊnt͡ʃɔxɪ], punčocháče pl ['pʊnt͡ʃɔxaːt͡ʃɛ]
to iron	žehlit ['ʒɛɦlɪt]
jeans	džíny ['dʒɪːnɪ]
jogging suit, sweats	sportovní (tepláková) souprava ['spɔrtoʊɲiː ('tɛplaːkɔʊaː) 'sɔʊprava]
knee-highs	podkolenky ['pɔtkɔlɛŋkɪ]
knit vest	(vlněná) vesta [('ʊlɲɛnaː) 'ʊɛsta]
leather coat	kožený kabát ['kɔʒɛnɪː 'kabaːt]
leather jacket	kožená bunda ['kɔʒɛnaː 'bʊnda]
leather pants	kožené kalhoty pl ['kɔʒɛnɛː 'kalɦɔtɪ]
linen	plátno ['plaːtnɔ]
lining	podšívka ['pɔt͡ʃɪːfka]
long underwear	spodky pl ['spɔtkɪ]
machine washable	dá se prát v pračce ['daː sɛ 'praːt 'ʃprat͡ʃtsɛ]

miniskirt	minisukně ['mɪnɪsʊkɲɛ]
nightgown	noční košile f ['nɔt͡ʃɲiː 'kɔʃɪlɛ]
overalls	kombinéza ['kɔmbɪnɛːza]
pajamas	pyžamo ['pɪʒamɔ]
pants	kalhoty ['kalɦɔtɪ]
pullover, sweater	pulovr ['pʊlɔːʊr]
purse	kabelka ['kabɛlka]
raincoat	plášť do deště ['plaːʒɟ 'dɔdɛʃt͡sɛ]
rubber boots	gumové holínky ['gʊmɔʊɛ: 'ɦɔlɪ(:)ŋkɪ]
sandals	sandály ['sandaːlɪ]
scarf	šátek na krk ['ʃaːtɛk 'nakr̩k]
shirt	košile ['kɔʃɪlɛ]
shoe brush	kartáč na boty ['kartaːt͡ʃ 'nabɔtɪ]
shoe polish	krém na boty ['krɛːm 'nabɔtɪ]
shoe size	číslo bot [t͡ʃɪːslɔ 'bɔt]
shoes	boty ['bɔtɪ]
shorts	krátké kalhoty/šortky ['kraːtkɛː 'kalɦɔtɪ/'ʃɔrtkɪ]
shoulder bag	kabelka přes rameno ['kabɛlka 'prɛzramɛnɔ]
silk	hedvábí ['ɦɛdʊaːbɪː]

silk stockings	hedvábné punčochy ['ɦɛdʊaːbnɛː 'puntʃɔxɪ]
ski boots	lyžáky ['lɪʒaːkɪ], přezkáče ['prɛskaːtʃɛ]
ski pants	lyžařské kalhoty pl/ šponovky pl ['lɪʒaʁskɛː 'kalɦɔtɪ/'ʃpɔnɔfkɪ]
skirt	sukně ['sʊkɲɛ]
sleeve	rukáv ['rʊkaːf]
slip	kombiné ['kɔmbɪnɛː], spodnička ['spɔɟɲɪtʃka]
slippers	trepky ['trɛpkɪ], bačkory ['batʃkɔrɪ]
snap, fastener	patentka ['patɛntka]
sneakers	tenisky ['tɛnɪskɪ], botasky ['bɔtaskɪ], kecky ['kɛtskɪ]
socks	ponožky ['pɔnɔʃkɪ]
sole	podrážka ['pɔdraːʃka]
sport jacket	bunda ['bunda]
striped	pruhovaný ['pruɦɔʊanɪː]
suede coat	jelenicový kabát ['jɛlɛɲɪtsɔʊɪ 'plaːʃc]
suede jacket	jelenicová bunda ['jɛlɛɲɪtsɔʊaː 'bunda]
suit	oblek [ˀɔblɛk]
suit jacket	sako ['sakɔ]
suitcase	kufr ['kufr]
summer dress	letní šaty pl ['lɛcɲiː 'ʃatɪ]
sun hat	klobou(ček) proti slunci ['klɔbɔʊ(tʃɛ) 'prɔcɪ'slʊntsɪ]
sweat suit, sweatpants	tepláky pl ['tɛplaːkɪ]
swimming cap	koupací čepice ['kɔʊpatsɪ 'tʃɛpɪtsɛ]
swimming shoes	boty do vody/na koupání ['bɔtɪ 'dɔʊɔdɪ/'nakɔʊpaːɲiː]
synthetic fiber	umělé vlákno [ˀʊmɲɛlɛː 'ʊlaːknɔ]
T-shirt	tričko ['trɪtʃkɔ]
terry cloth	froté ['frɔtɛː]
tie	kravata ['kraʊata]
travel bag	cestovní kabela/taška ['tsɛstɔʊɲiː 'kabɛla/'taʃka]
umbrella	deštník ['dɛʃcɲiːk]
underpants	spodky m pl ['spɔtkɪ], kalhotky f pl ['kalɦɔtkɪ]
undershirt	nátělník (m) ['naːcɛlɲiːk], košilka (f) ['kɔʃɪlka]
underwear	spodní prádlo ['spɔɟɲiː 'praːdlɔ]
vest	vesta ['ʊɛsta]

walking shoes	polobotky ['pɔlɔbɔtkɪ]
wash and wear, permanent press	nežehlivá úprava ['nɛʒɛɦlɪʊaː ʔuːpraʊa]
winter scarf	šála ['ʃaːla]
women's two-piece suit	kostým ['kɔstɪːm]
wool	vlna [ʊlna]
zipper	zip [zɪp]

Books and Stationery

Knihkupectví a papírnictví

Do you have American newspapers/magazines? Máte americké noviny/časopisy? ['maːtɛ ʔamɛrɪtskɛ: 'nɔʊɪnɪ/ʧasɔpɪsɪ]

I would like … Chtěl/-a bych … ['xcɛl/-a bɪx]
  a tourist guide. průvodce. ['pruːʊɔtsɛ]
  a tourist map of this area. turistickou mapu téhle oblasti. ['turɪstɪʦkoʊ 'mapʊ 'tɛːɦlɛ ʔoblascɪ]

Word List: Books and Stationery

adhesive tape	izolepa [ʔɪzɔlɛpa]
ball-point pen	propisovačka ['prɔpɪsɔʊaʧka]
city map	plán/mapa města ['plaːn/'mapa 'mɲɛsta]
colored pencil	pastelka ['pastɛlka], barevná tužka ['barɛʊnaː 'tuʃka]
cookbook	kuchařka ['kʊxarka]
crime novel	detektivka ['dɛtɛktɪfka]
drawing pad	skicář ['skɪʦaːr]
envelope	obálka [ʔɔbaːlka]
eraser	guma ['gʊma]
felt-tip pen	fix [fɪx]
fountain pen	plnicí pero ['plɲɪʦɪː 'pɛrɔ]
glue	lepidlo ['lɛpɪdlɔ]
magazine, journal	časopis [ʧasɔpɪs]
map	mapa ['mapa]
newspaper	noviny ['nɔʊɪnɪ]
notebook	zápisník ['zaːpɪsɲiːk]
notepad	poznámkový blok ['pɔznaːmkɔʊɪː 'blɔk]
novel	román ['rɔmaːn]
paper	papír ['papɪːr]

paper clips	svorky [ˈsvɔrkɪ]
paperback, booklet	brožovaná kniha [ˈbrɔʒɔʊana: ˈkɲiɦa]
pencil	tužka [ˈtuʃka]
pencil sharpener	ořezávátko [ˈʔɔɾɛza:ʊa:tkɔ]
playing cards	(hrací) karty [(ˈɦraʦɪ:) kartɪ]
postage stamp	známka [ˈzna:mka]
postcard	pohled [ˈpɔɦlɛt],
	pohlednice [ˈpɔɦlɛɟɲiʦɛ]
road map	(silniční) mapa [(ˈsɪlɲɪʧɲi:)ˈmapa]
rubber band	gumička [ˈɡumɪʧka]
sketchbook	náčrtník [ˈna:ʧrcɲi:k], blok [blɔk]
stationery	dopisní papír [ˈdɔpɪsɲi: ˈpapɪ:r]
thumbtacks	napínáčky [ˈnapɪ:na:ʧkɪ]
tourist guide	turistický průvodce
	[ˈturɪstɪʦkɪ: ˈpru:ʊɔtsɛ]
tourist map, hiking map	turistická mapa [ˈturɪstɪʦka: ˈmapa]
wrapping paper	balicí papír na dárky
	[ˈbalɪʦɪ: ˈpapɪ:r ˈnada:rkɪ]

Household Items
Domácí potřeby

Word List: Household Items

aluminum foil	alobal [ˈʔalɔbal]
bottle opener	otvírák na láhve
	[ˈʔɔtʊɪ:ra:k ˈnala:ɦʊɛ]
broom	koště [ˈkɔʃcɛ], smeták [ˈsmɛta:k]
brush	smetáček [ˈsmɛta:ʧɛk]
bucket	kbelík [ˈɡbɛlɪ:k], kýbl [ˈkɪ:bl̩]
camp table	kempinkový stůl [ˈkɛmpɪŋkɔʊɪ: ˈstu:l]
camping chair	kempinková židle
	[ˈkɛmpɪŋkɔʊa: ˈʒɪdlɛ]
can opener	otvírák na konzervy
	[ˈʔɔtʊɪ:ra:k ˈnakɔnzɛrʊɪ]
candles	svíčky [ˈsʊi:ʧkɪ]
charcoal	dřevěné uhlí na gril
	[ˈdɾɛʊjɛnɛ: ˈʔuɦlɪ: ˈnaɡrɪl]
clothesline	prádelní šňůra [ˈpra:dɛlɲi: ˈʃɲu:ra]
clothespins	kolíčky na prádlo
	[ˈkɔlɪ:ʧkɪ ˈnapra:dlɔ]
coffee filter	filtr do kávovaru [ˈfɪltr ˈdɔka:ʊɔʊaru]
cold packs	mrazicí vložka [ˈmrazɪʦɪ: ˈʊlɔʃka]

cooler	chladicí kabela [ˈxlaɟɪ̃t͡sɪ: ˈkabɛla]
corkscrew	vývrtka [ˈʋi:ʋr̥tka]
dustpan	lopatka (na smetí) [ˈlɔpatka (ˈnasmɛci:)]
filters	filtry [ˈfɪltrɪ:]
garbage bag	pytlík na odpadky [ˈpɪtlɪ:k ˈnaˀɔtpatkɪ]
glass	sklenice [ˈsklɛɲɪt͡sɛ]
grill	gril [ˈgrɪl]
immersion heater	ponorný vařič [ˈpɔnɔrnɪ: ʋaɟɪt͡ʃ]
kerosene	petrolej [ˈpɛtrɔlɛj]
kitchen pot	(kuchyňský) hrnec [(ˈkʊxɪɲskɪ:) ˈɦr̥nɛt͡s]
methyl alcohol	(denaturovaný) líh [(ˈdɛnaturɔʋanɪ:) lɪ:x]
paper towels	(papírové) ubrousky [(ˌpapɪ:rɔʋɛ:) ˀubro͡uskɪ]
plastic bag	igelitový pytlík [ˀɪɡɛlɪtɔʋɪ: ˈpɪtlɪ:k]
plastic wrap	mikrotenová fólie [ˈmɪkrɔtɛnɔʋa: ˈfo:lɪjɛ]
pocketknife	kapesní nůž [ˈkapɛsɲi: ˈnu:ʃ]
sun umbrella	slunečník [ˈslʊnɛt͡ʃɲi:k]
thermos	termoska [ˈtɛrmɔska]
utensils	příbor [ˈpr̝̊i:bɔr]

Electrical Goods and Photographic Supplies
Elektrospotřebiče/Foto potřeby

I would like …	Chtěl/-a bych … [ˈxcɛl/-a bɪx]
a roll of film for this camera.	film do tohohle aparátu. [ˈfɪlm ˈdɔtɔɦɔɦlɛ ˀapara:tʊ]
a roll of color film for prints/slides.	barevný negativ/film na diapozitivy. [ˈbarɛʋnɪ: ˈnɛɡatɪːf/ fɪlm ˈnaɟɪjapɔzɪtɪʋɪ]
a roll of film with 36/24/12 exposures.	film na šestatřicet/dvacet/dvanáct obrázků. [ˈfɪlm ˈnaʃɛstatr̝̊ɪt͡sɛt/ ˈdʋat͡sɛt/ˈdʋana:t͡st ˀɔbra:skʊ:]
Could you please put the film in the camera for me?	Můžete mi prosím ten film založit? [ˈmu:ʒɛtɛ mɪ ˈprɔsɪ:m tɛn ˈfɪlm ˈzalɔʒɪt]
Can you develop this film for me?	Můžete mi ten film vyvolat? [ˈmu:ʒɛtɛ mɪ tɛn ˈfɪlm ˈʋɪʋɔlat]

Please make one print of each of these negatives.	Udělejte mi po jednom obrázku tady z těch negativů. [ˈʊjɛlɛjtɛ mɪ ˈpojɛdnɔm ˈⁿɔbraːsku ˈtadɪ scɛx ˈnɛgatɪʊʊː]
What size would you like?	Jaký formát si přejete? [ˈjakɪ ˈformaːt sɪ ˈprɛjɛtɛ]
Seven by ten./Nine by nine.	Sedm krát deset./Devět krát devět. [ˈsɛdʊm kraːˈdˑɛsɛt/ˈdɛʊjɛt kraːˈdˑɛʊjɛt]
Would you like glossy or matte?	Přejete si vysoký nebo hedvábný lesk? [ˈprɛjɛtɛ sɪ ˈʊɪsɔkɪ nɛbɔ ˈɦɛdʊaːbnɪ ˈlɛsk]
When will the pictures be done?	Kdy budou ty fotky hotové? [ˈgdɪ ˈbudoʊ tɪ ˈfotkɪ ˈɦotoʊɛː]
The viewfinder/The shutter does not work.	Hledáček/Spoušť nefunguje. [ˈɦlɛdaːt͡ʃɛk/ˈspouʃc ˈnɛfʊŋgujɛ]
It is broken. Could you repair it for me?	Je to rozbité. Můžete mi to opravit? [ˈjɛ tɔ ˈrozbɪtɛː ˈmuːʒɛtɛ mɪ tɔ ˈⁿɔpraʊɪt]

Word List: Electrical Goods and Photographic Supplies

adapter	adaptér [ˈⁿadaptɛːr]
aperture	clona [ˈt͡slɔna]
audio cassette	kazeta [ˈkazɛta]
battery	baterie [ˈbatɛrɪjɛ]
black and white film	černobílý film [ˈt͡ʃɛrnɔbiːlɪ ˈfɪlm]
calculator	kalkulačka [ˈkalkʊlat͡ʃka]
camcorder	videokamera [ˈʊɪdɛɔkamɛra]
cassette film	film v kazetě [ˈfɪlm ˈfkazɛcɛ]
cassette player	kazetový magnetofon [ˈkazɛtoʊɪ ˈmagnɛtɔfoːn], kazeťák [ˈkazɛcaːk]
CD/compact disk	CD [ˈt͡sɛː ˈdɛː/ˈkɔmpagdɪsk]
extension cord	prodlužovací šňůra [ˈprɔdluʒɔʊat͡sɪː ˈʃɲuːra], prodlužovačka [ˈprɔdluʒɔʊat͡ʃka]
film camera	filmová kamera [ˈfɪlmɔʊaː ˈkamɛra]
film speed	citlivost filmu [ˈt͡sɪtlɪʊɔst ˈfɪlmʊ]
flash	blesk [ˈblɛsk]
flashlight	baterka [ˈbatɛrka]
forwarding the film	posouvání filmu [ˈpɔsoʊʊaːɲɪ ˈfɪlmʊ]
hair dryer	fén [ˈfɛːn]
headphones	sluchátka *pl* [ˈslʊxaːtka]

lens	čočka [ˈtʃotʃka]
lightbulb	žárovka [ˈʒaːrofka]
light meter	expozimetr [ˈʔɛkspozimɛtr]
LP, record	gramofonová deska [ˈgramofonoʊa: ˈdɛska]
main source (electricity)	síťový zdroj [ˈsɪːcoʊiː zdrɔj]
objective	objektiv [ˈʔɔbjɛttɪːf]
passport photograph	fotografie na pas [ˈfotɔɡrafɪjɛ ˈnapas]
plug	zástrčka [ˈzaːstrtʃka]
self-timer	samospoušť [ˈsamɔspoʊʃc]
shutter	závěrka [ˈzaːʊjɛrka]
shutter release	spoušť [ˈspoʊʃc]
speaker	reproduktor [ˈrɛprɔduktor]
super-8 film	super osmička [ˈsupr̩ ˈosmɪtʃka]
telephoto lenses	teleobjektiv [ˈtɛlɛˌʔobjɛktɪ(ː)f]
tripod	stativ [ˈstatɪːf]
video (movie)	videofilm [ˈʊɪdɛɔˌfɪlm]
videomachine	video [ˈʊɪdɛɔ]
videotape	videokazeta [ˈʊɪdɛɔˌkazɛta]
viewfinder	hledáček [ˈɦlɛdaːtʃɛk]
walkman	walkman [ʊɔːkmɛn], přehravač [ˈpr̩ɛɦraʊatʃ]

At the Optician
U optika

Could you repair these glasses/this frame for me, please?	Můžete mi opravit tyhle brýle/tyhle obroučky? [ˈmuːʒɛtɛ mɪ ˈʔopraʊɪtˈɪɦlɛ ˈbrɪːlɛ/ˈtɪɦlɛ ˈʔobroʊtʃkɪ]
One of the lenses is broken.	Rozbilo se mi sklo u brýlí. [ˈrozbɪlo sɛ mɪ ˈsklo ʔubrɪːliː]
I am near-sighted/ far-sighted.	Jsem krátkozraký/-á/dalekozraký/-á. [ˈsɛm ˈkraːtkozrakɪ: (ˈkraːtkozraka:)/ ˈdalɛkozrakɪ:/-a:]
What is your eye prescription?	Kolik máte dioptrií? [ˈkolɪk ˈmaːtɛ ˈɟɪjoptrɪjiː]
on my right eye plus/ minus ..., on my left eye ...	na pravém oku plus/minus ..., na levém oku ... [ˈnapraʊɛːm ˈʔoku plus/mɪːnus ... ˈnalɛʊɛːm ˈʔoku]
When can I pick up the glasses?	Kdy si můžu pro brýle přijít? [ˈgdɪ sɪ ˈmuːʒu ˈprobrɪːlɛ ˈpr̩ɪːt]

I need ...	Potřebuji ... [pɔtrɛbujɪ]
storing solution	roztok na uložení ['rɔstɔk 'na'ulɔʒɛɲi:]
cleaning solution	roztok na čištění ['rɔstɔk 'naʧɪʃcɛɲi:]
for hard/soft contact lenses.	na tvrdé/měkké kontaktní čočky. ['naturdɛ:/'mɲɛkɛ: 'kɔntakcɲi: ʧɔʧkɪ]
I am looking for sunglasses/binoculars.	Sháním sluneční brýle/dalekohled. ['sxa:ɲi:m 'slunɛʧɲi: 'bri:lɛ/ 'dalɛkɔɦlɛt]

At the Watchmaker/Jeweler
U hodináře/U klenotníka

My watch does not work. Could you take a look at it?	Nejdou mi hodinky. Můžete se na to podívat? ['nɛjdɔu mɪ 'ɦɔɟɪŋkɪ mu:ʒɛtɛ sɛ 'natɔ 'pɔɟi:vat]
I would like a nice souvenir/a nice gift.	Chtěl/-a bych nějakou pěknou upomínku/nějaký hezký dárek. ['xcɛl/-a bɪx 'ɲɛjakɔu 'pjɛknɔu "upɔmi:ŋku/'ɲɛjakɪ: 'ɦɛskɪ: 'da:rɛk]
How much do you plan to spend?	Kolik chcete vydat? ['kɔlɪk 'xʦɛtɛ 'vɪdat]
Something not too expensive.	Něco ne moc drahého. ['ɲɛʦɔ nɛ 'mɔʣ 'draɦɛ:ɦɔ]

Word List: Watchmaker/Jeweler

bead	korál ['kɔra:l]
bracelet	náramek ['na:ramɛk]
brooch	brož [brɔʃ]
chain, necklace	řetízek ['rɛci:zɛk], náhrdelník ['na:ɦrdɛlɲi:k]
costume jewelry	bižuterie ['bɪʒutɛ:rɪjɛ]
crystal	křišťál ['krɪʃca:l]
earrings	náušnice ['na:'uʃɲɪʦɛ]
gold	zlato ['zlatɔ]
gold-plated	pozlacený ['pɔzlaʦɛnɪ:]
jewel	šperk [ʃpɛrk]
pearl	perla ['pɛrla]

pendant	**přívěsek** ['prɪːʊjɛsɛk]
ring	**prsten** ['prstɛn]
silver	**stříbro** ['stɽɪːbrɔ]
silver-plated	**postříbřený** ['pɔstɽɪːbrɛnɪː]
true, real	**pravý** ['praʊɪː]
turquoise	**tyrkys** ['tɪrkɪs]
wristwatch	**náramkové hodinky** ['naːramkɔʊɛ: 'ɦɔɟɪŋkɪ]

At the Hairdresser/Barber

U holiče/U kadeřníka

Could I make an appointment for tomorrow?	Můžu se objednat na zítřek? ['muːʒʊ sɛ ʔɔbjɛdnat 'naziːtrɛk]
What sort of haircut would you like?	Jaký účes byste si přál/-a? ['jakɪː ʔuːtʃɛz 'bɪstɛ sɪ 'praːl/-a]
Please wash and blow-dry my hair.	Prosím umýt vlasy a foukanou/vodovou. ['prɔsɪːm ʔumɪːt 'ʊlasɪ ʔa 'fɔʊkanɔʊ/'ʊɔdɔʊɔʊ]
I would like a haircut with/without washing my hair.	Prosím ostříhat s mytím/bez mytí. ['prɔsɪːm ʔɔstɽɪːɦat 'smɪtiːm/'bɛzmɪcɪ:]
I would like. ... a perm. to have my hair dyed. to have my hair highlighted.	Chtěl/-a bych ... ['xcɛl/-a bɪx] trvalou. ['trʊalɔʊ] obarvit/přeliv. [ʔɔbarʊɪt/'prɛlɪf] obarvit pramínky. [ʔɔbarʊɪt 'pramiːŋkɪ]
Please leave it long.	Nechte to prosím dlouhé. ['nɛxtɛ tɔ 'prɔsɪːm 'dlɔʊɦɛː]
Only the ends.	Jenom konečky. ['jɛnɔm 'kɔnɛtʃkɪ]
Please not too short/very short/a bit shorter.	Prosím ne moc krátké/úplně nakrátko/trochu kratší. ['prɔsɪːm 'nɛ mɔts 'kraːtkɛ:/'ʔuːplɲɛ 'nakraːtkɔ/'trɔxu 'kratʃɪ:]
Please cut it a bit shorter in the back/front/top/on the sides.	Prosím (ještě) trochu zkrátit vzadu/vepředu/ nahoře/po stranách. ['prɔsɪːm ((j)ɛʃcɛ) 'trɔxu 'skraːcɪt 'ʊzadu/'ʊɛprɛdu/'naɦɔrɛ/'pɔstrana:x]

Please cut below my ears/above my ears.	Prosím ne přes uši/prosím přes uši ['pɾɛs'ʊʃɪ]
Part my hair on the left/right, please.	Pěšinku nalevo/napravo, prosím. ['pjɛʃɪŋkʊ 'nalɛvɔ/napravɔ prɔsɪːm]
A razor cut, please.	Ostříhat břitvou. [ʔɔstrɪːɦad 'bɾɪtvɔʊ̯]
Please tease it a little bit.	Prosím trochu natupírovat. [prɔsɪːm 'trɔxʊ 'natupɪːrɔvat]
No hair spray/Only a bit of hair spray, please.	Prosím bez laku/jen málo laku. ['prɔsɪːm 'bɛz lakʊ/jɛn 'maːlɔ 'lakʊ]
A shave, please.	Prosím oholit ['prɔsɪːm ʔɔɦɔlɪt]
Please trim my beard.	Přistřihněte mi prosím vousy. ['pɾɪstɾɪɦɲɛtɛ mɪ 'prɔsɪːm 'vɔʊ̯sɪ]
Could you please give me a manicure?	Můžete mi udělat manikúru? ['muːʒɛtɛ mɪ ʔʊɟɛlat 'manɪkuːrʊ]
Thank you very much. This is good.	Děkuji pěkně. Takhle je to dobré. ['ɟɛkʊjɪ 'pjɛkɲɛ 'taɡɦlɛ jɛ tɔ 'dɔbɾɛː]

Word List: Hairdresser/Barber

bangs	ofina [ʔɔfɪna]
beard	vousy ['vɔʊ̯sɪ] *or* [ˈfɔʊsɪ]
blond	blond ['blɔnt]
to blow-dry	(vy)fénovat [(ʊɪ)ˈfɛːnɔvat]
to blow-dry one's hair	udělat foukanou [ʔʊɟɛlat 'fɔʊ̯kanɔʊ̯]
chignon	příčesek ['pɾɪːtʃɛsɛk]
to comb	česat [ˈtʃɛsat]
curlers	natáčky *pl* ['nataːtʃkɪ]
curls	lokny ['lɔknɪ]
to cut shorter, to shorten	přistřihnout ['pɾɪstɾɪɦnɔʊ̯t]
dandruff	lupy ['lʊpɪ]
to do one's hair	učesat [ʔʊtʃɛsat]
dry hair	suché vlasy ['sʊxɛː 'vlasɪ]
to dye	barvit ['barʊɪt]
eyebrows	obočí [ʔɔbɔtʃɪː]
falling out, thinning hair	vypadávání/řídnutí vlasů ['vɪpadaːvaːɲɪː/ˈɾɪːdnʊcɪ 'vlasuː]
hair	vlas(y) *pl* ['vlas(ɪ)]
hair regeneration	regenerace [ˈrɛɡɛnɛratsɛ]
haircut	ostříhání vlasů [ʔɔstɾɪːɦaːɲɪː 'vlasuː], sestřih ['sɛstɾɪx]

hairdo	úče s [ˈuʧɛs]
hair spray	lak na vlasy [ˈlak ˈnavlasɪ]
have a shave	dát se oholit [ˈdaːt sɛ ˈɔɦɔlɪt]
to highlight	udělat přeliv [ˈuɟɛlat ˈpr̝ɛlɪf]
moustache	knír(ek) [ˈkɲiːr(ɛk)]
oily hair	mastné vlasy [ˈmastnɛː ˈvlasɪ]
part	pěšinka [ˈpjɛʃɪŋka]
perm	trvalá [ˈtrvalaː]
pluck the eyebrows	vytrhat obočí [ˈvɪtr̩ɦat ˈɔboʧiː]
to set hair with curlers	vodová [ˈvɔdɔvaː]
shampoo	šampón [ˈʃampɔːn]
sideburns	kotlety [ˈkɔtlɛtɪ]
undercut	tupý střih [ˈtupɪ ˈstr̝ɪx]
wig	paruka [ˈparuka]

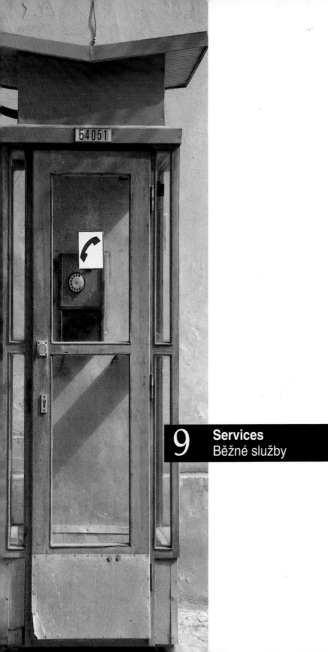

54051

9 **Services**
Běžné služby

Money Matters
Finanční záležitosti

One crown (koruna) equals 100 hallers (halíř), and coins of 10, 20, and 50 hallers, as well as 1, 2, 5, 10, 20, and 50 crowns (Kč) exist. There are banknotes equal to 10, 20, 50, 100, 200, 500, 1000, 2000, and 5000 crowns.

Where is the bank/the money exchange, please?	Kde je tady banka/směnárna prosím? [ˈgdɛ jɛ ˈtadɪ ˈbaŋka/ˈsmɲɛnaːrna ˈprɔsɪːm]
What time does the bank open/close?	V kolik hodin v bance otvírají/zavírají? [ˈfkɔlɪg ˈɦɔɪn ˈʊbantsɛ ᵖɔtʊɪːraji:/ˈzaʊɪːraji:]
I would like to exchange … dollars for Czech crowns, please.	Chtěl/-a bych si vyměnit … dolarů na koruny. [ˈxcɛl/-a bɪxsɪ ˈʊɪmɲɛɲɪt … ˈdɔlaruː ˈnakɔrʊnɪ]
What is the exchange rate today?	Jaký je dnes kurs? [ˈjakɪː jɛ ˈdnɛs ˈkʊrs]
How many crowns will I get for $100?	Kolik korun dostanu za 100 dolarů? [ˈkɔlɪˈkˑɔrʊn dɔstanʊ ˈzastɔ ˈdɔlaruː]
I would like to cash this traveler's check/this Eurocheck/this money order.	Chtěl/-a bych si dát proplatit tenhle cestovní šek/tenhle eurošek/tuhle (poštovní) poukázku. [xcɛl/-a bɪx sɪ ˈdaːt ˈprɔplacɪˈtˑɛnɦlɛ tsɛstɔʊɲiː ʃɛk/ˈtɛnɦlɛˈɛʊrɔʃɛk/ˈtʊɦlɛ ˈpɔˉʊkaːskʊ]
What is the largest check I can cash?	Na jakou nejvyšší částku můžu vystavit šek? [ˈnajakɔʊ ˈnɛjʊɪʃiː ˈtʃaːskʊ ˈmʊːʒʊ ˈʊɪstaʊɪt ˈʃɛk]

Exchanging currency on the black market is not advisable. The difference in the exchange rate is rather small, anyway.

Please show me your check-cashing card.	Ukažte mi prosím vaši šekovou kartu. [ᵖʊkaʃtɛ mɪ ˈprɔsɪːm ˈʊaʃɪ ˈʃɛkɔʊɔˉʊ ˈkartʊ]
Please show me your passport/your I.D.	Můžete mi ukázat váš pas/průkaz, prosím? [ˈmʊːʒɛtɛ mɪ ᵖʊkaːzat ʊaːʃ ˈpas/ˈpruːkas ˈprɔsɪːm]

Would you please sign it right here?	Tady to laskavě podepište? ['tadɪ tɔ 'laskaʊjɛ 'pɔdɛpɪʃtɛ]
I would like to withdraw ... dollars from my checking account/my savings account.	Chtěl/-a bych si vyzvednout ze svého konta/své poštovní spořitelní knížky ... dolarů. ['xcɛl/-a bɪxsɪ'ʊɪzʊɛdnɔʊt 'zɛsʊɛ:ɦɔ 'kɔnta/'zɛsʊɛ: 'pɔʃtɔʊɲi: 'spɔɾɪtɛlɲi: 'kɲi:ʃkɪ ... 'dɔlaru:]
Has any money been sent to me? Have I received any money?	Přišly mi nějaké peníze? ['pr̝ɪʃlɪ mɪ 'ɲɛjakɛ: 'pɛɲi:zɛ]
Please go to the cashier.	Jděte prosím k pokladně. ['jɟɛtɛ 'prɔsi:m 'kpɔklaɟɲɛ]
How do you want the money?	Jak ty peníze chcete? ['jak tɪ 'pɛɲi:zɛ 'xt͡sɛtɛ]
Please only banknotes.	Prosím jenom bankovky. ['prɔsi:m 'jɛnɔm 'baŋkɔfkɪ]
Also some change.	Taky nějaké drobné. ['takɪ 'ɲɛjakɛ: 'drɔbnɛ:]
Please give me four one-hundred crown notes/five-hundred crown notes/one thousand-crown notes and the rest in change.	Dejte mi prosím čtyři stokoruny/pětistovky/tisícikoruny a zbytek v drobných. ['dɛjtɛ mɪ 'prɔsi:m 't͡ʃtɪr̝ɪ 'stɔkɔruɲɪ/'pjɛcɪstɔfkɪ/'cɪsi:t͡sɔfkɪ 'a 'zbɪtɛk 'ʊdrɔbni:x]
I have lost my traveler's checks. What do I have to do?	Ztratil/-a jsem své cestovní šeky. Co musím udělat? ['stracɪl/-a sɛm sʊɛ: 't͡sɛstɔʊɲi: 'ʃɛkɪ. t͡sɔ 'musi:m 'ʊɟɛlat]

The banks are not always open during all regular business hours. You can, however, exchange money at almost any time or day at the money exchange offices.

Word List: Money Matters

account	konto ['kɔntɔ]
amount	částka ['t͡ʃa:stka], obnos ['ʔɔbnɔs]
bank	banka ['baŋka]
bank account	bankovní konto ['baŋkɔʊɲi: 'kɔntɔ]
bank code number	bankovní kód ['baŋkɔʊɲi: 'kɔ:t]
bank fees	provize ['prɔʊɪzɛ]
bill	bankovka ['baŋkɔfka]

cash	hotově [ˈɦɔtɔujɛ]
cash amount	peníze v hotovosti [ˈpɛɲiːzɛ ˈʊɦɔtɔʊɔsci]
cash machine	peněžní automat [ˈpɛɲɛʒɲiː ˈʔau̯tɔmat]
change	drobné [ˈdrɔbnɛː]
check	šek [ʃɛk]
checkbook	šeková knížka [ˈʃɛkɔʊaː ˈkɲiːʃka]
checking card	šeková karta [ˈʃɛkɔʊaː ˈkarta]
checking fee	poplatek za šek [ˈpɔplatɛk ˈzaʃɛk]
coins	mince [ˈmɪnt͡sɛ]
counter	přepážka [ˈpr̝ɛpaːʃka]
credit card	kreditní karta [ˈkrɛɟɪcɲiː ˈkarta]
currency	měna [ˈmɲɛna]
to deposit in an account	vplatit na konto [ˈfplacɪt ˈna kɔntɔ]
dollars	(americké) dolary [(ˈɲɛmɛt͡skɛː) ˈdɔlarɪː]
Eurocheck	eurošek [ˈʔeu̯rɔʃɛk]
exchange	výměna peněz [ˈʊiːmɲɛna ˈpɛɲɛs]
exchange office	směnárna [ˈsmɲɛnaːrna]
exchange rate	(směnný) kurs [(smɲɛnɪː) kʊrs]
to exchange	vyměnit [ˈʊɪmɲɛɲɪt]
foreign currency	devizy [ˈdɛʊɪzɪ]
form	formulář [ˈfɔrmulaːr̝]
to have a check cashed	dát si proplatit šek [ˈdaːt sɪ ˈprɔplacɪt ʃɛk]
money	peníze [ˈpɛɲiːzɛ]
money order	peněžní poukázka [ˈpɛɲɛʒɲiː ˈpou̯kaːska]
money order (sent by mail)	poštovní poukázka [ˈpɔʃtɔʊɲiː ˈpou̯kaːska]
money order form	platební lístek [ˈplatɛbɲi ˈliːstɛk]
to pay	vyplatit [ˈʊɪplacɪt], (za)platit [ˈ(za) placɪt]
payment	platba [ˈpladba]
payment order	příkaz k platbě [ˈpr̝ɪːkas ˈkpladbjɛ]
PIN (personal identification number)	tajné číslo [ˈtajnɛː ˈt͡ʃiːslɔ]
post office savings bank	poštovní spořitelna [ˈpɔʃtɔʊɲiː ˈspɔr̝ɪtɛlna]
post office savings book	poštovní spořitelní knížka [ˈpɔʃtɔʊɲiː ˈspɔr̝ɪtɛlɲiː ˈkɲiːʃka]
rate	kurs [ˈkʊrs]
receipt	stvrzenka [ˈstʊrzɛŋka]
savings account	konto spoření [ˈkɔntɔ ˈspɔr̝ɛɲiː]
savings account book	spořitelní knížka [ˈspɔr̝ɪtɛlɲiː ˈkɲiːʃka]
savings bank	spořitelna [ˈspɔr̝ɪtɛlna]
to sign	podepsat [ˈpɔdɛpsat]

signature	podpis ['pɔtpɪs]
transfer	převod ['prɛvɔt]
traveler's check	cestovní šek [t͡sɛstɔuɲiː ʃɛk]
wire transfer	telegrafický převod ['tɛlɛgratɪ̌ski: 'pr̥ɛvɔt]
to withdraw	vyzvednout ['vɪzvɛdnoʊt]
to write a check	vystavit šek ['vɪstavɪt 'ʃɛk]

At the Post Office
Na poště

Where is the nearest mailbox?	Kde je tady nejbližší pošta/poštovní schránka? ['gdɛ jɛ tadɪ 'nɛjblɪ:ʃɪː 'pɔʃta/'pɔʃtɔuɲi: 'sxra:ŋka]
How much does it cost to send a letter/ a postcard ...	Kolik se dává na dopis/na lístek ... ['kɔlɪk sɛ 'da:va: 'nadɔpɪs/'nalɪ:stɛk]
to America?	do Ameriky? ['dɔɲɛmɛt͡ska]
to Canada?	do Kanady? ['dɔrakoʊuska]
to Mexico?	do Mexika? ['dɔʃʊɪːt͡sarska]
I would like three stamps for ... crowns, please.	Prosím tři známky po ... korunách. ['prɔsɪːm tr̥ɪ 'zna:mkɪ 'pɔ ...'kɔruna:x]

Please send this letter ...

Tenhle dopis prosím ...
['tɛnɦlɛ 'dɔpɪs 'prɔsiːm]

registered.
airmail.
express.

doporučeně. ['dɔpɔruʧɛɲɛ]
letecky. ['lɛtɛʦkɪ]
expres. ['ʔɛksprɛs]

How long does it take
for a letter to get to
America?

Za jak dlouho dojde dopis do
Ameriky? ['zajag 'dlɔuɦɔ 'dɔjdɛ 'dɔpɪs
'dɔɲɛmɛʦska]

I would like this series/
one stamp of each,
please.

Prosím tuhle sérii./Po jedné známce
prosím. ['prɔsiːm 'tuɦlɛ 'sɛːrɪjɪ/
'pɔjɛdnɛː 'znaːmʦɛ 'prɔsiːm]

Held Mail

Poste restante

Is there any mail for
me in the name ...?

Mám tady nějakou poštu na
jméno ...?
['maːm 'tadɪ 'ɲɛjakɔu 'pɔʃtu 'namɛːnɔ]

No, there is nothing
here.

Ne, nic tady není.
['nɛ 'ɲɪʦ 'tadɪ 'ɲɛɲiː]

Yes, there is something
here. Your I.D., please.

Ano, něco tady je. Váš průkaz,
prosím. ['ʔanɔ 'ɲɛʦɔ 'tadɪ jɛ 'vaːʃ
'pruːkas 'prɔsiːm]

Telegrams/Faxes

Telegramy/Telefax

I would like to send a
telegram.

Chtěl/-a bych podat telegram.
['xʦɛl/-a bɪx 'pɔdaˑt·ɛlɛgram]

Could you please help
me fill out the form?

Můžete mi prosím pomoct s
vyplňováním? ['muːʒɛtɛ mɪ 'prɔsiːm
'pɔmɔʦt 'sʊɪplɲɔvaˑɲiːm]

How much is it per
word?

Kolik stojí jedno slovo?
['kɔlɪk 'stɔjiː 'jɛdnɔ 'slɔvɔ]

The basic charge is ...
plus ... for each word.

Základní poplatek je ... plus ... za
každé slovo. ['zaːklaɟnɪ 'pɔplatɛk jɛ
... plus ... 'zakaʒdɛː 'slɔvɔ]

Will this telegram be
delivered today?

Dojde tenhle telegram ještě dnes?
['dɔjdɛ 'tɛnɦlɛ 'tɛlɛgram '(j)ɛʃʦɛ 'dnɛs]

Can I send a fax to ...?

Můžu od vás poslat telefax do ...?
['muːʒʊ 'ʔɔdvaːs 'pɔsla t·ɛlɛfaks 'dɔ]

Word List: Post Office   ► See also Money Matters

address	adresa [ˈʔadrɛsa]
addressee	adresát [ˈʔadrɛsaːt]
airmail	letecky [ˈlɛtɛt͡skɪ]
business hours	úřední hodiny [ˈʔuːrɛɲiː ˈɦɔɟɪnɪ]
cash on delivery (COD)	na dobírku [ˈnadɔbiːrkʊ]
collection	vybírání schránky [ˈvɪbiːraːɲiː ˈsxraːŋkɪ]
counter	přepážka [ˈprɛpaːʃka]
customs declaration	celní prohlášení [ˈt͡sɛlɲiː ˈprɔɦlaːʃɛɲiː]
declaration of value	udání hodnoty [ˈʔudaːɲiː ˈɦɔdnɔtɪ]
destination	místo určení [ˈmiːstɔ ˈʔurt͡ʃɛɲiː]
envelope	obálka [ˈʔɔbaːlka]
express letter	expres [ˈʔɛksprɛs]
fax	telefax [ˈtɛlɛfaks]
fee	poplatek [ˈpɔplatɛk]
to fill in	vyplnit [ˈvɪplɲɪt]
form	formulárš [ˈformulaːr]
form	formulář/blanket [ˈformulaːr/ˈblaŋkɛt]
to forward (to the addressee)	doslat (za adresátem) [ˈdɔslat (ˈzaʔadrɛsaːtɛm)]
letter	dopis [ˈdɔpɪs]
mail carrier, postman/ postwoman	listonoš/ka [ˈlɪstɔnɔʃ/ka]
mailbox	poštovní schránka [ˈpɔʃtɔʊɲiː ˈsxraːŋka]
main post office	hlavní pošta [ˈɦlaʊɲiː ˈpɔʃta]

The main post office in Prague 1, Jindřišská 14, is open days and evenings.

P.O. box	poste restante [ˈpɔstɛ ˈrɛstantɛ]
package (bigger)	balík [ˈbaliːk]
package (small)	balíček [ˈbaliːt͡ʃɛk]
package form	(balíková) průvodka [(ˈbaliːkɔʊaː) ˈpruːʊɔtka]
post office	pošta [ˈpɔʃta]
postage	poštovné [ˈpɔʃtɔʊnɛː]
postcard	korespondenční lístek [ˈkɔrɛspɔndɛnt͡ʃɲi ˈliːstɛk]
printed matter	tiskopis [ˈt͡sɪskɔpɪs]
proof of delivery	potvrzení příjmu [ˈpɔtʊrzɛɲi ˈprɪːjmʊ]
to put stamps on (a letter/package)	ofrankovat [ˈʔɔfraŋkɔʊat]
registered letter	doporučený dopis [ˈdɔpɔrut͡ʃɛɲiː ˈdɔpɪs]
to send, to mail	poslat [ˈpɔslat], odeslat [ˈʔɔdɛslat]

sender	odesílatel [ˈɔdɛsɪˈlatɛl]
stamp	známka [ˈznaːmka]
stamp machine	automat s poštovními známkami
	[ˈaʊtɔmat ˈspɔʃtɔʊɲiːmɪ ˈznaːmkamɪ]
to submit for mailing	podat [ˈpɔdat]
telegram	telegram [ˈtɛlɛgram]
telex	telex [ˈtɛlɛks], dálnopis [ˈdaːlnɔpɪs]
weight	váha [ˈʋaːɦa]
zip code	poštovní směrovací číslo
	[ˈpɔʃtɔʊɲiː ˈsmɲɛrɔʊaʦiː ˈʧɪːslɔ]

Telephoning
Telefonování

Could I use your telephone, please?	Smím si od vás zavolat?
	[smiːm sɪ ˈɔdʋaːzˈzaʋɔlat]
Where is the nearest phone booth?	Kde je tu nejbližší telefonní budka?
	[ˈgdɛ jɛ tʊ ˈnɛjblɪʃɪ ˈtɛlɛfɔɲi ˈbʊtka]

There are two kinds of street phones: one uses coins, and you must deposit 1, 2, 5, 10, or 20 Czech crown coins; the other type of telephone takes cards. The cards can be bought

in newspaper and tobacco stands, or at the post office. The card phones are increasingly more common. The cheapest phone card costs 100 Czech crowns (a little over 3 dollars). If you use the coin phone, be prepared with a lot of coins, since the pauses between deposits are very short. To dial directly to the United States: 001 + area code and number.

Could you give me change for the telephone?	Můžete mi prosím rozměnit na telefon? [ˈmuːʒɛtɛ mɪ ˈprɔsɪːm ˈrɔzmɲɛɲɪt ˈnatɛlɛfɔn]
Do you have the telephone book?	Máte telefonní seznam? [ˈmaːtɛ tɛlɛfɔɲiː ˈsɛznam]
What is the area code for …?	Jaká je volačka pro …? [ˈjakaː jɛ ˈʋɔlatʃka ˈprɔ]
Is this information? I need the number for …	Jsou to informace? Potřebuji číslo … [ˈsɔu tɔ ˈʔɪnfɔrmatsɛ ˈpɔtr̝ɛbujɪ ˈtʃɪːslɔ]
I would like to make a long-distance call to …	Prosím meziměstský hovor … [ˈprɔsɪːm ˈmɛzɪmɲɛstskiː ˈɦɔʋɔr]
I would like to make a collect call.	Chtěl/-a bych hovor na účet volaného. [ˈxtɛl/-a bɪɦ ˈʔɔʋɔr ˈnaˈʔuːtʃɛt ˈʋɔlanɛɦɔ]
Could you please connect me with …?	Můžete mě prosím spojit s …? [ˈmuːʒɛtɛ mɲɛ ˈprɔsɪːm ˈspɔjɪt ˈs]
Go to booth number …	Jděte do kabiny číslo … [ˈjɟɛtɛ ˈdɔkabɪnɪ ˈtʃɪːslɔ]
The line is busy.	Linka je obsazená. [ˈlɪnka jɛ ˈʔɔpsazɛnaː]
No one is picking it up.	Nikdo se nehlásí. [ˈɲɪgdɔ sɛ ˈnɛɦlaːsɪː]
Please do not hang up.	Nezavěšujte prosím. [ˈnɛzaʋjɛʃujtɛ ˈprɔsɪːm]
This is … (speaking).	U telefonu …/Tady je … [ˈʔutɛlɛfɔnu …/ˈtadɪ jɛ]
Hello, who is this?	Haló, s kým mluvím, prosím? [ˈɦaloː ˈskɪːm ˈmluʋɪːm ˈprɔsɪːm]
Could I speak with Mr./Mrs./Miss …?	Můžu mluvit s panem/s paní/se slečnou …? [ˈmuːʒu ˈmluʋɪt ˈspanɛm/ˈspaɲiː/ˈsɛslɛtʃɲɔũ]
Speaking.	U telefonu. [ˈʔutɛlɛfɔnu]
I will connect you.	Přepojím. [ˈpr̝ɛpɔjɪːm]
I am sorry, but he/she is not here/home.	Lituji, ale není bohužel tady/doma. [ˈlɪtujɪ ˈʔalɛ nɛɲiː ˈbɔɦuʒɛl ˈtadɪ/dɔma]
When will he/she be back?	Kdy se vrátí? [ˈgdɪ sɛ ˈʋraːcɪː]

Can he/she call you back?	Může vám zavolat? ['muːʒɛ vaːm 'zavolat]
Yes, my number is …	Ano, moje číslo je … [ʔano 'moje 'tʃɪːslo jɛ]
Would you like to leave a message?	Mám něco vyřídit?/Chcete něco vzkázat? ['maːm 'ɲɛtso 'vɪrɪːjɪt/ 'xtsɛtɛ 'ɲɛtso 'uskaːzat]
Would you please tell him/her that I called?	Řekl/-a byste mu/jí, prosím, že jsem volal/-a? [rɛk/-la bɪstɛ mu/jiː 'prosɪm ʒɛ sɛm 'volal/-a]
Could you please give him/her a message?	Mohl/-a byste mu/jí něco vyřídit? ['moɦl/-la bɪstɛ mu/jiː 'ɲɛtso 'vɪrɪːjɪt]
I will call back later.	Zavolám později ještě jednou. ['zavolaːm 'pozdʲɛjɪ '(j)ɛʃtɛ 'jɛdnoʊ]
Wrong number.	To je omyl. ['toje ʔomɪl]

Word List: Telephoning

to answer the phone	zvednout sluchátko ['zvɛdnoʊt 'sluxaːtko]
answering machine	(telefonní) záznamník [('tɛlɛfoɲiː) 'zaːznamɲiːk]
area code	předvolba/volačka ['prɛdvolba/'volatʃka]
business directory	seznam organizací ['sɛznam ʔorganɪzatsiː]
busy	obsazeno [ʔopsazɛno]
busy signal	signál „obsazeno" ['sɪgnaːl ʔopsazɛno]
to call, to telephone	(za)volat ['(za)volat], (za)telefonovat ['(za) tɛlɛfonovat]
caller number	číslo účastníka ['tʃɪːslo ʔuːtʃascɲiːka]
collect call	hovor na účet volaného ['ɦovor 'naʔuːtʃɛt 'volanɛːɦo]
connection	spojení ['spojɛɲiː]
conversation	hovor ['ɦovor]
customer service for repairs	ohlašovna poruch [ʔoɦlaʃovna 'porux]
dial direct	přímá linka ['prɪːmaː lɪŋka]
to dial	vytáčet ['vɪtaːtʃɛt]
dial tone	volací signál ['volatsiː 'sɪgnaːl]

information	informace [ˈɪnformaˈtsɛ]
international call	mezistátní hovor [ˈmɛzɪstaːtɲiː ˈɦovor]
local call	místní hovor [ˈmiːstɲiː ˈɦovor]
long-distance call	meziměstský hovor [ˈmɛzɪmɲɛstskiː ˈɦovor]
money (coin) machine	automat na drobné [ˈaʊtomat ˈnadrobnɛː]
rate	poplatek [ˈpoplatɛk], sazba [ˈsazba]
receiver	sluchátko [ˈsluxaːtko]
set-time call	hovor na určitou hodinu [ˈɦovor ˈnaˈurtʃɪtoʊ ˈɦoɟɪnu]
switchboard	ústředna [ˈuːstrɛdna]
telephone	telefon [ˈtɛlɛfoːn]
telephone book	telefonní seznam [ˈtɛlɛfoɲiː ˈseznam]
telephone booth	telefonní automat na mince [ˈtɛlɛfoɲiː ˈaʊtomat ˈnamɪntsɛ], telefonní budka [ˈtɛlɛfoɲiː butka]
telephone call	telefonát [ˈtɛlɛfonaːt], (telefonický) hovor [(ˈtɛlɛfonɪtskiː) ɦovor]
telephone card	telefonní karta [ˈtɛlɛfoɲiː ˈkarta]
telephone number	telefonní číslo [ˈtɛlɛfoɲiː ˈtʃɪːslo]
telephone rate	tarifní jednotka [ˈtarɪfɲiː jɛdnotka]
telephone switchboard	telefonní ústředna [ˈtɛlɛfoɲiː ˈuːstrɛdna]
yellow pages	zlaté stránky [zlatɛː ˈstraːŋkɪ]

At the Police Station

Na policii

▶ See also Chapter 3, A Traffic Accident

Where is the nearest police station, please?	Kde je tady nejblíž policie? [ˈgdɛ jɛ ˈtadɪ ˈnɛjblɪːʃ ˈpolɪtsɪjɛ]
I would like to report a theft/a loss/an accident.	Chtěl/-a bych ohlásit krádež/ztrátu/nehodu. [ˈxtsɛl/-a bɪx ˈoɦlaːsɪt ˈkraːdɛʃ/ˈstraːtu/ˈnɛɦodu]
They have stolen ... from me.	Ukradli mi ... [ˈukradlɪ mɪ]
my purse.	kabelku. [ˈkabɛlku]
my money purse/my wallet.	náprsní tašku/peněženku. [ˈnaːprsɲiː ˈtaʃku/ˈpɛɲɛʒɛŋku]

my camera.	fotoaparát. [ˈfɔtɔˌʔaparaːt]
my car/my bicycle.	auto/kolo. [ˈʔaʊtɔ/ˈkɔlɔ]
Someone broke into my car.	Někdo se mi vloupal do auta. [ˈɲɛgdɔ sɛ mɪ ˈvlɔʊpal ˈdɔˈʔaʊta]
They stole … from my car.	Ukradli mi z auta … [ˈʔukradlɪ mɪ ˈsˈʔaʊta]
I lost …	Ztratil/-a jsem … [ˈstracɪl/-a sɛm]

The address of the police in Prague (lost and found documents) is Praha 3, Olšanská.

My son/My daughter has been missing since …	Můj syn/Má dcera je od … nezvěstný/-á. [ˈmuːj ˈsɪn/ˈma ˈʦɛra jɛ ˈʔɔt … ˈnɛzvjɛstnɪ/-aː]
This person is bothering me.	Tenhle člověk mě obtěžuje. [ˈtɛnɦlɛ ˈʧlɔʊjɛk mɲɛ ˈʔɔpcɛʒujɛ]
Please, could you help me?	Prosím vás, můžete mi pomoct? [ˈprɔsiːm vaːs ˈmuːʒɛtɛ mɪ ˈpɔmɔʦt]
Help!	Pomoc! [ˈpɔmɔʦ]
When exactly did it happen?	Kdy se to přesně stalo? [ˈgdɪ sɛ tɔ pɾɛsɲɛ ˈstalɔ]
We will investigate it.	My to prošetříme. [ˈmɪ tɔ ˈprɔʃɛtɾiːmɛ]

I have nothing to do with this.	Já s tím nemám nic společného. [ˈjaː sciːm ˈnɛmaːm ɲɪʦ ˈspɔlɛʧnɛɦɔ]
Your name and address, please.	Prosím vaše jméno a adresu. [ˈprɔsiːm ˈvaʃɛ ˈmɛːnɔ ˈʔa ˈʔadrɛsʊ]
Please get in touch with the American consulate.	Obraťte se prosím na americký konzulát. [ˈʔɔbracɛ sɛ ˈprɔsiːm ˈna ˈʔamɛriːtskɪ ˈkɔnzulaːt]

Word List: Police

arraignment	vyšetřovací vazba ['ʋɪʃɛtr̩ouaˑtsɪː 'ʋazba]
to arrest	zatknout ['zatknoʊt]
assault, attack	přepadení ['prɛpadɛɲiˑ]
attorney	advokát/-ka [ˈˀadʋɔka:t/ka]
to beat up	zbít [zbɪːt], zmlátit ['zmlaːcɪt]
to bother, to assail	obtěžovat [ˈˀɔpcɛʒɔʋat]
to break into	vloupat se ['ʋloʊpat sɛ]
car keys	klíče od auta ['klɪːtʃɛ ˀɔtˀaʊta]
car radio	autorádio [ˈˀaʊtɔˌraːɟɪo]
check	šek [ʃɛk]
check cashing card	šeková karta ['ʃɛkɔʋaˑ 'karta]
to confiscate	zabavit ['zabaʋɪt]
court	soud [soʊt]
crime	zločin ['zlɔtʃɪn]
domestic I.D.	občanský průkaz [ˈˀɔptʃanskɪː 'pruːkas]
driver's license	řidičský průkaz ['rɪɟɪtʃskɪː 'pruːkas]
drugs	omamný jed [ˈˀɔmamnɪː jɛt], droga ['drɔga]
guilt	vina ['ʋɪna]
jail, prison	vězení ['ʋjɛzɛɲiˑ]
judge	soudce/soudkyně ['soʊtsɛ/'soʊtkɪɲɛ]
key	klíč [klɪːtʃ]
to lose	ztratit ['stracɪt]
money	peníze ['pɛɲɪzɛ]
money and document purse	náprsní taška ['naːprsɲi 'taʃka]
passport	(cestovní) pas [(ˈtsɛstoʊɲiˑ) 'pas]
personal documents	doklady ['dɔkladɪ], papíry ['papiːrɪ]
pickpocket	kapesní zloděj ['kapɛsɲiˑ 'zlɔɟɛj], kapsář ['kapsaːr]
police	policie ['pɔlɪtsɪjɛ]
police car	policejní vůz ['pɔlɪtsɛjniˑ 'ʋuːs]
policeman/ policewoman	policista/policistka ['pɔlɪtsɪsta/'pɔlɪtsɪstka]
rape	znásilnění ['znaːsɪlɲɛɲiˑ]
to report	ohlásit [ˈˀɔɦlaːsɪt]
smuggling	pašování ['paʃoʋaːɲiˑ]
theft	krádež ['kraːdɛʃ]
thief	zloděj ['zlɔɟɛj]
wallet	peněženka ['pɛɲɛʒɛŋka]

Lost and Found
Ztráty a nálezy

Where is the lost and found?

Kde jsou tady ztráty a nálezy?
['gdɛ soʊ̯ 'tadɪ 'straːtɪ ʔa 'naːlɛzɪ]

I have lost …

Ztratil/-a jsem … ['stracɪl/-a sɛm]

I left my purse on the train.

Zapomněl/-a jsem ve vlaku kabelku.
['stracɪl/-a sɛm]

Please let me know if someone brings it back.

Dejte mi prosím vědět, kdyby ji někdo odevzal/našel. ['dɛjtɛ mɪ 'prɔsiːm 'vjɛɟɛt 'gdɪbɪ ji: 'ɲɛgdɔ ʷɔdɛʊzdal/'naʃɛl]

Here is my hotel/home address.

Tady je moje adresa do hotelu/domů.
['tadɪ jɛ mɔjɛ ʷadrɛsa 'dɔɦɔtɛlʊ/'dɔmʊː]

10 Health
Zdraví

At the Pharmacy

V lékárně

Where is the nearest pharmacy (with all-night service)?	Kde je tady nejbližší lékárna (s noční službou)? ['gdɛ jɛ 'tadɪ 'nɛjblɪːʃɪ 'lɛːkaːrna ('snɔtʃɲi: 'sluʒbɔʊ̯)]
Could you please give me something for …	Dejte mi prosím něco proti … ['dɛjtɛ mɪ 'prɔsɪːm ɲɛt͡sɔ 'prɔcɪ]
This is by prescription only.	To je jenom na předpis. ['tɔ jɛ 'jɛnɔm 'napr̝ɛtpɪs]
Can I wait for it?	Můžu si na to počkat? ['muːʒʊ sɪ 'natɔ 'pɔt͡ʃkat]
When can I pick it up?	Kdy si pro to můžu přijít? ['gdɪ sɪ 'prɔtɔ 'muːʒʊ pr̝ɪːt]

Word List: Pharmacy

▶ See also Word List: Doctor/Dentist/Hospital

after meals	po jídle ['pɔjiːdlɛ]
antibiotics	antibiotikum [ˠantɪˌbɪjɔtɪkum]
antidote, antitoxin	protijed ['prɔcɪjɛt]
aspirin	*(American ~)* aspirin [ˠaspɪriːn], *(Czech ~)* acylpirin [ˠat͡sɪlpɪriːn]
Band-Aid	náplast ['naːplast]
bandage	obinadlo [ˠɔbɪnadlɔ], fáč [faˑt͡ʃ]
before meals	před jídlem ['pr̝ɛdjiːdlɛm]
blood circulation medicine	prostředek na krevní oběh [prɔstr̝ɛdɛk 'nakrɛʊ̯ɲiː ˠɔbjɛx]
chamomile tea	heřmánkový čaj 'ɦɛr̝maːŋkɔʊ̯ː t͡ʃaj]
condom	prezervativ ['prɛzɛrʊatɪːf]
contraception pill	antikoncepční pilulka [ˠantɪkɔnt͡sɛptʃɲiː 'pɪlulka]
cotton wool	vata ['ʊata]
cough syrup	sirup proti kašli ['sɪruˈp·rɔcɪ 'kaʃlɪ]
disinfectant	dezinfekce ['dɛzɪnfɛkt͡sɛ]
drops	kapky ['kapkɪ]
ear drops	ušní kapky [ˠuʃɲiː 'kapkɪ]
elastic bandage	pružné obinadlo ['pruʒnɛːˠɔbɪnadlɔ]
externally	zevně ['zɛʊɲɛ]
eyedrops	oční kapky [ˠɔt͡ʃɲiː 'kapkɪ]
glucose	hroznový cukr ['ɦrɔznɔʊ̯ː t͡sukr]

headache medicine	prášky proti bolení hlavy
	['praːʃkɪ 'prɔcɪ 'bɔlɛɲiː 'ɦlavɪ]
insect repellent	přípravek proti hmyzu, repelent
	['prɪːpravɛk 'prɔcɪ 'ɦmɪzu 'rɛpɛlɛnt]
insulin	inzulín [ˀɪnzulɪːn]
internally	vnitřně/k vnitřnímu užívání
	['ʊɲɪtr̝ɲɛ/'kʊɲɪtr̝ɲiːmu
	ˀʊʒɪːʋaːɲiː]
iodine (tincture)	jód/(jódová tinktura)
	['jɔːt/('jɔdɔʋaː 'tɪŋktʊːra)]
laxative	projímadlo ['prɔjiːmadlɔ]
to let dissolve in one's mouth	nechat rozpustit v ústech
	['nɛxat 'rɔspʊscɪt 'fˀuːstɛx]
medicine (for)	lék (na) [lɛːk (na)],
	prostředek (proti...)
	['prɔstr̝ɛdɛk ('prɔcɪ)]
medicine, medication	lék ['lɛːk]
mosquito bite	píchnutí od komára
	['pɪːxnʊcɪ ˀɔtkɔmaːra]
mouthwash	kloktadlo ['klɔktadlɔ]
ointment	mast [mast]
ointment for burns	mast na popáleniny
	['mast 'napɔpaːlɛɲɪnɪ]
on an empty stomach	na lačný žaludek
	['nalaʧnɪː 'ʒalʊdɛk]
painkiller	prášky proti bolestem
	['praːʃkɪ 'prɔcɪ 'bɔlɛstɛm]
powder	pudr ['pʊdr̩]
prescription	recept ['rɛʦɛpt]
sedative	uklidňující prostředek
	[ˀʊklɪdɲujiːʦɪː 'prɔstr̝ɛdɛk]
side effects	vedlejší účinky ['ʋɛdlɛjʃiːˀuːʧɪŋkɪ]
sleeping pills	prášky na spaní ['praːʃkɪ 'naspaɲiː]
sore throat medicine	prášky proti bolení v krku
	['praːʃkɪ 'prɔcɪ 'bɔlɛɲiː 'fkr̩kʊ]
stomach medicine	žaludeční lék ['ʒalʊdɛʧɲiː 'lɛːk]
sunburn	spálení od sluníčka
	[spaːlɛɲiː ˀɔtslʊɲiːʧka]
suppository	čípek ['ʧɪːpɛk]
tablet, pill	tableta ['tablɛta], prášek ['praːʃɛk]
to take (medicine)	brát [braːt], užívat [ˀuʒɪːʋat]
thermometer	teploměr ['tɛplɔmɲɛr]
to take (medicine)	brát [braːt], užívat [ˀuʒɪːʋat]

At the Doctor

U lékaře

Could you recommend a good ...?	Můžete mi doporučit nějakého dobrého ...? ['muːʒɛtɛ mɪ 'dɔpɔrutʃɪt 'ɲɛjakɛːɦɔ 'dɔbrɛːɦɔ]
dentist	zubního lékaře ['zubɲiːɦɔ 'lɛːkaɾɛ], zubaře ['zubaɾɛ]
dermatologist	kožního lékaře ['kɔʒɲiːɦɔ 'lɛːkaɾɛ]
doctor	lékaře ['lɛːkaɾɛ]
ear, nose, and throat doctor	krčního, nosního, ušního lékaře ['krtʃɲiːɦɔ 'nɔsɲiːɦɔ 'ʔuʃɲiːɦɔ 'lɛːkaɾɛ]
eye doctor	očního lékaře ['ʔɔtʃɲiːɦɔ 'lɛːkaɾɛ]
general practitioner	praktického lékaře ['praktɪtskɛːɦɔ 'lɛːkaɾɛ]
gynecologist	gynekologa ['gɪnɛkɔlɔga]
healer	léčitele ['lɛːtʃɪtɛlɛ]
internist	internistu ['ʔɪntɛrnɪstu]
neurologist	neurologa ['nɛʊrɔlɔga]
pediatrician	dětského lékaře ['ɟɛtskɛːɦɔ 'lɛːkaɾɛ]
urologist	urologa ['ʔurɔlɔga]
Where is his/her office?	Kde má ordinaci? ['gdɛ maː 'ʔɔrdɪnatsɪ]
When are his/her office hours?	Kdy má ordinační hodiny?/Kdy ordinuje? ['gdɪ maː 'ʔɔrɟɪnatʃɲiː 'ɦɔɟɪnɪ/gdɪ 'ʔɔrɟɪnujɛ]
What are your problems? What is wrong with you?	Jaké máte potíže? ['jakɛː 'maːtɛ 'pɔtiːʒɛ]
I do not feel well.	Není mi dobře. ['nɛɲɪ mɪ 'dɔbɾɛ]
I have a temperature.	Mám horečku. ['maːm 'ɦɔrɛtʃku]
I cannot sleep.	Nemůžu spát. ['nɛmuːʒu 'spaːt]
I often feel nauseous./ I am often dizzy.	Bývá mi často nevolno./ Mívám závratě. ['biːʋa mɪ 'tʃastɔ 'nɛʋɔlnɔ/'miːʋaːm 'zaːʋratɛ]
I fainted.	Omdlel/-a jsem. ['ʔɔmdlɛl/-a sɛm]
I have a bad cold.	Jsem hodně nachlazený/-á. [sɛm 'ɦɔɟɲɛ 'naxlazɛniː/-aː]

I have a headache/ a sore throat.	Bolí mě hlava/v krku. [ˈbɔliː mɲɛ ˈɦlava/ˈʃkr̩kʊ]
I have a cough.	Mám kašel. [ˈmaːm ˈkaʃɛl]
Something bit me.	Něco mě štíplo/kouslo. [ˈɲɛt͡sɔ mɲɛ ˈʃciːplɔ/ˈkoʊslɔ]
My stomach hurts. I probably ate something bad.	Mám zkažený žaludek. [ˈmaːm ˈskaʒɛniː ˈʒalʊdɛk]
I have diarrhea/constipation.	Mám průjem/zácpu. [ˈmaːm ˈpruːjɛm/ˈzaːt͡spʊ]
I cannot stand this food/the heat.	Nesnesu (nesnáším) to jídlo/horko. [ˈnɛsnɛsʊ (ˈnɛsnaːʃiːm) ˈtɔ ˈjiːdlɔ/ˈɦɔrkɔ]
I injured myself. I hurt myself.	Poranil/-a jsem se. [ˈpɔraɲil/-a sɛm sɛ]
I fell.	Upadl/-a jsem. [ˈʔʊpat/-dla sɛm]
I think I broke/dislocated …	Myslím, že jsem si zlomil/-a/vymkul/vymkla … [ˈmɪsliːm ʒɛ sɛm sɪ ˈzlɔmɪl/-a/ˈʊɪmknʊl/ˈʊɪmkla]
Where does it hurt?	Kde to bolí? [ˈgdɛ tɔ ˈbɔliː]
I have a pain right here.	Mám bolest tadyhle. [ˈmaːm ˈbɔlɛst ˈtadɪɦlɛ]
Does it hurt here?	Bolí to tady? [ˈbɔliː tɔ ˈtadɪ]
I have high/low blood pressure.	Mám vysoký/nízký tlak. [ˈmaːm ˈʊɪsɔkɪː/ˈɲiːskɪː ˈtlak]
I am a diabetic.	Jsem diabetik/diabetička. [ˈsɛm ˈɟɪjabɛtɪk/ˈɟɪjabɛtɪt͡ʃka]
I am pregnant.	Jsem těhotná. [sɛm ˈcɛɦɔtnaː]
Recently I had …	Nedávno jsem měl/-a … [ˈnɛdaːʊnɔ sɛ ˈmˑɲɛl/-a]
Please undress/roll up your sleeve.	Prosím svlékněte se/vyhrňte si rukáv. [ˈprɔsiːm ˈsʊlɛːkɲɛtɛ sɛ/ˈʊɪɦr̩ɲtɛ sɪ ˈrukaːf]
Please take a deep breath. Don't breathe.	Zhluboka nadechnout. Nedýchat. [ˈzɦlubɔka ˈnadɛxnoʊt ˈnɛdɪːxat]
Open your mouth.	Otevřete ústa. [ˈʔɔtɛʊ̯rɛtɛ ˈʔuːsta]
Show me your tongue.	Ukažte mi jazyk. [ˈʔʊkaʃtɛ mɪ ˈjazɪk]

Please cough for me.	Prosím zakašlete. ['prɔsɪːm 'zakaʃlɛtɛ]
How long have you been feeling like this?	Jak dlouho se už tak cítíte? ['jag 'dlɔʊɦɔ sɛ ʔuʃ tak 'tsɪːciːtɛ]
Do you have any appetite?	Máte chuť k jídlu? ['maːtɛ 'xʊc 'kjiːdlʊ]
I have no appetite.	Nemám chuť k jídlu. ['nɛmaːm 'xʊc 'kjiːdlʊ]
Do you have a vaccination record with you?	Máte očkovací průkaz? ['maːtɛ 'ʔɔtʃkʊvatsɪː 'pruːkas]
I was vaccinated against …	Jsem očkovaný/-á proti … ['sɛm 'ʔɔtʃkʊvanɪː/-aː 'prɔcɪ]
We will have to take an X-ray.	Musíme vás zrentgenovat. ['musɪːmɛ vaːz'rɛŋɡɛnɔvat]
I need a blood/urine analysis.	Potřebuji rozbor krve/moči. ['pɔtʂɛbujɪ 'rɔzbor 'krvɛ/'mɔtʃɪ]
I have to send you to a specialist.	Musím vás poslat k odbornému lékaři. ['musɪːm vaːs 'pɔslat 'kʔɔdbornɛːmu 'lɛːkaʂɪ]
You must have surgery.	Musíte jít na operaci. ['musɪːtɛ 'jiːt 'naʔɔpɛratsɪ]
You have to stay in bed for a few days.	Musíte pár dní ležet. ['musɪːtɛ 'paːr 'dɲi 'lɛʒɛt]
It is nothing serious.	Není to nic vážného. ['nɛɲi tɔ 'ɲɪts 'vaːʒnɛːɦɔ]
Could you please give me/prescribe something for …?	Můžete mi dát/předepsat něco proti …? ['muːʒɛtɛ mɪ 'daːt/ 'pʂɛdɛpsat 'ɲɛtsɔ 'prɔcɪ]
Under normal circumstances I take …	Normálně beru/užívám … ['nɔrmaːlɲɛ 'bɛru/'ʔuʒɪːvaːm]
Take one pill before going to sleep.	Berte jeden prášek před spaním. ['bɛrtɛ 'jɛdɛn 'praːʃɛk 'pʂɛtspaɲiːm]
Here is my international vaccination record.	Tady je můj mezinárodní nemocenský poukaz. ['tadɪ jɛ mʊːj 'mɛzɪnaːrɔɲɲiː 'nɛmɔtsɛnskɪː 'pɔʊkas]
Could you please write down the diagnosis for me?	Můžete mi prosím napsat posudek (atest)? ['muːʒɛtɛ mɪ 'prɔsɪːm 'napsat 'pɔsudɛk ('ʔatɛst)]

At the Dentist
U zubního lékaře/zubaře

I have a (bad) toothache.

Mám (silné) bolesti zubů.
['ma:m ('sɪlnɛ:) 'bɔlɛscɪ 'zubu:]

This (upper/lower/in the front/in the back) tooth hurts me.

Bolí mě tenhle zub (nahoře/dole/vpředu/vzadu). ['bɔliː mɲɛ 'tɛnɦlɛ 'zup ('naɦɔɾɛ/'dɔlɛ/'ʃpɾɛdu/'vzadu)]

My filling fell out.

Vypadla mi plomba.
['vɪpadla mɪ 'plɔmba ('blɔmba)]

I broke a tooth.

Ulomil se mi zub.
['ˀulɔmɪl sɛ mɪ 'zup]

I will have to put in a filling.

Musím ho zaplombovat.
['musɪːm ɦɔ 'zablɔmbɔvat]

I'll do only a temporary job.

Ošetřím ho jen provizorně.
['ˀɔʃɛtr̝ɪːm ɦɔ jɛn 'prɔvɪzɔrɲɛ]

I have to pull it out.

Musím ho vytrhnout.
['musɪːm ɦɔ 'vɪtr̩ɦnoːut]

This tooth needs a crown.

Na tenhle zub se musí dát korunka.
['natɛnɦlɛ zup sɛ 'musɪː 'daːt 'kɔruŋka]

Please give me a shot./Please don't give me a shot.

Dejte mi prosím injekci./Prosím bez injekce. ['dɛjtɛ mɪ prɔsɪːm ˀɪɲɛktsɪ/'prɔsɪːm 'bɛsˀɪɲɛktsɛ]

Rinse well, please.

Pořádně si prosím vypláchněte.
['pɔɾaːɟɲɛ sɪ 'prɔsɪːm 'vɪplaːx ɲɛtɛ]

Could you repair this denture for me?

Můžete mi opravit tuhle protézu?
['muːʒɛtɛ mɪ ˀɔpravɪt ˀuɦlɛ 'prɔtɛːzu]

Please come again in two days so I can check on it.

Za dva dny se s tím ještě přijďte ukázat. ['zadva 'dnɪ sɛ scɪːm (j)ɛʃcɛ pr̝ɪctɛ ˀuka:zat]

When you get home, go see your dentist immediately.

Doma si pak hned zajděte k zubaři.
['dɔma sɪ pag 'ɦnɛd 'zajɟɛtɛ 'gzubaɾɪ]

In the Hospital

V nemocnici

How long do I have to stay here?	Jak dlouho tady musím zůstat? ['jag 'dloʊɦo 'tadɪ 'musɪm 'zu:stat]
I cannot fall asleep./ I'm in pain.	Nemůžu usnout./Mám bolesti. ['nɛmu:ʒʊ ᵛusnoʊt/'ma:m 'bɔlɛscɪ]
Please give me a painkiller/a sleeping pill.	Dejte mi prášek proti bolestem/na spaní. ['dɛjtɛ mɪ 'pra:ʃɛk 'prɔcɪ 'bɔlɛstɛm/'naspaɲi:]
When will I be able to get up/to go outside?	Kdy budu moct vstát/chodit ven? ['gdɪ 'budu mɔt͡s(t) ʃsta:t/'xɔjɪt ʊɛn]
Please give me a certificate stating how long I was in the hospital and the diagnosis.	Dejte mi prosím potvrzení o délce pobytu v nemocnici s diagnózou. ['dɛjtɛ mɪ 'prɔsi:m 'potʊrzɛɲi: ᵛɔdɛ:lt͡sɛ 'pɔbɪtʊ ʊnɛmot͡sɲɪtsɪ 'zjɪjagnɔ:zoʊ]

Word List: Doctor/Dentist/Hospital

abscess	absces [ᵛabt͡sɛs], vřed [ʊr̝ɛt]
AIDS	aids ['ajt͡s]
alcoholic (person)	alkoholik/alkoholička [ᵛalkɔɦɔlɪk/ᵛalkɔɦɔlɪt͡ʃka]
allergy, to have an allergy to	alergie [ᵛalɛrgɪjɛ], být alergický/-á na ['bɪːt ᵛalɛrgɪt͡skɪ/-aː 'na]
anesthesia	narkóza ['narkɔːza]
ankle	kotník ['kɔcɲiːk]
appendicitis	zánět slepého střeva ['zaːɲɛt 'slɛpɛɦɔ 'str̝ɛʋa]
appendix	slepé střevo ['slɛpɛː 'str̝ɛʋɔ]
arm	paže ['paʒɛ], ruka ['ruka]
asthma	astma [ᵛastma], záducha ['zaːduxa]
back	záda ['zaːda]
backache	bolesti v zádech ['bɔlɛscɪ ʊzaːdɛx]
bandage, to bandage	obvaz [ᵛɔbʋas], obvázat [ᵛɔbʋaːzat]
belly, abdomen	břicho ['br̝ɪxɔ], podbřišek ['pɔdbr̝ɪʃɛk]
bite	kousnutí ['koʊsnucɪː]
bladder	močový měchýř ['mɔt͡ʃɔʋɪː 'mɲɛxɪːr̝]
to bleed, hemorrhage	krvácet ['krʋaːt͡sɛt]
bloating, flatulence, gas	nadýmání ['nadɪːmaːɲiː], větry ['ʊjɛtrɪ]

blood	krev [krɛʃ]
blood circulation disorder	porucha krevního oběhu ['pɔruxa 'krɛup.i:ɦɔ 'ʔɔbjɛɦu]
blood poisoning	otrava krve [ʔɔtrava 'krvɛ]
blood pressure (high/low)	krevní tlak (vysoký/nízký) ['krɛupi: 'tlak ('vɪsɔkɪ:/'pi:skɪ:)], krvácet, vyron ['vɪ:rɔn], hematom ['ɦɛmatɔm]
blood test	krevní zkouška ['krɛupi: 'skouʃka]
blood transfusion	transfúze krve ['transfu(:)zɛ 'krvɛ], krvácení ['krva:t͡sɛpi:]
blood type	krevní skupina ['krɛupi: 'skupɪna]
bone	kost [kɔst]
brain	mozek ['mɔzɛk]
to breathe	dýchat ['dɪ:xat]
breathing disorders	dýchací potíže ['dɪ:xatsɪ:'pɔci:ʒɛ]
broken	zlomený/-á ['zlɔmɛnɪ:/-a:]
broken bone	zlomenina (kosti) ['zlɔmɛnɪna ('kɔscɪ)]
bronchi, bronchial tubes	průdušky ['pru:duʃkɪ]
bronchitis	zánět průdušek ['za:pɛt 'pru:duʃɛk]
bruise, contusion	pohmožděnina ['pɔɦmɔʒɟɛpɪna]
burn	popálenina ['pɔpa:lɛpɪna], spálenina ['spa:lɛpɪna]
cancer	rakovina ['rakɔvɪna]
cardiologist	srdeční specialista/kardiolog ['srdɛt͡ʃpi: 'spɛt͡sɪjalɪsta/'karɟɪjɔlɔk]
cardiostimulator	kardiostimulátor ['karɟɪjɔ,stɪmula:tɔr]
to catch a cold	nachladit se ['naxlaɟɪt sɛ], nastydnout se ['nastɪdnout sɛ]
chest	hruď/prsa ['ɦruɟ/'prsa]
chicken pox	plané neštovice ['planɛ: 'nɛʃtɔvɪt͡sɛ]
cholera	cholera ['xɔlɛra]
cold	nachlazení/nastydnutí ['naxlazɛpi:/'nastɪdnuci:]
colic	kolika ['kɔlɪka]
collarbone	klíční kost ['kli:t͡ʃpi: 'kɔst]
concussion	otřes mozku [ʔɔtrɛs 'mɔsku]
confirmation, medical opinion	potvrzení ['pɔtvrzɛpi:], posudek ['pɔsudɛk], atest [ʔatɛst]
constipation	zácpa ['za:t͡spa]
contagious, infectious	nakažlivý ['nakaʒlɪvɪ:]
contusion	odražení [ʔɔdraʒɛpi:]

cough	kašel [ˈkaʃɛl]
cramp	křeč [krɛtʃ]
crown (dental)	(zubní) korunka [(ˈzubɲiː) ˈkoruŋka]
cut, wound	řezná rána [ˈrɛzna: ˈra:na]
decay (in a tooth)	zubní kaz [ˈzubɲi: kas]
dependent on ...	závislý/-á na ... [ˈza:ʋɪslɪ:/-a: ˈna]
diabetes	cukrovka [ˈtsukrofka]
diagnosis	diagnosis [ˈɟɪjagnɔːza]
diarrhea	průjem [ˈpruːjɛm]
diet	dieta [ˈɟɪjɛta]
digestion	trávení [ˈtra:ʋɛɲi:]
digestive disorder	porucha trávení [ˈpɔruxa ˈtra:ʋɛɲi:]
diphtheria	záškrt [ˈza:ʃkrt]
disease, illness	nemoc [ˈnɛmɔts]
to disinfect	dezinfikovat [ˈdɛzɪnɟɪkovat]
dislocated	vymknutý [ˈʋɪmknutɪ:]
dizziness	závrat' [ˈza:ʋrac]
doctor's office	ordinace [ˈˀɔrɟɪnatsɛ]
doctor's office hours	ordinační hodiny [ˈɔrɟɪnatʃɲi: ˈhoɟɪnɪ]
drug-dependent	drogově závislý/-á [ˈdrɔɡɔʋjɛ ˈza:ʋɪslɪ:/-a:]
ear	ucho [ˈˀuxɔ]
eardrum	ušní bubínek [ˈˀuʃɲi: ˈbubi:nɛk]
elbow	loket [ˈlɔkɛt]
epilepsy	epilepsie [ˈˀɛpɪlɛpsɪjɛ], padoucnice [ˈpadoutsɲɪtsɛ]
esophagus	jícen [ˈji:tsɛn]
examination	(lékařská) prohlídka [(ˈlɛ:karʃka:) ˈprɔɦli:tka], vyšetření [ˈʋɪʃɛtr̝ɛɲi:]
eye	oko [ˈˀɔkɔ]
face	obličej [ˈˀɔblɪtʃɛj]
fainting	mdloby *pl* [ˈmdlɔbɪ], bezvědomí [ˈbɛzʋjɛdɔmi:]
to fester	hnisat [ˈɦɲɪsat]
fever	horečka [ˈɦɔrɛtʃka]
filling	plomba [ˈplɔmba (ˈblɔmba)]
finger	prst [prst]
food poisoning	otrava potravinami [ˈˀɔtraʋa ˈpɔtraʋɪnamɪ]
foot	noha [ˈnɔɦa]
gallbladder	žlučník [ˈʒlutʃɲi:k]
German measles, rubella	zarděnky [ˈzarɟɛŋkɪ]
gland	žláza [ˈʒla:za]

gum	dáseň ['da:sɛɲ]
hand	ruka ['rʊka]
have a cold	nachlazený/-á/nastydlý/-á ['naxlazɛnɪ:/-a:/'nastɪdlɪ:/-a:]
hay fever	senná rýma ['sɛna:'rɪ:ma]
head	hlava ['ɦlava]
headache	bolesti hlavy ['bɔlɛscɪ 'ɦlavɪ]
hearing	sluch [slʊx]
heart	srdce ['sr̩t͡sɛ]
heart attack	(srdeční) infarkt [('srdɛt͡ʃɲi:) ⁱⁿfarkt]
heart defect	srdeční vada ['srdɛt͡ʃɲi: 'vada]
heart disorders	srdeční obtíže ['srdɛt͡ʃɲi:ⁱⁿɔpci:ʒɛ]
heart seizure	srdeční záchvat ['srdɛt͡ʃnɪ:'za:xvat]
heartburn	pálení žáhy ['pa:lɛɲi: 'ʒa:ɦɪ]
hemorrhoids	hemoroidy ['ɦɛmɔrɔjdɪ]
hepatitis	žloutenka ['ʒlou̯tɛŋka]
hernia	kýla ['kɪ:la]
hip	bok [bɔk]
hospital	nemocnice ['nɛmɔt͡sɲɪt͡sɛ]
hospital card	nemocenský průkaz ['nɛmɔt͡sɛnskɪ: prʊ:kas]
hospital cash register	nemocenská pokladna ['nɛmɔt͡sɛnska:('pɔkladna)]
hospital department	(nemocniční) oddělení [('nɛmɔt͡sɲɪt͡ʃɲi:) ⁱⁿɔɟɛlɛɲi:]
to hurt, to injure	bolet ['bɔlɛt], poranit ['pɔraɲɪt], zranit ['zraɲɪt]
incisor	řezák ['r̝ɛza:k]
to induce vomiting	dráždění ke zvracení ['dra:ʒɟɛɲi: 'kɛzvrat͡sɛɲi:]
infection	infekce [ⁱⁿfɛkt͡sɛ]
inflammation	zánět ['za:ɲɛt]
influenza, flu	chřipka ['xr̝ɪpka]
infusion	infúze [ⁱⁿfʊ(:)zɛ]
inguinal hernia	tříselná kýla ['tr̝ɪ:sɛlna: 'kɪ:la]
injury	poranění ['pɔraɲɛɲi:], zranění ['zraɲɛɲi:]
insomnia	nespavost ['nɛspavɔst]
intestine	střevo ['str̝ɛvɔ]
itching	svědění ['svjɛɟɛɲi:]
jaw	čelist ['t͡ʃɛlɪst]
joint	kloub [klou̯p]

kidney	ledvina ['lɛdʊɪna]
kidney stone	ledvinový kámen ['lɛdʊɪnɔʊɪ: 'ka:mɛn]
knee	koleno ['kɔlɛnɔ]
leg	noha ['nɔɦa]
leukemia	leukémie ['lɛ͡ʊkɛ:mɪjɛ]
limbs	údy ['ᵘuːdɪ], končetiny ['kɔnt͡ʃɛcɪnɪ]
lip	ret [rɛt]
liver	játra ['ja:tra]
loss of appetite	nechutenství ['nɛxʊtɛnstʊɪ:]
lumbago	ústřel ['ᵘu:stʃɛl], houser ['ɦo͡ʊsɛr]
lungs	plíce ['plɪːt͡sɛ]
malaria	malárie ['mala:rɪjɛ]
mania, dependence	mánie [ma:nɪjɛ], chorobná závislost ['xɔrɔbna: 'za:ʊɪslɔst]
measles	spalničky ['spalɲɪt͡ʃkɪ]
menstruation	menstruace ['mɛnstrʊa͡tsɛ]
middle ear inflammation	zánět středního ucha ['za:ɲɛt 'strɛɟɲi:ɦɔ ᵘuxa]
migraine	migréna ['mɪgrɛ:na]
miscarriage	potrat ['pɔtrat], (samovolný) potrat [('samɔʊɔlnɪ:) 'pɔtrat]
molar	stolička ['stɔlɪt͡ʃka]
mouth	ústa ['ᵘu:sta], pusa ['pʊsa]
mumps	příušnice ['pr̝ɪːᵘʊʃɲɪt͡sɛ]
muscle	sval [sʊal]
nausea, queasiness	nevolnost ['nɛʊɔlnɔst]
nephritis	zánět ledvin ['za:ɲɛt 'lɛdʊɪn]
nerve	nerv [nɛrf]
nervous	nervózní ['nɛrʊɔ:zɲi:]
nose	nos [nɔs]
nosebleed	krvácení z nosu ['krʊa:t͡sɛɲɪ 'znɔsʊ]
nurse	zdravotní sestra ['zdraʊɔt͡ɲi: 'sɛstra], ošetřovatelka ['ᵒɔʃɛtr̝ɔʊatɛlka]
operation, surgery	operace ['ᵒɔpɛra͡tsɛ]
pains	bolesti ['bɔlɛscɪ]
paralysis	obrna ['ᵒɔbr̩na]
plaster	sádra ['sa:dra]
pneumonia	zápal plic ['za:pal 'plɪt͡s]
poisoning	otrava ['ᵒɔtraʊa]
polio	dětská obrna ['ɟɛtska: 'ᵒɔbr̩na]

pregnancy	těhotenství ['cɛɦɔtɛnstʊɪ:]
to prescribe	předepsat ['prɛdɛpsat]
pricking, stinging	bodnutí/píchnutí
	['bɔdnʊci:/'pɪːxnʊci:]
prosthesis	protéza ['prɔtɛːza]
to pull out (tooth)	vytrhnout ['ʊɪtrɦnɔʊt]
pulse	puls [pʊls], tep [tɛp]
pus	hnis [ɦnɪs]
rash	vyrážka ['ʊɪraːʃka]
return transportation	doprava zpět ['dɔprava 'spjɛt]
rheumatism	revmatismus ['rɛʊmatɪzmʊs],
	revma ['rɛʊma]
rib	žebro ['ʒɛbrɔ]
rib cage	hrudní koš ['ɦrʊɲiː kɔʃ]
runny nose, sniffles	rýma ['rɪːma]
salmonella	salmonela ['salmɔnɛlɪ]
scar	jizva ['jɪzʊa]
scarlet fever	spála ['spaːla]
sciatica	ischias [ʔɪʃɪjas]
seizure	záchvat ['zaːxʊat]
to sew	šít [ʃiːt]
sexual organs	pohlavní orgány ['pɔɦlaʊɲiː ʔɔrgaːnɪ]
shinbone	holenní kost ['ɦɔlɛɲiː kɔst]
shivers	zimnice ['zɪmɲɪt͡sɛ]
shot, injection	injekce [ʔɪnɛkt͡sɛ]
shoulder	rameno ['ramɛnɔ]
sick, ill	nemocný/-á ['nɛmɔt͡snɪː/-aː]
sick leave	neschopenka ['nɛsxɔpɛŋka]
skin	kůže ['kuːʒɛ]
skin disease	kožní nemoc ['kɔʒɲiː 'nɛmɔt͡s]
skull	lebka ['lɛpka]
smallpox	plané neštovice ['planɛ:'nɛʃtɔʊɪt͡sɛ]
sore throat	bolesti v krku ['bɔlɛscɪ 'fkrkʊ]
speak in a hoarse voice	chraptit ['xrapcɪt]
specialist	odborný lékař/odborná lékařka
	[ʔɔdbɔrnɪː 'lɛːkar̝/ʔɔdbɔrnaː 'lɛːkar̝ka]
spine	páteř ['paːtɛr̝]
splint	dlaha ['dlaɦa]
STD, sexually transmitted disease	pohlavní nemoc ['pɔɦlaʊɲiː 'nɛmɔt͡s]
stomach	žaludek ['ʒalʊdɛk]
stomach pains	bolesti žaludku ['bɔlɛscɪ 'ʒalʊtkʊ]
stool	stolice ['stɔlɪt͡sɛ]

strain, stretch	natažení ['nataʒɛɲiː], namožení ['namɔʒɛɲiː]
stroke	mrtvice ['mr̩tʊɪ̯tsɛ], záchvat mrtvice ['zaːxvat 'mr̩tʊɪ̯tsɛ], mozková mrtvice ['mɔskɔʊ̯aː 'mr̩tʊɪ̯tsɛ]
sunstroke	úpal/úžeh ['ʔuːpal/'ʔuːʒɛx]
surgeon	chirurg ['xɪrʊrk]
sweat	pot [pɔt]
to sweat	potit se ['pɔcɪt sɛ]
swelling	otok ['ʔɔtɔk], zduření ['zdʊɾɛɲiː]
swollen	oteklý ['ʔɔtɛklɪː]
tetanus	tetanus ['tɛtanʊs]
throat, neck	krk [kr̩k]
toe	prst u nohy ['pr̩st 'ʔʊnɔɦɪ]
tongue	jazyk ['jazɪk]
tonsillitis	angína ['ʔaŋɡɪːna], zánět mandlí ['zaːɲɛt 'mandlɪː]
tonsils	mandle ['mandlɛ]
tooth	zub [zʊp]
toothache	bolesti zubů ['bɔlɛscɪ 'zubuː]
torn ligament	natržené vazivo ['natr̩ʒɛnɛː'ʊazɪʊɔ]
tumor	nádor ['naːdɔr]
typhoid	tyfus ['tɪfʊs]
ulcer, boil	vřed [ʊɾɛt]
ultrasound examination	vyšetření ultrazvukem ['ʊɪʃɛtɾɛɲi 'ʔultrazʊʊkɛm]
unconscious	v bezvědomí ['ʊbɛzʊ̯jɛdɔmɪː]
urine	moč [mɔt͡ʃ]
to vaccinate	očkovat ['ʔɔt͡ʃkɔʊat]
vaccination	očkování ['ʔɔt͡ʃkɔʊa'ɲiː]
vaccination record	očkovací průkaz ['ʔɔt͡ʃkɔʊat͡sɪː 'pruːkas]
vein	žíla ['ʒɪːla]
virus	vir [ʊɪr], virus ['ʊɪrʊs]
visiting hours	návštěvní doba ['naːfʃcɛʊɲiː'dɔba]
to vomit	zvracet ['zʊrat͡sɛt]
waiting room	čekárna ['t͡ʃɛkaːrna]
whooping cough	černý kašel ['t͡ʃɛrnɪ 'kaʃɛl]
wound	rána ['raːna]
X ray	rentgenový snímek ['rɛndgɛnɔʊɪː 'sɲiːmɛk]
to x-ray	rentgenovat ['rɛndgɛnɔʊat]

At a Health Resort

V lázních

What is your doctor's diagnosis?	Jakou diagnózu vám stanovil lékař? ['jakoʊ 'ɟɪjagnɔːzʊ ʋaːm 'stanɔʊɪlˈɛːkar̝]
How many more treatments do I get?	Kolikrát to ještě dostanu? ['kɔlɪkraːtˑɔ '(j)ɛʃcɛ 'dɔstanʊ]
I would like some extra sessions of ...	Chtěl/-a bych ještě několik ... navíc. ['xcɛl/-a bɪx '(j)ɛʃcɛ 'ɲɛkɔlɪk ... 'naʊɪːt͡s]
Could I change the appointment date?	Mohl/-a bych dostat jiný termín? ['mɔɦl/-la bɪx 'dɔstat 'jɪniː 'tɛrmiːn]

Word List: Health Resort

after-treatment	doléčování ['dɔlɛːt͡ʃɔʊaːɲiː]
application, procedure	aplikace [ˈʔaplɪkat͡sɛ], procedura ['prɔt͡sɛdʊra]
autogenous training	autogenní trénink [ˈʔaʊtɔgɛɲi 'trɛːnɪŋk]
bath	lázeň (koupel) ['laːzɛɲ ('koʊpɛl)]
brine bath	solanková lázeň ['sɔlaŋkɔʊaː 'laːzɛɲ]
to cleanse	pročistit ['prɔt͡ʃɪscɪt]
diet	dieta ['ɟɪjɛta]
drinking treatment (mineral water)	pitná kúra ['pɪtnaːˈkuːra]
foot bath	koupel nohou [koʊpɛl nɔɦoʊ]
healing aids/ procedures	léčebné prostředky/procedury ['lɛːt͡ʃɛbnɛː 'prɔstr̝ɛtkɪ/'prɔt͡sɛdʊ(ː)rɪ]
healing spring	léčivý pramen ['lɛːt͡ʃɪʋɪː 'pramɛn]
health resort	klimatické lázně ['klɪmatɪt͡skɛː 'laːzɲɛ]
hot air	horký vzduch ['ɦɔrkɪː 'ʊzdʊx]
inhalation	inhalace [ˈʔɪnɦalat͡sɛ]
to inhale	inhalovat [ˈʔɪnɦalɔʊat]
massage	masáž ['masaːʃ]
to massage	masírovat ['masiːrɔʊat]
masseur/masseuse	masér/ka ['masɛːr/-ka]
medicinal bath	léčivá koupel [lɛːt͡ʃɪʋaː 'koʊpɛl]

There are numerous cold and warm mineral springs and healing waters. Both mineral springs and healing waters are used in treatment and in recovery procedures.

the mineral healing spring hall	hala u léčivého pramene ['ɦala ᵊʊlɛːtʃ̑ɪʊɛːɦɔ 'pramɛnɛ]
mineral mud	minerální bahno ['mɪnɛraːlɲiː 'baɦnɔ], **fango** ['faŋɡɔ]
mineral spa, mineral pool	minerální lázně *pl* ['mɪnɛraːlɲiː 'laːzɲɛ], **bazén** ['bazɛːn]
mineral spring	minerální pramen ['mɪnɛraːlɲiː 'pramɛn]
mud bath	slatinná (rašelinná) lázeň/koupel ['slacɪna: ('raʃɛlɪna:) 'laːzɛɲ/'koʊ̑pɛl]
mud wrap	bahenní zábal ['baɦɛɲi: 'za:bal]
musculatory disorder bath	koupel pro léčbu pohybového ústrojí ['koʊ̑pɛl prɔ lɛːdʒ̑bu 'pɔɦɪbɔʊɛːɦɔ ᵊuːstrɔjiː]
natural treatment	přírodní léčba ['pr̝ɪːrɔɟniː 'lɛːdʒ̑ba]
one thousand-calorie diet	dieta o tisíci kaloriích ['ɟɪjɛta ᵊɔcɪsɪːt͡sɪ 'kalɔrɪjiːx]
physical therapy	fyzikální terapie ['fɪzɪkaːlɲiː 'tɛrapɪjɛ]
radiation	ozařování [ᵊɔzar̝ɔʊaːɲiː]
reflexion zones massage	masáž reflexních zón ['masaːʃ 'rɛflɛksɲiːɦ 'zɔːn]
rehabilitation	rehabilitace ['rɛɦabɪlɪtat͡sɛ]
respiratory therapy	léčba dýchacích cest ['lɛːdʒ̑ba 'dɪːxat͡sɪːx t͡sɛst]
sanatorium	sanatorium ['sanatɔrɪjʊm]
spa, spa treatment	lázně ['laːzɲɛ], **kúra** ['kuːra]
spa card/I.D.	lázeňský průkaz ['laːzɛɲskɪː 'pruːkas]
spa charge	lázeňská taxa ['laːzɛɲska: 'taksa]
spa clinic	lázeňská klinika ['laːzɛɲska: 'klɪnɪka]
spa doctor	lázeňský lékař ['laːzɛɲskɪː 'lɛːkar̝]
spa hotel	lázeňský hotel ['laːzɛɲskɪː 'ɦɔtɛl]
spa management	správa lázní ['spraːʊa 'laːzɲiː]
spa resort	lázně *pl* ['laːzɲɛ]
steam bath	parní lázeň ['parɲiː 'laːzɛɲ]
stimulating climate	povzbuzující klima ['pɔʊzbuzujiːt͡sɪː 'klɪ(ː)ma]
sun lamp	horské slunce ['ɦɔrskɛː 'slʊnt͡sɛ]
thermal bath/pool	termální bazén ['tɛrmaːlɲiː 'bazɛːn]
thermal spa	termální lázně *pl* ['tɛrmaːlɲiː 'laːzɲɛ], koupel ['koʊ̑pɛl]
treatment	ošetření [ᵊɔʃɛtr̝ɛɲiː]
ultrasound	ultrazvuk [ᵊʊltrazʊʊk]
underwater massage	podvodní masáž ['pɔdʊɔɟniː 'masaːʃ]
yoga	jóga ['jɔːɡa]

11 A Business Trip
Obchodní cesta

On the Way to a Business Meeting
Dlouhá cesta k obchodnímu partnerovi

Where is the main entrance?	Kde je hlavní vchod? ['gdɛ jɛ 'ɦlaʋɲi 'fxɔt]
How can I get to ..., please?	Prosím vás, jak se dostanu k/ke ...? ['prɔsɪːm ʋaːs jak sɛ dɔstanu k/g/kɛ]
My name is ... I am from the company ...	Mé jméno je ... Jsem od firmy ... ['mɛː 'mɛːnɔ jɛ ... 'sɛm ⁱᵗɔtfɪrmɪ]
Can I speak with ... please?	Můžu mluvit s ... prosím? ['muːʒu 'mluʋɪt 's ... 'prɔsɪːm]
Please tell ... that I am here to see him/her.	Ohlašte mě prosím u ... [ⁱᵗɔɦlaʃtɛ mɲɛ 'prɔsɪːm ⁱᵗu]
I have an appointment with ...	Jsem objednaný/-á u ... ['sɛm ⁱᵗɔbjɛdnanɪ/-aː ⁱᵗu]
... is expecting you.	... vás už čeká. [... ʋaːs ⁱᵗuʃ ʧɛkaː]
He/she is still in the meeting.	Je ještě na poradě. ['jɛ '(j)ɛʃcɛ 'napɔraɟɛ]
I will take you to ...	Dovedu vás k/ke ... ['dɔʋɛdu ʋaːs k/g/kɛ]
I am sorry I am late.	Promiňte prosím, že jdu pozdě. ['prɔmɪɲtɛ 'prɔsɪːm ʒɛ du 'pɔzɟɛ]
Please sit down.	Prosím posaďte se. ['prɔsɪːm 'pɔsacɛ sɛ]
Can I offer you something to drink?	Můžu vám nabídnout něco k pití? ['muːʒu ʋaːm 'nabiːdno͡ut 'ɲɛtsɔ 'kpɪci]
Did you have a good trip? How was your trip?	Měl/-a jste dobrou cestu? Jakou jste měl/-a cestu? ['mɲɛl/-a stɛ 'dɔbro͡u ʦɛstu/'jako͡u stɛ 'mɲɛl/-a ʦɛstu]
How much time do we have?	Kolik času máme? ['kɔlɪk ʧasu 'maːmɛ]
What time is your plane?	Kdy vám to letí? ['gdɪ ʋaːm tɔ 'lɛci]
I need an interpreter.	Potřebuji tlumočníka. ['pɔtr̩ɛbujɪ 'tlumɔʧɲiːka]

Word List: Business Meeting

building	budova ['bʊdɔʊa]
conference center	konferenční centrum ['kɔnfɛrɛntʃni: 'tsɛntrʊm]
conference room	zasedací síň ['zasɛdatsi:'si:ɲ], konferenční místnost ['kɔnfɛrɛntʃni: 'mi:stnɔst]
deadline, appointment	termín ['tɛrmi:n]
department	oddělení ['ɔɟɛlɛɲi:]
entrance	vchod [fxɔt]
firm	firma ['fɪrma]
floor	patro ['patrɔ], poschodí ['pɔsxɔɟi:]
interpreter	tlumočník/tlumočnice ['tlʊmɔtʃɲi:k/'tlʊmɔtʃɲɪtsɛ]
meeting, conference	zasedání ['zasɛda:ɲi:]
office	kancelář ['kantsɛla:r̝]
porter	vrátný ['ʊra:tnɪ:]
reception	recepce ['rɛtsɛptsɛ]
secretariat	sekretariát ['sɛkrɛtarɪja:t]
secretary's office	sekretář/ka ['sɛkrɛta:r̝/ka], tajemník/tajemnice ['tajɛmɲi:k/'tajɛmɲɪtsɛ]

Negotiations/Conferences/Trade Fairs
Jednání/Konference/Veletrh

I am looking for the ... stand.	Hledám (výstavní) stánek firmy ... ['ɦlɛda:m ('ʊɪ:staʊɲi:) 'sta:nɛk 'fɪrmɪ]
Go to the hall ..., stand number ...	Jděte do haly ..., stánek číslo ... ['jɟɛtɛ 'dɔɦalɪ ... 'sta:nɛk tʃi:slɔ]
We produce .../We are the producers of ...	Vyrábíme .../Jsme výrobci ... ['ʊɪra:bɪ:mɛ.../'smɛ 'ʊɪ:rɔptsɪ]
We trade in ...	Obchodujeme s ... ['ɔpxɔdujɛmɛ s]
Do you have some informational material on ...?	Máte informační materiál o ...? ['ma:tɛ 'ɪnfɔrmatʃɲi: 'matɛrɪja:l 'ɔ]
We can send you more detailed information about ... by mail.	Podrobný materiál o ... vám můžeme zaslat poštou. ['pɔdrɔbnɪ: 'matɛrɪja:l 'ɔ ... ʊa:'m'ʊːʒɛmɛ 'zaslat 'pɔʃtɔʊ]

Who is the contact person for …?	Kdo je kontaktní partner pro …? ['gdɔ jɛ 'kɔntakcɲi: 'partnɛr prɔ]
Could you please send us an offer?	Mohli byste nám poslat nabídku? ['mɔɦlɪ bɪstɛ na:m 'pɔslat 'nabi:tkʊ]
We should arrange a meeting together.	Měli bychom si domluvit schůzku. ['mɲɛlɪ bɪxɔm sɪ 'dɔmlʊʊɪt 'sxu:skʊ]
Here is my business card.	Tady je moje navštívenka/vizitka. ['tadɪ jɛ 'mɔjɛ 'naʃʃci:ʊɛŋka/'ʊɪzɪtka]

Word List: Negotiations/Conferences/Trade Fairs

advertising	reklama ['rɛklama]
advertising and publicity	reklama a propagace ['rɛklama ʔa 'prɔpagat͡sɛ], práce proveřejnost ['pra:t͡sɛ 'prɔʊɛrɛjnɔst]
advertising campaign	reklamní kampaň ['rɛklamni: 'kampaɲ]
advertising material	reklamní materiál ['rɛklamni: 'matɛrja:l]
appointment, meeting	schůzka ['sxu:ska], setkání ['sɛtka:ɲi:]
bill, invoice	účet ['u:t͡ʃɛt]
board of representatives	generální zastoupení ['gɛnɛra:lɲi: 'zastoʊpɛɲi:]
business card	navštívenka ['naʃʃci:ʊɛŋka]ɣ, vizitka ['ʊɪzɪtka]
business fair, trade fair	veletrh ['ʊɛlɛtrx]
business partner	obchodní partner [ʔɔpxɔɟɲi: 'partnɛr]
business relations/ contacts	obchodní vztahy/styky [ʔɔpxɔɟɲi: 'ʊstaɦɪ/'stɪkɪ]
business representative	obchodní zástupce [ʔɔpxɔɟɲi: 'za:stʊpt͡sɛ]
cabin, booth	kabina ['kabɪna]
catalogue	katalog ['katalɔk]
company representative	generální zástupce ['gɛnɛra:lɲi: 'za:stʊpt͡sɛ]
concern	koncern ['kɔnt͡sɛrn]
conditions	podmínky ['pɔdmi:ŋkɪ]
conference, meeting	porada ['pɔrada], konference ['kɔnfɛrɛnt͡sɛ]
confirmation of order	potvrzení zakázky ['pɔtʊrzɛɲi: 'zaka:skɪ]
contact person	kontaktní partner ['kɔntakcɲi: 'partnɛr]
contract	smlouva ['smlɔʊʊa]

contract conditions	smluvní podmínky ['smluʊɲi: 'pɔdmɪ:ŋkɪ]
contract partner	smluvní partner ['smluʊɲi: 'partnɛr]
cooperation	kooperace ['kɔʔɔpɛraʦɛ]
cost	náklad ['na:klat]
costs	náklady ['na:kladɪ]
customer	zákazník/zákaznice ['za:kazɲi:k/'za:kazɲiʦɛ]
delivery	dodávka ['dɔda:ʃka]
delivery conditions	dodací podmínky ['dɔdaʦɪ: 'pɔdmɪ:ŋkɪ]
delivery time	dodací lhůta ['dɔdaʦɪ: 'lɦu:ta]
discount	skonto ['skɔntɔ], sleva ['slɛʊa]
exhibitor	vystavovatel ['ʊɪstaʊɔʊatɛl]
export	vývoz ['ʊɪːʊɔs], export ['ʔɛkspɔrt]
exporter	vývozce ['ʊɪːʊɔsʦɛ], exportér ['ʔɛkspɔrtɛ:r]
fair center	veletržní středisko ['ʊɛlɛtrʒɲi: 'strɛɟɪskɔ]
fair discount	veletržní sleva ['ʊɛlɛtrʒɲi: 'slɛʊa]
fair hostess	hosteska ['ɦɔstɛska]
fair leadership	vedení veletrhu ['ʊɛdɛɲi: 'ʊɛlɛtrɦʊ]
fair pass	veletržní průkazka ['ʊɛlɛtrʒɲi: 'pru:kaska]
fair service	veletržní servis/služba ['ʊɛlɛtrʒɲi: 'sɛrʊɪs/'sluʒba]
fair stand	veletržní stánek ['ʊɛlɛtrʒɲi: 'sta:nɛk]
filial company	dceřinná společnost ['ʦɛɾɪna 'spɔlɛʧnɔst]
financing	financování ['fɪnanʦɔʊa:ɲi:]
guarantee	záruka ['za:rʊka]
hall	hala ['ɦala]
hall map	plán haly ['pla:n 'ɦalɪ]
headquarters	centrála ['ʦɛntra:la]
import	dovoz ['dɔʊɔs], import ['dɔʊɔs]
importer	dovozce ['dɔʊɔsʦɛ], importér ['ʔɪmpɔrtɛ:r]
industrial fair	průmyslový veletrh ['pru:mɪslɔʊɪ: 'ʊɛlɛtrx]
information (service)	informační služba ['ʔɪnfɔrmaʧɲi: 'sluʒba]
informational material	informační materiál ['ʔɪnfɔrmaʧɲi: 'matɛrɪja:l]
insurance	pojistka ['pɔjɪstka]
joint venture	joint-venture ['dʒɔɪnt 'ʊɛnʧr]
leasing	leasing ['lɪ:zɪŋk]
lecture/paper	přednáška/referát ['pɾɛdna:ʃka/rɛfɛra:t]

license/licensing (contract)	licence/licenční *adj* (smlouva) [ˈlɪt͡sɛnt͡sɛ/ˈlɪt͡sɛnt͡ʃɲi: (ˈsmlɔ͡uʋa)]
list of exhibitors	seznam vystavovatelů [ˈsɛznam ˈʋɪstaʋoʋatɛlu:]
list of merchandise	seznam zboží [ˈsɛznam ˈzbɔʒɪ:]
marketing	marketing [ˈmarkɛtɪŋk]
marketing network	odbytová síť' [ˈᵘɔdbɪtɔʋa: ˈsɪ:c]
meeting point	místo setkání [ˈmɪ:stɔ ˈsɛtka:ɲi:]
merchandise	zboží [ˈzbɔʒɪ:]
offer	nabídka [ˈnabɪ:tka]
order	zakázka [ˈzaka:ska]
packaging	obal [ˈᵘɔbal], balení [ˈbalɛɲi:]
payment conditions	platební podmínky [ˈplatɛbɲi: ˈpɔdmɪ:ŋkɪ]
preliminary budget	(předběžný) rozpočet [(ˈpr̝ɛdbjɛʒnɪ:) ˈrɔspɔt͡ʃɛt]
price	cena [ˈt͡sɛna]
price discount	sleva (z ceny) [ˈslɛʋa (ˈst͡sɛnɪ)]
price list	ceník [ˈt͡sɛɲi:k]
pro forma invoice	účet pro forma [ˈᵘu:t͡ʃɛt ˌprɔ ˈfɔrma]
producer	výrobce [ˈʋɪ:rɔpt͡sɛ]
production	výroba [ˈʋɪ:rɔba]
program, schedule	program [ˈprɔgram]
prospect	prospekt [ˈprɔspɛkt]
protocol	protokol [ˈprɔtɔkɔl]
purchase contract	kupní smlouva [ˈkupɲi: ˈsmlɔ͡uʋa]
representative	zástupce/zástupkyně [ˈza:stupt͡sɛ/ˈza:stupkɪɲɛ]
retailer	maloobchodník [ˈmalɔˈᵓpxɔɟɲi:k]
sale	odbyt [ˈᵘɔdbɪt], prodej [ˈprɔdɛj]
sales clerk	prodavač/prodavačka [ˈprɔdaʋat͡ʃ/ˈprɔdaʋat͡ʃka]
sales promotion	odbytová propagace [ˈᵓdbɪtɔʋa: ˈprɔpagat͡sɛ]
sample	vzorek [ˈʋzɔrɛk]
supplier	dodavatel [ˈdɔdaʋatɛl]
to be interested in	zajímat se o [ˈzaji:mat sɛ ˈᵘɔ]
training	školení [ˈʃkɔlɛɲi:], instruktáž [ˈᵘɪnstruːkta:ʃ]
transportation	transport [ˈtranspɔrt], doprava [ˈdɔpraʋa]
transportation cost	dopravní náklady [ˈdɔpraʋɲi: ˈna:kladɪ]
value-added tax (VAT)	daň z obratu [ˈdaɲ sˈᵓbratu], daň z přidané hodnoty, (DPH) [ˈdaɲ ˈspr̝ɪdanɛ: ˈɦɔdnɔtɪ]
way of doing business	forma obchodování [ˈfɔrma ˈᵓpxɔdɔʋa:ɲi:]
wholesaler	velkoobchodník [ˈʋɛlkɔˈᵓpxɔɟɲi:k]

Business Equipment

Vybavení

Could you please make me several copies of this?	Můžete mi od toho udělat několik kopií? ['muːʒɛtɛ mɪ ʔɔtʰɔxɔ ʔʊjɛlat ˈɲɛkɔlɪkʰɔpɪjiː]
I need an overhead projector for my lecture.	Ke své přednášce potřebuji projektor „Meoflex". ['kɛsvɛː ˈpr̝ɛdnaːʃtsɛ ˈpɔtr̝ɛbujɪ ˈprɔjɛktɔr ˈmɛɔflɛks]
Could you please help me get …?	Mohli byste mi prosím obstarat …? [ˈmɔɦlɪ bɪstɛ mɪ ˈprɔsiːm ʔɔpstarat]

Word List: Business Equipment

camcorder	video [ˈʋɪdɛɔ]
catalogue	katalog [ˈkatalɔk]
color copier	barevná kopírka [ˈbarɛʊnaː kɔpɪːrka]
computer	počítač [ˈpɔt͡ʃiːtat͡ʃ]
copier	kopírka [ˈkɔpɪːrka], xerox [ˈksɛrɔks]
copy	kopie [ˈkɔpɪjɛ]
diskette	disketa [ˈɟɪskɛta]
display material	výstavní materiál [ˈʋɪːstaʊɲiː ˈmatɛrɪjaːl]
extension cord	prodlužovací šňůra [ˈprɔdluʒɔʋat͡sɪː ˈʃɲuːra], prodlužovačka [ˈprɔdluʒɔʋat͡ʃka]
(tele)fax	(tele)fax [(ˈtɛlɛ)faks]
felt-tip marker	fix na fólii [ˈfɪks ˈnafɔːlɪjɪ]
felt-tip pen	fix [fɪks], fixka [ˈfɪkska]
microphone	mikrofon [ˈmɪkrɔfɔːn]
modem	modem [ˈmɔdɛm]
notepad	blok [blɔk]
overhead projector	(denní) projektor [(ˈdɛɲiː) ˈprɔjɛktɔr] „meoflex" [ˈmɛɔflɛks]
paper board	tabule s blokem [ˈtabulɛ ˈzblɔkɛm]
pencil	tužka [ˈtuʃka]
printer	tiskárna [ˈt͡sɪskaːrna]
room darkening	zatemnění [ˈzatɛmɲɛɲiː]
speaker's pulpit	řečnický pult [ˈr̝ɛt͡ʃɲɪt͡skɪː pult]
telephone	telefon [ˈtɛlɛfɔn]
telex	telex [ˈtɛlɛks], dálnopis [ˈdaːlnɔpɪs]
word processor	textový editor [ˈtɛkstɔʊɪː ˈʔɛɟɪtɔr]

A Short Grammar

Phonetic Changes Caused by Declension and Conjugation, and Word Composition

Fleeting e

In different kinds of words, "e" between consonants will in certain forms of the words completely disappear:

Pavel *nom sing*	–	Pavla *gen+acc sing*
prodejen *gen pl f*	–	prodejna *nom sing* store
Proper names:		
pan Horáček *m*	–	paní Horáčková *f*
Prepositions:		
ke dveřím to the door k domu to the house		
se mnou with me s tebou with you		
PPP of the verb jít to go:		
šel *m sing* šla *f*, šlo *n*, šli *pl*		

Consonant Changes

There are three basic consonant groups:

Hard consonants, followed always by the "hard y," i.e., by ypsilon, include: **h, ch, k, r, (d, t, n** = without the softening diacritical mark over d, t, n, which palatalizes these letters into d' [ɟ], t' [c], ň [ɲ]);

Soft consonants, followed always by the "soft i," simply i, include: **ž, š, č, ř, j, c, (ď, ť, ň, di, ti, ni, dě, tě, ně** = d, t, n softened, palatalized);

Neutral consonants, which can be followed by either y or i, include: **b f l m p s v z.**

The hard consonants cannot, in declined or derived word forms, ever be followed by either **i** or **e/ě**. That is the reason for the following consonant changes:

● The first type:

h (g)	—	**z**	Pra**h**a Prague	v Pra**z**e in Prague
ch	—	**š**	ho**ch** boy	ho**š**i boys
			su**ch**o drought	su**š**e dryly
k	—	**c**	klu**k** boy *coll*	klu**c**i boys
			vyso**k**o high	vyso**c**e highly
r	—	**ř**	dokto**r** doctor	dokto**ř**i doctors
			ost**r**ý sharp	ost**ř**e sharply
d	—	**ď**	tvr**d**ý hard	tvr**ď**e hardly
t	—	**ť**	pracovi**t**y hardworking	pracovi**t**ě *adv*
n	—	**ň**	smut**n**ý sad *adj m sing*	
			smut**n**í *adj m anim pl*	smut**n**ě *adv*
sk	—	**šť**	lid**sk**ý human *adj m sing*	lid**št**í *m anim pl*
ck	—	**čť**	angli**ck**ý English *adj m sing*	angli**čt**í *m anim pl*

● The second type—for building suffixes:

h (g)	—	**ž**	Pra**h**a	pra**ž**ský Prague *adj*
			soudru**h** comrade	soudru**ž**ka comrade
			m anim sing	*f sing*
			geolo**g** geologist	geolo**ž**ka geologist
			m anim sing	*f sing*
z	—	**ž**	vo**z**it to take (in a car)	přivá**ž**et (in a car) to bring
k	—	**č**	klu**k** boy	klou**č**ek little boy
			lé**k** medicine	lé**č**it to heal
c	—	**č**	no**c** night	no**č**ní night *adj*
ď	—	**z**	podvr**d**it to confirm	potvr**z**ení confirmation
ť	—	**c**	pla**t**it to pay	pla**c**eno paid

Vowel Changes

a) í – á – a – ě – e

act like related sounds and can thus switch positions in different forms of one word:

př**í**tel friend	př**á**telé friends
m**í**t to have	m**á**m I have, m**ě**l, -a, -o, -i ... had
vz**í**t to take	vz**a**l, -a, -o, -i ... took
p**ě**t five	p**a**tnáct fifteen, p**a**desát fifty, p**á**tý the fifth

b) ů – o

st**ů**l table	na st**o**le on the table
m**o**ct can	m**ů**že he, she, it can
p**ů**l half *coll*	p**o**lovina half

c) Shortening and lengthening of vowels

spát to sleep   spal slept
práce work *nom*   prací work *instr*
vydat to distribute   výdej distribution

d) e – ě

-ě can stand only after the palatalized consonants **dě-, tě-, ně-**,
and after labials (consonants pronounced on your lips) **bě-, pě-,
mě-, vě-, -fě.**

Declension

Declension refers to changes in word forms in dependence on
their position and function in a sentence.
Declension concerns nouns, adjectives, pronouns, and numerals.
The different forms are referred to as cases. Czech has seven
cases. They are usually listed in this order:

1st case – Nominative
2nd case – Genitive
3rd case – Dative
4th case – Accusative
5th case – Vocative (for directly addressing people)
6th case – Locative, or Prepositional (only after preposition)
7th case – Instrumental

Nominative stands for the basic form of a noun, adjective, pro-
noun, or numeral. This is the form in which nouns, adjectives,
pronouns, and numerals will appear in dictionaries. Nominative
is the form of the subject of the sentence, e.g.: Praha *(nom)* je
krásná. – Prague is beautiful.
Genitive is very frequent; it expresses possession: (stůl **přítele** –
friend's table). It also follows after numerous prepositions: bez – with-
out, od – from, do – in to, z – out of, from, kromě – except for, aside from.
When an adjective follows after the words **co, něco, nic** – what,
something, nothing, it will stand in the genitive: Co je nového? –
What is new? Nic dobrého! – Nothing good! To je něco jiného. – That
is something else.
Dative is a frequent case for an object of a verb: to understand some-
thing: – rozumět něčemu *(dat)*. Also, it always follows after the
preposition k (ke) – to, towards. Jdu k příteli *(dat)* I am going to a friend.
Accusative is the most frequent case for a direct object of many
common verbs: Mám psa. *(acc)* I have a dog.
Vocative is used when directly addressing people by their names,
titles, etc.: pane doktore! *(voc)* Doctor! Maminko! *(voc)* Mommy!

Prepositional, or Locative, stands after certain prepositions, and it very often indicates a place, a locality. (It answers the questions where?, what about?: na stole – on the table, o Praze – about Prague.)
Instrumental expresses a tool, an instrument, or means, and it also follows after the preposition s (se) – with. (It answers the questions by what? with what? by what means?: autem – by car.)

Noun

Gender

There are three genders in Czech: **masculine** (maskulinum, *m*), **feminine** (femininum, *f*), and **neuter** (neutrum, *n*).
The masculine gender can be either animate *(anim)* or inanimate *(inanim)*. The category "animate" includes all persons and animals of masculine gender. The gender endings are as follows:

	Masculine *(m)*	Feminine *(f)*	Neuter *(n)*
the most frequent ending	hard consonant	a	o
very frequent endings	other consonants	e, st, ň	e, ě, í
rare endings	a, e	c, j, š, č, ř, ž, ť, d', l, m, p, v, s, z, t, ě	um (words of foreign origin)

● There are also masculine nouns that end in **-st** and **-ň**:

host	guest	stupeň	degree
trest	punishment	kůň	horse
test	test	oheň	fire
most	bridge	list	leaf

● Words ending in soft consonants can be either feminine or masculine, and the gender is marked in the dictionary part of this book.

● The ending **-e** can be either feminine or neuter, but seldom (just like nouns ending in **-a**) masculine. The gender is marked in the dictionary part of this book.

There are no definite or indefinite articles in Czech. Instead, Czech often uses the demonstrative pronouns ten, ta, to (this *m, f, n – sing*) and ti, ty, ta (these – *pl*).

Noun Declension

Masculine Animate				
	hard		soft	
Case	Singular	Plural	Singular	Plural
1.	pán gentleman	páni, pánové	muž man	muži
2.	pána	pánů	muže	mužů
3.	pánu/pánovi	pánům	muži (-ovi)	mužům
4.	pána	pány	muže	muže
5.	pane!	páni/pánové!	muži!	muži!
6. o about	pánu/pánovi	pánech	muži (-ovi)	mužích
7.	pánem	pány	mužem	muži

Masculine Animate				
	ending -a		ending -e	
Case	Singular	Plural	Singular	Plural
1.	tenista tennis player	tenisté (-isti)	soudce judge	soudci (-ové)
2.	tenisty	tenistů	soudce	soudců
3.	tenistovi	tenistům	soudci (-ovi)	soudcům
4.	tenistu	tenisty	soudce	soudce
5.	tenisto!	tenisté!	soudce!	soudci!
6. o about	tenistovi	tenistech	soudci (-ovi)	soudcích
7.	tenistou	tenisty	soudcem	soudci

Masculine Inanimate				
	hard		soft	
Case	Singular	Plural	Singular	Plural
1.	hrad (les) castle (woods)	hrady (lesy)	stroj machine	stroje
2.	hradu (lesa)	hradů (lesů)	stroje	strojů
3.	hradu (lesu)	hradům (lesům)	stroji	strojům
4.	hrad (les)	hrady (lesy)	stroj	stroje
5.	hrade! (lese!)	hrady! (lesy!)	stroji!	stroje!
6. o about where?	na hradu (lese) hradě	hradech (lesech)	stroji	strojích
7.	hradem (lesem)	hrady (lesy)	strojem	stroji

Feminine				
	ending -a		ending -e	
Case	Singular	Plural	Singular	Plural
1.	žena woman	ženy	růže rose	růže
2.	ženy	žen	růže	růží
3.	ženě	ženám	růži	růžím
4.	ženu	ženy	růži	růže
5.	ženo!	ženy!	růže!	růže!
6. o about	ženě	ženách	růži	růžích
7.	ženou	ženami	růží	růžemi

Consonant endings

	hard		soft	
Case	Singular	Plural	Singular	Plural
1.	kost bone	kosti	píseň song	písně
2.	kosti	kostí	písně	písní
3.	kosti	kostem	písni	písním
4.	kost	kosti	píseň	písně
5.	kosti!	kosti!	písni!	písně!
6. o about	kosti	kostech	písni	písních
7.	kostí	kostmi	písní	písněmi

Neuter

	hard		soft	
Case	Singular	Plural	Singular	Plural
1.	město city	města	moře sea	moře
2.	města	měst	moře	moří
3.	městu	městům	moři	mořím
4.	město	města	moře	moře
5.	město!	města!	moře!	moře!
6. o about	městě	městech	moři	mořích
7.	městem	městy	mořem	moři

	ending -í		the category of names for the young	
Case	Singular	Plural	Singular	Plural
1.	stavení building	stavení	kuře chicken	kuřata
2.	stavení	stavení	kuřete	kuřat
3.	stavení	stavením	kuřeti	kuřatům
4.	stavení	stavení	kuře	kuřata
5.	stavení!	stavení!	kuře!	kuřata!
6. o about	stavení	staveních	kuřeti	kuřatech
7.	stavením	staveními	kuřetem	kuřaty

Exceptions and Irregularities in Noun Declension

- The ending **-tel** always signifies a noun of masculine animate gender, and the declension follows the model word muž.
  Přítel friend has the plural form of přátelé.

- The **Genitive pl** has no ending for masculine nouns, and for some nouns of other genders
  - *m anim:* přátel friends, obyvatel inhabitants;
  - *m inanim:* tisíc thousands, peněz money;
  - *f* with the endings **-ice, -oce, -le, -yně:** ulic streets, košil shirts, žákyň students (women);
  - *n* with the ending **-iště:** letišť airport.

- The **Vocative** of *m anim* has a few strange rules:
  - the guttural consonants **h (g), k, ch** are always followed by **-u:** soudruhu! comrade! Wolfgangu! miláčku! darling! hochu! boy!
  - **r** after a consonant will change to **ř:** Valtře! Petře!

- The **Prepositional *m inanim* + *n*** after the hard consonants **h (g), ch, k** in *sing* will always have **-u:** ve vlaku in the train, na břehu on the shore, v Bavorsku in Bavaria, na Slovensku in Slovakia, in *pl* – ách or -ích where the consonant changes.

- The **Instrumental pl** will, in the colloquial language, always have the ending -ma (like the Dual):
  s těma milýma klukama with those nice boys

- The *pl* of dítě child is děti, of člověk man lidi (*lit* lidé), those plural forms are declined as the feminine model word kost.

Dual

Nouns that are names for objects that come in pairs, especially body parts that come in pairs, have the so-called dual declension in place of the plural declension:

nom sing		*pl nom = acc*	*gen*	*dat*	*prep*	*instr*
ruka	hand, arm	ruce	rukou	rukám	rukou	rukama
noha	foot, leg	nohy	nohou	nohám	nohou	nohama
oko	eye	oči	očí	očím	očích	očima
ucho	ear	uši	uší	uším	uších	ušima
koleno	knee	kolena	kolen	kolenům	kolenou	koleny
rameno	shoulder	ramena	ramen	ramenům	ramenou	rameny
prso	breast	prsa	prsou	prsům	prsou	prsy

In the Instrumental *pl*, the ending **-ma** will usually appear at the attributes that such nouns will have:

mýma holýma rukama with my bare hands

Plural-Only Nouns

Masculine nouns that exist in plural only are, e.g.:

dveře *f pl*	door	housle *f pl*	violin
nůžky *f pl*	scissors	záda *n pl*	back

Masculine names of cities:

Lidice *f pl*, Karlovy Vary *m*, Mariánské Lázně *f*

Holidays:

Vánoce *f pl*	Christmas	Velikonoce *f pl*	Easter
Dušičky *f pl*	All Saints' Day ...		

Family Names

Masculine family names will mostly have the form of a noun and will decline as a noun.

Feminine family names generally take the ending **-ová** (this is true even for foreigners):

Margaret Thatcher**ová**, Winona Ryder**ová**, paní Horáčková Mrs. Horáčková ... These family names will decline as adjectives.

There are also family names that have the form of an adjective, and will decline as an adjective. The masculine ending **-ý** will become **-á** for feminine gender:

pan Dlouhý – paní Dlouhá	pan Vrchlický – paní Vrchlická
Mr. Dlouhý Mrs. Dlouhá	Mr. Vrchlický Mrs. Vrchlická

Addressing *(voc)*:

pane Horáček, paní Horáčková, pane Dlouhy, paní Dlouhá

Diminutive

Diminutives can take numerous suffixes in each gender. The diminutives signify either a small size, or a cute way of referring to people and things:

m: -ek, -ík, -eček-, -íček, -ínek ...
f: -ka, -ička-, -inka ...
n: -ečko, -íčko, -átko, -ínko ...

Petr – Petřík, Petříček; Eva – Ev**ka**, Evička, Ev**inka**;
město – měst**ečko** little town; slunce – slun**íčko** sun;
dítě – děť**átko** baby; koleno – kol**ínko** knee ...

● Adjectives can also form diminutives, e.g.:
   hezký nice – hezoučký, hezounký
   malý little – malinký, maličký, maliličký ...

Adjectives

Adjectives will always agree in case, number, and gender with the nouns they modify.

1. Hard Adjectives

Case	Singular			Plural		
	m	f	n	m anim	m inanim =f	n
1.	mladý young	mladá	mladé	mladí	mladé	mladá
2.	mladého	mladé	mladého		mladých	
3.	mladému	mladé	mladému		mladým	
4. *anim*	mladého					
		mladou	mladé	mladé	mladé	mladá
inanim	mladý					
5.	mladý!	mladá!	mladé!	mladí!	mladé!	mladá!
6. o about	mladém	mladé	mladém		mladých	
7.	mladým	mladou	mladým		mladými	

● In the colloquial daily language, the adjectival ending **-é** will change into **-ý**, e.g.:
gen sing m + n: mlad**ý**ho, *dat sing:* mlad**ý**mu, *nom/acc pl f + m inanim:* mladý holky, mladý stromy
-ý will also replace **-í** in *nom pl m anim:* mladý kluci
as well as **-á** in *nom + acc pl n:* hezký města

2. Soft Adjectives

Soft adjectives will have the ending **-í** in both *sing* and *pl:*
letní kabát summer coat, letní blůza summer blouse, letní sako summer jacket, šaty summer dress, letní boty summer shoes, letní kina summer theaters ...
The declension of soft adjectives is just like the hard adjectives declension:

Case	Singular			Plural		
	m	f	n	m anim	m inanim =f	n
1.			l e t n í	summer		
2.	letního	letní	letního		letních	
3.	letnímu	letní	letnímu		letním	
4. *anim*	letního					
		letní	letní		letní	
inanim	letní					
5.			l e t n í!			
6. o about	letním	letní	letním		letních	
7.	letním	letní	letním		letními	

Soft adjectives are:

— Derived from the nouns: noc – noční night(time), den – denní day(time)
— Words of foreign origin: moderní, exkluzivní, atraktivní ...
— Verbal adjectives active: *3rd pers pl* + -cí: pracující working, spící sleeping, učící se learning, demonstrující demonstrating ...
— Verbal adjectives passive (the verb stem + -cí): psací stroj typewriter ...
— Comparative and superlative forms

Comparative and Superlative of Adjectives

Basic form		Comparative	Superlative
		Ending -ší, -ejší, -ější, -í	Prefix nej- + comparative
mladý	young	mladší younger	nejmladší the youngest
starý	old	starší	nejstarší
teplý	warm	teplejší	nejteplejší
levný	cheap	levnější	nejlevnější
moderní	modern	modernější	nejmodernější
-ší or only -í with consonant changes:			
drahý expensive, dear		dražší	nejdražší
hezký	pretty	hezčí	nejhezčí
lehký	light	lehčí	nejlehčí
měkký	soft	měkčí	nejměkčí
The ending -ky, -oky will disappear:			
sladký	sweet	sladší	nejsladší
hluboký	deep	hlubší	nejhlubší
Change of consonant and shortening of vowel:			
blízký	near	bližší	nejbližší
vysoký	high, tall	vyšší	nejvyšší
úzký	narrow	užší	nejužší
krátký	short	kratší	nejkratší

!

Irregular comparatives and superlatives:		
Basic form	Comparative	Superlative
dobrý good	**lepší**	**nej**lepší
špatný bad	**horší**	**nej**horší
zlý evil, mean	**horší**	**nej**horší
velký big, great	**větší**	**nej**větší
malý small, little	**menší**	**nej**menší
dlouhý long	**delší**	**nej**delší

Possessive Adjectives

Possessive adjectives can only be formed from names of persons, including proper names. The form of possessive adjectives is distinguished according to the possessor, and the endings according to the possessed person or thing:

Masculine possessor (consonant **-v-**):

otcův přítel	father's friend
otcova kniha	book
otcovo auto	car
otcovi přátelé	friends
otcovy problémy/starosti	problems/troubles
otcova pera	pens

Feminine possessor (consonant **-n-**):

matčin přítel	mother's friend
matčina kniha	book
matčino auto	car

The possessive adjectives will be declined, depending on the gender of possessed thing or person, as pán, žena, or město in *sing* as well as *instr* and in *nom + acc pl*, and in *instr sing, gen, dat, prep, instr pl* they will be declined as hard adjectives.

Pronouns

Personal Pronouns

Personal pronouns, unlike in English, are expressly mentioned with verbs only for the purpose of adding emphasis. Under normal circumstances, with no emphasis, the person of the verb is expressed by the verb form itself:

Mluvím česky.	I speak Czech.
Ty nemluvíš česky.	**You** do not speak Czech.

Case	I	you	he	she	it	we	you (pl)	they	reflexive pronoun
1.	já	ty	on	ona	(ono) s. on	my	vy (Vy)	oni	—
2.	mě	tě	ho	jí		nás	vás	jich	
stressed:		tebe	jeho						sebe
3.	mi	ti	mu	jí		nám	vám	jim	si
stressed:	mně	tobě	jemu						sobě
4.	mě (mne)	tě	ho	ji		nás	vás	je	se
stressed:		tebe	jeho						sebe
6. o about	mně	tobě	něm	ní		nás	vás	nich	sobě
7.	mnou	tebou	jím	jí		námi	vámi	jimi	sebou

- Stressed, or emphasized, forms stand after prepositions:
  pro tebe for you
  or when the pronoun is stressed in comparison to another, or at the beginning of a sentence:
  Znám jeho, ne ji. I know him, not her.
- **Attention:** every time a pronoun starting with **j-** is preceded by a preposition, the beginning **j-** will change into the palatalized **n** [ɲ]: bez něho without him, k nim to them; s nimi with them; *gen + acc* of the pronoun on (ono) is **něho** or **něj.**
- The reflexive pronoun "se" refers back to the subject of the sentence, e.g.: Mluvíme o sobě. We speak about ourselves.

Possessive Pronouns

	Singular possessive			Plural possessive		
	m	*f*	*n*	*m anim*	*m inanim = f*	*n*
Possessor:						
1st sing my, mine	můj	moje (má)	moje (mé)	mí (moji)	moje (mé)	moje (má)
2nd sing your, yours	tvůj	tvoje (tvá)	tvoje (tvé)	tví (tvoji)	tvoje (tvé)	tvoje (tvá)
3rd sing m+n his, its	jeho	jeho	jeho	jeho	jeho	jeho
3rd sing f her, hers	její	její	její	její	její	její
1st pl our, ours	náš	naše	naše	naši	naše	naše
2nd pl your, yours	váš Váš	vaše Vaše	vaše Vaše	vaši Vaši	vaše Vaše	vaše Vaše
3rd pl their, theirs	jejich	jejich	jejich	jejich	jejich	jejich
reflexive: my, your, his, her, its, our, your, their own	svůj	svoje (svá)	svoje (své)	sví (svoji)	svoje (své)	svoje (svá)

- The reflexive possessive pronoun is used when the possessor is identical with the subject, so that it refers back to the subject: Přijedu svým autem. I will come in my (own) car.

Declension of Possessive Pronouns

– můj, má, mé, mí, tvůj, tvá, tvé, tví, svůj, svá, své decline like **hard adjectives:** mého syna my son, k mým rodičům to my parents.
– náš, váš, naše, vaše, as well as moje, tvoje, svoje in *f sing,* all have **pronoun declension** (the endings are those for personal pronouns only):
  našich rodičů of our parents, se svojí matkou my my (your, his, her, our, your, their) own mother
– moji, tvoji, svoji, moje, tvoje, svoje will be declined in *pl* as well as in *n sing* (also in *nom* and *acc*) as **adjectives:**
  o tvých dětech about your children
– její as **soft adjective** *f (letní):*
  jejího muže of her husband, jejímu muži to her husband …
– jeho + jejich remain **undeclined.**

Demonstrative Pronouns

	Singular			Plural		
	m the, this	*f* the, this	*n* the, this	*m anim* the, these	*m inanim = f* the, these	*n* the, these
1.	ten	ta	to	ti	ty	ta
2.	toho	té	toho	těch	těch	těch
3.	tomu	té	tomu	těm	těm	těm
4. *anim*	toho	tu	to	ty	ty	ta
inanim	ten					
6. o about	tom	té	tom	těch	těch	těch
7.	tím	tou	tím	těmi	těmi	těmi

- ten, ta, to, ti, ty, ta are not articles, although in colloquial speech they are often overused, and might be considered to take the place of the nonexistent article in Czech.

Long Demonstrative Pronouns (Emphasized Forms)

	this	this	this	these		
	m	*f*	*n*	*m bel*	*m unbel = f*	*n*
	tenhle	tahle	tohle	tihle	tyhle	tahle
or:	tento	tato	toto	tito	tyto	tato
	that			those		
	tamten	tamta	tamto	tamti	tamty	tamta

- They decline just like ten, ta, to, except with **-hle, -to** and **-tam** added on the end:
  s tímhle mužem with this man, s tamtou ženou with that women

Question Words
- kdo who: declension like ten (kdo, koho, komu, koho, o kom, s kým)
- co what: declension like ono (co, čeho, čemu, co, o čem, s čím)
- čí whose: declension like the soft *adj* letní (rarely declined at all)
- který, která, které, kteří, které, která which: like the hard *adj*
- jaký, jaká, jaké, jací, jaké, jaká what kind of, which: like the hard *adj*

Relative Pronouns

To je ten pán, **který** bydlí v Praze.	This is the gentleman who lives in Prague.
Poznal přítele, **ktery** mu pomohl.	He met such a friend who helped him.
To je to, **co** jsem koupil.	This is the thing which I bought.
To je to, **o čem** jste mluvili.	This is the thing which we talked about.

Indeterminate and Negative Pronouns and Adverbs
Please note that in Czech, two or more negatives are used in one sentence to express a regular negation, e.g.: Nikdo nic neví. Nobody knows anything. (Two negative pronouns and a negated verb are used).

někdo	everybody	nikdo	nobody		
něco	something	nic	nothing		
někde	somewhere	nikde	nowhere	jinde	elsewhere
někdy	sometime	nikdy	never	jindy	another time
nějak	somehow	nijak	in no way	jinak	in another way

The following pronouns also belong among the indeterminate pronouns:
každý, -á, -é every – declension as *adj*
sám, sama, samo alone
všechno everything, all, všichni everyone *m anim*, všechny
m inanim = f, všechna, kdosi, leckdo (whoever), cokoli (whatever) …

Numerals

Cardinal Numerals

one (all genders, also in the plural)

Singular			Plural		
m	f	n	m anim	m inanim = f	n
jeden	jedna	jedno	jedni	jedny	jedna
(declension like ten, ta, to ...)					

Separate Declension

Case	two		three	four
	m	f + n		
1.	dva, oba	dvě, obě	tři	čtyři
2.	dvou, obou		tří	čtyř
3.	dvěma, oběma		třem	čtyřem
4.	dva, oba	dvě, obě	tři	čtyři
6. o about	dvou, obou		třech	čtyřech
7.	dvěma, oběma		třemi	čtyřmi

- 100   sto – like the noun město (p. 208) (also 200: dvě stě)
- 1.000   tisíc like the noun stroj (p. 207)
- 1.000.000   milión like the noun hrad (p. 207)
- 1.000.000.000   miliarda like the noun žena (p. 207)

Other numerals have the ending **-i** in all cases except for *acc* and *nom*: 5, 67: pět, šedesát sedm *(nom = acc)*, pěti, šedesáti sedmi *(gen, dat, prep, instr)*

● Numbers over 20 can be said in two ways. In the regular order, the number will be composed of two words and each word will decline. In the reversed order, the number will become one word and only one ending will be attached to the end:
67 – šedesát sedm = sedmašedesát, declension: sedmašedesáti

Indeterminate Numerals

několik several, kolik how much, how many, tolik that much, that many mnoho much, many; ... have, except in the *nom* and *acc* – the ending **-a:** do kolika aut into how many cars; hodně many, much and málo few, little remain undeclined.

● The noun following a numeral smaller than 5 will always be in *nom + acc*, but the noun following the numerals 5 and greater will always stand in *gen pl*, and the verb in the sentence will be in the singular form.

To je jedna kniha.	This is one book.
To jsou dvě (tři, čtyři) knihy.	These are two (three, four) books.
To je pět (osm, sedm set, tisíc, hodně, několik) knih.	There are five (8, 700, 1000, many, several) books.
Tam bylo málo knih.	There were few books there.

● Uncountable nouns have the form of *gen sing* following a numeral:

Máme málo masa (chleba). We have little meat (bread).

Ordinal Numerals

Ordinal numerals are grammatically hard adjectives, except for 1st = první, 3rd = třetí, 1000th = tisící, which are soft adjectives. Ordinal numerals in Czech are written with a period following the number (so that the period replaces the English language ordinal numeral endings of -st,-nd-, -rd,-th).

1. první
2. druhý, druhá, druhé, druzí, druhé, druhá
3. třetí
4. čtvrtý, -á, -é, -í, -é, -á
28. dvacátý (-á, -é …) osmý (-á, -é …) = osmadvacátý (-á, -é …)

Generic Numerals

Generic numerals are used to count nouns that exist in plural or dual only. The numerals are: jedny, dvoje, troje, čtvery, patery, šestery, desatery, … několikery. They can most easily be translated into English by using words such as pair, set, etc.:

jedny brýle	one pair of glasses
dvoje dveře	two sets of doors
troje kalhoty	three pairs of pants
čtvery šaty	four sets of dresses
patery nůžky	five pairs of scissors
několikery boty	several pairs of shoes

Multiplication

once: 1 x – jednou, twice: 2 x – dvakrát, three times: 3 x – třikrát, … several times: několikrát fifty-four times: 54 x – čtyřiapadesátkrát (over 20, the number will come in reverse order with the suffix **-krát** at the end).

jednoduchý – onefold
dvojitý, dvounásobný – twofold
trojitý, trojnásobný – threefold

The Number as a Noun

one 1 – jednička, two 2 – dvojka, three 3 – trojka, four 4 – čtyřka, five 5 – pětka, six 6 – šestka, seven 7 – sedmička, eight 8 – osmička, nine 9 – devítka, ten 10 – desítka, eleven 11 – jedenáctka … twenty 20 – dvacítka, twenty-one 21 – jednadvacítka, ninety-six 96 – šestadevadesátka (over 20, the number again comes in reversed order and becomes one word).

Adverbs

expressing quantity, degree:

hodně	much, many	mnoho	much, many – *lit*
moc	very	velmi	very – *lit*
moc	too (much, many)	příliš	too (much, many) – *lit*

Formation of Adverbs

● The adverbs are formed from adjectives by replacing the endings -**ý**, -**í** with the endings -**e**, -**ě** (and there will also be some consonant changes).

mlad**ý** → mlad**ě** in a young way   letn**í** → letn**ě** in a summer manner

tepl**ý** → tepl**e** warmly   prud**ký** → prud**ce** severely, forcefully

Many adverbs will take both the -**e** and the -**o** endings, with a slight change in meaning:

-**o** + verb být to be   -**e** with other verbs
-**o** literal meaning   -**e** other meaning

Tady je **teplo.**   It is warm here.
Oblékni se **teple.**   Dress warmly.
Bydlí **daleko.**   He (She) lives far.
Tak **dalece** ho to nezajímá.   He is not interested in it thus far.
Letadlo létá **vysoko.**   The airplane is flying high.
Je **vysoce** inteligentní.   She (He) is highly intelligent.

● -**ský**, -**cký** → -**sky**, -**cky**

če**ský**   →   če**sky** in Czech
angli**cký**   →   angli**cky** in English

Comparison of Adverbs

The comparative is formed with the endings **-eji**, **-ěji**, **-e** (**-ě**) (in colloquial speech the endings will shorten to **-ejš**, **-ějš**, or will be lost completely).
The superlative is formed with the prefix **nej-** + comparative:

Basic form		Comparative	Superlative
vysoko	high	výš**(e)** higher	**nej**výš**(e)** the highest
levně	cheaply	levn**ěji** (*coll* levn**ějš**)	**nej**levn**ěji** (*coll* **nej**levn**ějš**)
pozdě	late	pozd**ěji** (*coll* pozd**ějš**)	**nej**pozd**ěji** (*coll* **nej**pozd**ějš**)
draho expensively		dráž**(e)**	**nej**dráž**(e)**

Irregular Comparison of Adverbs

dobře	good, well	lépe (*coll* líp)	**nej**lépe (**nej**líp)
špatně	badly	hůř**(e)**	**nej**hůř**(e)**
zle	meanly, in an evil manner	hůř**(e)**	**nej**hůř**(e)**
málo	few, little	méně (*coll* míň)	**nej**méně (**nej**míň)
hodně	many, much	víc**(e)**	**nej**víc**(e)**
mnoho many, much (*lit*)		víc**(e)**	**nej**víc**(e)**
brzy, brzo	soon, early	dřív(e) earlier	**nej**dřív(e) earliest, at first

Verbs

Governing by Cases

The Czech verbs take objects in specific cases; thus one has to know the declension patterns of nouns that are to follow the verbs:

Kolik je vašemu synovi? *(dat)*	How old is your son?
Co je to za člověka? *(acc)*	Who is that man?
Ptám se učitelky. *(gen)*	I am asking the teacher.
Ničemu nerozumím. *(dat)*	I don't understand anything.
Divíte se tomu? *(dat)*	Are you surprised at that?

● **This also concerns numerals!** (pages 217–218)

Aspect

Every verb in Czech has two forms, two different aspects. The two aspects are: **imperfective** *(ipf)* and **perfective** *(pf)*.

The Imperfective Aspect

Imperfective verbs express **repeated action, often something regularly repeated,** or **action which is happening right now,** or **action which lasted for a certain period of time,** be it in the past, present, or future:

Dělám to každý den.	I do this every day.
Co teď **děláš?**	What is he/she doing now?
Co jste **dělali** včera?	What were you doing yesterday?
	What did you do yesterday?
Co budeme **dělat** zítra?	What shall we do tomorrow?
Rád **píše.**	He/She likes to write.
Neruš ho, **píše** dopis!	Don't disturb him, he is writing a letter!

The Perfective Aspect

Pefective verbs express an **action that happened only once, and will not be repeated,** or an **action that is completed.** The perfective form of a verb **cannot** express the present. **The present form of a perfective verb automatically expresses the future:**

Udělám to zítra.	I will do it tomorrow. (I will do it only once tomorrow.)
Kdo to **udělal?**	Who did it? (Someone did it, it is done and completed.)
Nechte to, my to **uděláme.**	Let it be, we will do it. (We will finish the job.)

Perfective verbs are often formed by **adding a prefix** to the imperfective verb. The prefixes often change the meaning of the original unprefixed verb, as well as converting the verb from the imperfective to the perfective aspect:

dělat *ipf*	**do**dělat *pf*	**do**dělávat *ipf*
to do, to make	to complete, to finish	to be finishing (right now, repeatedly)
	vydělat *pf*	**vy**dělávat *ipf*
	to earn	to be earning (repeatedly)
nést *ipf*	**při**nést *pf*	**při**nášet *ipf*
to bring	to bring (once)	to be bringing (right now, repeatedly)

Many perfective verbs have no prefixes, and must form their imperfective pair verb by means of a suffix:

dát *pf* to give   dá**vat** *ipf* to be giving (repeatedly or right now)
nechat *pf* to let   nechá**vat** *ipf* to be letting (repeatedly or right now)

Some verbs are neither perfective nor imperfective, the logic of aspect simply does not apply to them. These are primarily the modal verbs and the auxiliary verbs:

být to be	mít to have	
umět can (have a skill)	moct can (have the ability)	smět be allowed to
muset must, have to	chtít want	

● In the dictionary section of this book, the verbs are listed in the *ipf/pf* order. The whole pair is only listed in the English/Czech part of the dictionary.

Verbs of Motion

The Czech verbs of motion have the concept of aspect further modified. They exist in the **determinate** (= **unidirectional,** only one act of motion expressed by the verb) and **indeterminate** (= **multidirectional,** several acts of motion expressed by such verb) pairs:

	imperfective		perfective
	determinate	indeterminate	only once *Infinitive and participle forms with* **pů-/po-** *do not exist*
	once	more than once (repeatedly)	
to go (on foot)	jít	chodit	půjdu, půjdeš ...
to go (in a vehicle)	jet	jezdit	pojedu, pojedeš ...
to fly	letět	létat	poletím, poletíš ...
to run	běžet	běhat	poběžím, poběžíš ...
to carry (on one's person)	nést	nosit	ponesu, poneseš ...
to lead	vést	vodit	povedu, povedeš ...
to take, to carry (in a vehicle)	vézt	vozit	povezu, povezeš ...

When the verbs of motion listed in the table above receive a pre-fix, they become perfective verbs, and their meaning will change, e.g.:

při-jít to come → **ode**-jít to leave → **na**-jít to find

When these newly formed perfective verbs need an imperfective pair, it will be formed by means of a suffix, added to the perfective form:

přijít *pf* once: to come	přicházet *ipf* repeatedly: to come
najít *pf* once: to find	nacházet *ipf* repeatedly: to find
	nacházet se to find oneself somewhere
přijet *pf*	přijíždět *ipf* repeatedly: to arrive
odletět *pf*	odlétat *ipf* repeatedly: to fly away, to leave by plane
uběhnout *pf*	ubíhat *ipf* repeatedly: to pass (time)
donést *pf*	donášet *ipf* repeatedly: to bring in, to deliver
přivést *pf*	přivádět *ipf* repeatedly: to bring in a person
přivézt *pf*	přivážet *ipf* repeatedly: to bring something in a vehicle

Jdu do kina.	I am going to the movies. (right now)
Chodím do kina.	I go to the movies. (regularly)
Kdy **pojedete** do Ameriky?	When will you go to America? (once, in the future)
Z Čech **dovážíme** pivo.	We bring beer from the Czech Lands. (repeatedly, over time)

The Present Tense

Conjugation

Group I

1) Irregular infinitive stem
2) Infinitives ending in **-ovat,** suffix **-uj-** in present tense
3) Infinitives ending in **-out**

Person	Singular	Plural
1st	-u	-eme
2nd	-eš	-ete
3rd	-e	-ou

1) Verbs with an irregular infinitive:

jít to go (on foot)	– jd**u**, jd**eš**, jd**e**, jd**eme**, jd**ete**, jd**ou**
jet to go (by vehicle)	– jed**u**, jed**eš**, jed**e**, jed**eme**, jed**ete**, jed**ou**
psát to write	– píš**u**, píš**eš**, píš**e**, píš**eme**, píš**ete**, píš**ou**
moct can (ability)	– můž**u** (*hs* moh**u**), můž**eš**, můž**e**, můž**eme**, můž**ete**, můž**ou** (*hs* moh**ou**)
žít to live	– žij**u** (*lit* žij**i**)
číst to read	– čt**u**
vzít to take *pf*	– vezm**u**
brát to take *ipf*	– ber**u**
hrát to play	– hraj**u** (*hs* hraj**i**)

2) All verbs with the infinitive ending in -**ovat**, with the group -**uj**- always appear in the present tense conjugation forms. (In literary language, the -j will be followed by -**i** in the *1st pers sing* instead of -**u**, and in the *3rd pers pl* by -**í** instead of -**ou**):

děkovat to thank	– děk**uju** (*lit* děk**uji**), děk**uješ**, děk**uje**, děk**ujeme**, děk**ujete**, děk**ujou** (*lit* děk**ují**)
pracovat to work	– prac**uju** (-**i**)
organizovat to organize	– organiz**uju** (-**i**)
telefonovat to telephone	– telefon**uju** (-**i**)
kontrolovat to check	– kontrol**uju** (-**i**)

3) Verbs with the ending -**out**:

padnout to fall	– padn**u**, padn**eš**, padn**e**, padn**eme**, padn**ete**, padn**ou**
zvednout to lift	– zvedn**u**
kleknout to kneel	– klekn**u**
usnout to fall asleep	– usn**u**
but also: začít to begin	– začn**u**

Group II

Pers.	1) Infinitives ending in -**et**/-**ět**, -**it**		2) Infinitives ending in -**at**	
	sing	*pl*	*sing*	*pl*
1st	-ím	-íme	-ám	-áme
2nd	-íš	-íte	-áš	-áte
3rd	-í	-í (-ejí/-ějí)	-á	**-ají**

1) vidět to see — vidím, vidíš, vidí, vidíme, vidíte, vidí

   prosit to beg — prosím, prosíš, prosí, prosíme, prosíte, prosí

   smět to be allowed to — smím, smíš, smí, smíme, smíte, smějí

2) dělat to do, to make — dělám, děláš, dělá, děláme, děláte, dělají

   dávat to give *(ipf)* — dávám, dáváš …

   also some monosyllabic verbs:

   dát to give *(pf)* — dám, dáš …

   mít to have — mám, máš, má, máme, máte, mají

Some less frequent verbs with the endings -**et**, -**it**, or -**at** conjugate like the verbs of Group I:

poslat to send — pošlu, pošleš …
plavat to swim — plavu, plaveš …
kašlat to cough — kašlu, kašleš …
házet to throw — hážu, hážeš …
ukázat to show — ukážu, ukážeš …
mazat to spread, to lubricate — mažu, mažeš …

When the infinite stem is different than the conjugated forms, one must have the *1st* or *3rd pers sing* of the verb.

Irregular Verbs

být to be — jsem, jsi, je, jsme, jste, jsou
chtít to want — chci, chceš, chce, chceme, chcete, chtějí
jíst to eat — jím, jíš, jí, jíme, jíte, jedí
vědět to know — vím, víš, ví, víme, víte, vědí

Reflexive Verbs

The reflexive pronoun is the same for all persons:

in *acc* **se**   in *dat* **si**
divit se to be surprised, to wonder   koupit si to buy

pers	sing	pl	sing	pl
1st	divím se	divíme se	koupím si	koupíme si
2nd	divíš se	divíte se	koupíš si	koupíte si
3rd	diví se	diví se	koupí si	koupí si

Word Order

The reflexive pronouns "se" and "si" must always stand in the second position in a sentence. If there is an auxiliary verb in the sentence (such as the conditional or the past tense auxiliary), then the auxiliary verb will stand second, and the reflexive pronouns will follow them in the third place.

● Some reflexive verbs:

ptát se to ask	ptám se I ask
dívat se to look, to watch	koukat se to watch *(coll)*
vrátit se to return	hrát si to play

The reflexive form in *3rd pers sing:*

chce se (mi)	I want, I feel like
nechce se (mi)	I don't want, I don't feel like
Chce se ti už spát?	Do you want to sleep yet?
	Do you feel like sleeping yet?
Nám se nechce pracovat.	We don't want to work anymore.
	We don't feel like working anymore.

Negation

The particle **ne-** is added to the verb at its beginning, and is written together with the verb form (nemám, neděkuje). As noted above, Czech expresses negation by putting in one sentence as many negative words as necessary, always including the negative verb form:

Nikdo nic neví.	Nobody knows anything.
	("nobody does not know nothing")
Nikoho se na nic neptej!	Don't ask anyone anything!
	("don't ask nobody nothing")

Formal and Informal Addressing

In Czech, there are two basic forms of addressing people, the formal and the informal. These forms are referred to as **"tykání"** and **"vykání"** according to addressing a person **"ty"** (= *2nd pers sing* pronoun) or **"vy"** (= *2nd pers pl* pronoun).
In the formal, one always has to use the *2nd pers pl* form of the verb and address the person by their last name and title, if they have any. Please note that titles are always preceded by the words Mr., Mrs., or Miss. This formal way of addressing is used with superiors in the work place, with persons older than oneself, and when one is about 30 years old (safely beyond the college age), also with peers:

Kam jdete, paní Horáčková?	Where are you going, Mrs. Horáček?
Kam jdete, pane doktore?	Where are you going, Mr. Doctor?
Spíte?	Are you sleeping? (speaking to one person, but addressing him/her in the 2nd pers pl to express respect)

In the informal, one uses the *2nd pers sing* of the verb and the first name of a person to address them. This informal way of addressing is used with family members, friends, close colleagues at work, and anyone else who is a close person.

Kam jdeš, Anno?	Where are you going, Anna?
Kam jdeš, tati?	Where are you going, Dad?
Spíš?	Are you sleeping?

Imperative

The *2nd pers sing* imperative is formed from the *3rd pers pl* of the present tense of the verb. The stem vowel of the verb often shortens, and the final consonant often softens, especially the consonants d, t, n will become **ď ť ň,** and -a- before -j will change into -e-.

The *2nd pers pl* imperative takes the ending **-te,** and the *1st pers pl* imperative (self-ordering) takes **-me:**

pres 3rd pers pl		*2nd pers sing*	*2nd pers pl*	*(1st pers pl)*
pros-í		pros!	pros**te**!	(pros**me**!)
přijed-ou		přijeď!	přijeď**te**!	(přijeď**me**!)
píš-ou		piš!	piš**te**!	(piš**me**!)
děl-ají	a→e	dělej!	dělej**te**!	(dělej**me**!)
maj-í	a→ě	měj!	měj**te**!	(měj**me**!)

When there are two consonants after taking off the vowel ending of the *3rd pers sing* of present tense, the endings will be **-i** in the *2nd pers sing,* **-ete** in the *2nd pers pl,* and **-ěte** in the *1st pers pl:* **-eme/-ěme:**

pres 3rd pers pl	*2nd pers sing*	*2nd pers pl*	*(1st pers pl)*
začn-ou	začn**i**!	začn**ěte**!	(začn**ěme**!)
sp-í	sp**i**!	sp**ěte**!	(sp**ěme**!)

Many verbs that end with consonant groups in the *3rd pers pl* stem, and should take the second set of endings (esp. those with **-r-** and **-j-**), will behave irregularly and take instead the first set of endings, i.e., no ending in the *2nd pers sing* imperative:

drž-í – drž!, strč-í – strč!, půjd-ou – pojd'!, přijd-ou – přijd'!

The imperative for *3rd pers sing* and *pl* is formed by means of the word **at'**. Such imperative translates into Let us ... ! or Long live ... ! phrases, or, in dependent clauses, with the purpose "to" clause:

At' žije, kdo pije!	Long live who drinks!
At' žijí děti našich rodičů!	Long live the children of our parents!
Řekni mu, at' večer přijde!	Tell him to come in the evening!
	(Let him come in the evening!)

Negative Imperative

Negative imperative is almost always formed from the imperfective verbs, and with verbs of motion, from their indeterminate forms:

positive order	negative order	
Dej mu to!	**Nedávej** mu to!	Give it to him! Don't give it to him!
Jděte tam!	**Nechod'te** tam!	Go there! Don't go there!
At' to **vezmou**!	At' to **neberou**!	Let them take it!
		Don't let them take it!

Past Tense

There is only one past tense in Czech, and it is formed by means of the the past participle of the verbs *(PP)* and the conjugated form of the auxiliary verb být (to be). *3rd pers sing + pl* have no auxiliary verb:

pers	sing	pl
1st	**PP + jsem** byl (-a) jsem I was = I have been, I had been	**PP + jsme** byli (-y) jsme we were = we have been, we had been
2nd	**PP + jsi** byl (-a) jsi you were = you have been, you had been	**PP + jste** byli (-y) jste you were = you have been, you had been
3rd	**PP ———** byl (-a)— he, she, it was = he, she, it has been, had been	**PP ———** byli (-y, -a)— they were = they have been, they had been

Forming the *Past Participle*

The *PP* is formed from the infinitive. The infinitive ending **-t** is taken off and **-l** is substituted:
prosit to beg – prosi**l**, mluvit to speak – mluvi**l**,
bydlet to reside – bydle**l**

The stem vowel will often shorten, especially in monosyllabic verbs:
psát to write – psal, být to be – byl, žít to live – žil,
nést to carry – nesl, padnout to fall – padnul

PP must agree with the subject in number and gender:

sing m	sing f	sing n	pl m anim	pl m inanim + f	pl n
-l	-la	-lo	-li	-ly	-la
psa**l**	psa**la**	psa**lo**	psa**li**	psa**ly**	psa**la**

- In colloquial speech, all forms in the plural will end in **-li/-ly**
- The **-l** in *PP m sing*, where it follows a consonant, will disappear in the colloquial speech: nesl, mohl, jedl

Irregular *Past Participles:*

jít to go (on foot)	še**l**, š**la**, š**lo**, š**li**, š**ly**, š**la** (fleeting **-e-**)
mít to have	mě**l**, mě**la** ...
chtít to want	chtě**l**, chtě**la** ...
začít to begin	zača**l**, zača**la** oder zač**la** ...
jíst to eat	jed**l**, jed**la** ...
číst to read	čet**l**, čet**la** (also čt**la**) ...
říct to say	řek**l**, řek**la** ...

Word Order in the Past Tense

The auxiliary verb jsem, jsi, jsme, jste always has to stand in the second position in a sentence:

Včera **jsem** jedli v restauraci.	Yesterday we ate in a restaurant.
V restauraci **jsme** jedli <u>včera.</u>	In a restaurant we ate <u>yesterday.</u>
<u>My</u> **jsme** jedli včera v restauraci.	<u>We</u> ate in a restaurant yesterday.

If the verb in the sentence is a reflexive verb, the reflexive pronoun se/si must stand in the third position in the sentence:

Myl **jsem** se.	I was washing myself.
<u>Já</u> **jsem** se myl.	I (stress) washed myself.
Myl **jsem** si ruce.	I washed my hands.
<u>Já</u> **jsem** si myl ruce.	<u>I</u> washed my hands.

In the *2nd pers sing* when using reflexive verbs ... **jsi se**, ... **jsi si** contracts into **ses** *(acc)* and **sis** *(dat)*:

| Na co **ses** (jsi se) koukal? | What did you watch? |
| Myla **sis** (jsi si) ruce? | Have you washed your hands? |

Negation in the Past Tense

The negative particle attaches to the *PP*, not to the auxiliary verb:

Proč jste **ne**přišli?	Why didn't you come?
Nechtěli jsme to koupit.	We didn't want to buy it.
Já jsem to **ne**udělal.	I didn't do it.
Nic **ne**jelo.	Nothing was coming.

Agreement in the Past Tense

The *PP* has to agree in gender and number with the subject of the sentence:

| Byl jste doma, pane Novák? | Were you at home, Mr. Novák? |
| Koupila jste to, paní Černá? | Did you buy it, Mrs. Černá? |

Conditional

The conditional is formed by joining the appropriate *PP* form of the verb and the conditional auxiliary verb **by**:

person	sing	pl
1st	dělal(-a) bych I would do/make	dělali (-y) bychom (*coll* bysme)
2nd	dělal(-a) bys	dělali (-y) byste
3rd	dělal(-a) by	dělali (-y) by

Word Order

The conditional auxiliary will take the second position in the sentence, and the reflexive pronoun se/si the third position in the sentence:

| Koupil **bych si** to. | I would buy it. |
| Já **bych si** to koupil. | I would buy it. |

The conjunction kdyby(ch ...) if and aby(ch ...) in order to, so that are joined together with the conditional auxiliary forms:

Kdyby pršelo, zůstala bych doma. If it rained, I would stay at home.
(*aby* – see "Aby" Clauses).

Negation

The particle **ne-** connects to the *PP*, not with bych, bys, by … :

Nejeli byste s námi?	Wouldn't you come with us?
To by **ne**koupil nikdo.	Nobody would buy this.
Kéž by **ne**přišla!	I wish she would not come!

The Conditional in the Past Tense

If the conditional is used together with the *PP* forms of být, bývat, the past conditional is obtained:

Kdybych byl (býval) měl peníze,	If I had had money,
byl (býval) bych to koupil.	I would have bought it.

Often, the past conditional is indicated simply by using the appropriate time adverb, and the past conditional construction is omitted:

Kdyby měla včera	If she had time yesterday, she
čas, přišla by.	would come. (meaning: "if she had had time she would have come")

Sometimes, the past tense is used to express a conditional construction:

Kdybychom to (byli, bývali)	If we knew it, we would not
věděli, tak jsme tam nejezdili.	go there. (literally: If we had had known it, we would not have gone there.)
To jsi neměl dělat!	You should not have done that!
To přece mohli říct!	They could have said as much!

"Aby" Clauses

The constructions with the conjuction **aby** are used to express purpose, indirect order, wish, and indirect request:

Učí se česky, aby mohl	He/She is learning Czech in
v Praze pracovat.	order to be able to work in Prague.
Telefonuje tam, aby mu	He is calling there so that they
rezervovali pokoj.	can reserve a room for him.
Chci, abys to věděla.	I want you to know that.
Napiš mu, aby přijel.	Write him to come.
Prosili nás, abychom to	They begged us not to tell
nikomu neříkali.	anyone.

Future

The auxiliary for the future of the imperfective verbs is:

pers	sing	pl
1st	budu	budeme
2nd	budeš	budete
3rd	bude	budou

The negation particle **ne-** will attach to these forms and is written together with them.

The forms above are also the future tense of the verb "to be," which does not need any other verb form:

Budu doma.	I will be at home.
Nebudete tam?	Will you not be there?

The auxiliary verbs conjugate, and the main verb carrying the meaning itself stands in the infinitive:

Budeme **pracovat.**	We will **work.**
Kde budete **bydlet?**	Where will you **live?**
Nebudeš už nic **jíst?**	You won't **eat** anything else?
Budu to **muset udělat.**	I will have to **do/make** it.

These future forms apply for usage only with imperfective verbs. With the perfective verbs, their present tense forms already express the future.

Reflexive Passive

Any verb can attach the reflexive pronoun "se" to its *3rd pers sing*, present or past tense, and express the passive voice. The subject in such sentences is not expressed:

To se nedělá.	One does not do that.
Včera se nepracovalo.	There was no work yesterday. We did not work yesterday.
Tam se vařila dobrá káva.	They used to make good coffee in there.
Tady se prodávaly boty.	They used to sell shoes here.
Stavěly se domy.	Houses were built.

These sentences are often translated into English by using "one," "they" in the subject, by "there is, there are" sentences, or by regular passive voice.

Passive Voice

The passive voice is composed of the past passive participle *(PPP)* and the auxiliary verb "to be."

PPP Formation

The infinitive ending **-t** is replaced with **-n,** and there will often be consonant softening (see consonant changes). The *PPP* must be in agreement with the subject in gender and number.

Infinitives ending in -it, -et, -ět

	Past Passive Participle					
	Singular			Plural		
	m	*f*	*n*	*m anim*	*m inanim + f*	*n*
koupit to buy	koupen	koupena	koupeno	koupeni	koupeny	koupena
myslet to think	myšlen	myšlena	myšleno	myšleni	myšleny	myšlena
platit to pay	placen	placena	placeno	placeni	placeny	placena

Infinitives ending in -at *(vowel lengthening)*

dělat to do, to make	dělán	dělána	děláno	děláni	dělány	dělána

Verbs with the vowels **-í/ý** in the stem (bít, žít, mýt), as well as verbs ending in **-out,** will have the *PPP* ending **-t,** and the stem vowel will shorten:

bít to beat	bit	bita	bito	biti	bity	bita

Dům **byl postaven** v roce 1903.	The house **was built** in 1903.
Smlouva **je podepsána.**	The contract **has been signed.**
Dítě **bylo bito.**	The child **was spanked.**
Bude to **dohodnuto** zítra.	It **will be negotiated** tomorrow.

● The *PPP* form is often used with adjectival forms:
Jídlo je zaplacené. The meal is paid for.

● The *PPP* is often used with the verb mít to have:
Nemáme uklizeno. Our place is not cleaned up. (literally: "We don't have our place cleaned up.")

Máš už dopito?	Have you finished your drink? Is your drink finished?
V jednu budu mít uvařeno.	At one, I will have been done with my cooking.

● The passive voice is also expressed by the verb in *3rd pers pl:*
  Kde prodávají zmrzlinu?   Where do they sell ice cream?

The verbal noun is formed from the *PPP.* It is declined as the neuter model word stavení:
čtení – reading, psaní – writing, bydlení – living, residing, telefonování – telephoning, calling

Construction with the Infinitive

Chcete něco koupit?	Would you like me to buy something for you?
Potřebujete něco opravit?	Do you need to have something repaired?

Infinitive used in place of the conditional:

Nebýt toho pána, byla jsem mrtvá.	If it were not for that gentleman, I would have been dead.

!

English–Czech Dictionary

A

a little trochu, trošku
a lot moc, hodně, velmi
abbreviation zkratka
able schopný
above nad *(location + instr, direction + acc)*
abroad v cizině
absent nepřítomný
accept *(v)* přijmout/přijímat
accident nehoda, neštěstí
acclimatize *(v)* aklimatizovat se *(ipf)*
accommodations ubytování
accompaniment doprovod
accompany doprovodit/doprovázet
accurate přesný
ache *(v)* bolet *(ipf) (+ acc)*
acquaintance (person) známý, známá, známost *(f)*
act akt
activity činnost
actually *(adv)* vlastně
ad inzerát
add *(v)* přidat/přidávat , připojit/připojovat, sečíst *(1. sing* sečtu)/sčítat
additionally k tomu, navíc
address *(v)* adresovat *(ipf)*
address adresa
admire *(v)* obdivovat *(ipf)*
admissible přípustný
admit *(v)* připustit/připouštět, připustit
adult dospělý *(m)*, -á *(f)*
advantageous výhodný
advertise *(v)* dělat reklamu
advertisement reklama
advice rada
advise *(v)* poradit/radit
affair záležitost
afternoon odpoledne *(n)*
afterwards potom
again zase, opět
against proti *(+ dat)*
age stáří
agency agentura
agent zprostředkovatel
agree *(v)* shodnout se/shodovat se, dohodnout se, souhlasit *(ipf)*
agreement souhlas, srozumění, smlouva

air vzduch
air out *(v)* vyvětrat/větrat
alarm clock budík
alcohol alkohol, líh
alive živý
allow *(v)* povolit/povolovat
almost skoro
alone osamocený, samotný, sám, sama
along podél *(+ gen)*
aloud nahlas
already už; již
also taky, také
although přesto, přestože
always vždy(cky)
ambulance sanitka
American americký
American (person) Američan, Američanka
amount množství
amuse oneself pobavit se/bavit se
and a
and so on a tak dále
animal zvíře *(n)*
announce *(v)* ohlásit/hlásit, ohlašovat
annoying (person) dotěrný
another time jindy
answer *(v)* zodpovědět; odpovědět/odpovídat
answer odpověď *(f)*
apartment byt
apologize *(v)* omluvit (se)/omlouvat (se)
apology omluva
apparently *(adv)* zřejmě
appeal *(v)* odvolat se/odvolávat se
appear *(v)* zdát se *(ipf)*; svítit *(ipf)*, objevit se/objevovat se
appetite chuť *(f)*
applause potlesk
appreciate *(v)* ocenit/oceňovat *(+ acc)*; **(value)** cenit si *(ipf) (+ gen)*
approach *(v)* přiblížit se/přibližovat se, blížit se
approximately *(adj)* přibližný; *(adv)* přibližně, asi
argue (fight) *(v)* pohádat se/hádat se
argument (fight) hádka

arm ruka, paže *(f)*
arrange *(v)* dojednat/dojednávat, zařídit/zařizovat
arrive *(v)* vjet/vjíždět, přijet/přijíždět
arrive dorazit *(pf)*, dojet *(pf)*
article (newspaper) článek
as jako, jak
as … as tak … jak(o)
ask (someone for something) *(v)* poprosit/prosit (někoho o něco)
ask (someone something) *(v)* zeptat se/ptát se
assault *(v)* přepadnout/přepad(áv)at
assume *(v)* domnívat se *(ipf)*
assumption domněnka
assurance jistota
assure *(v)* ujistit/ujišťovat
at v, ve *(+ loc)*
at first nejdřív(e), nejprve
attention pozor
attentive pozorný
attitude přístup
audience obecenstvo
aunt teta
automatically *(adj)* automatický
available k mání, k dostání
average průměrný, -ně
avoid *(v)* vyhnout se/vyhýbat se *dat*
avoid (something) *(v)* vyvarovat se (něčeho) *(pf)*
awaken *(v)* probudit/probouzet, vzbudit/budit
away pryč

B

baby miminko
back, backward zpátky, zpět, nazpět
backpack batoh, ruksak
back up vycouvat/couvat
bad zlý, špatný
bag taška; pytel *(m)*
bake *(v)* upéct/péct *(1. sing* peču)
ball míč *(m)*; (dance) ples *(m)*, bál *(m)*
band (music) kapela
bank banka
bank (river) břeh
bank note bankovka
barrier závora, blokáda
basket koš *(m)*
bathe *(v)* vykoupat se/koupat se
bathroom (bath) koupelna, (toilet) záchod
battery baterie

be *(v)* být *(ipf)* *(1. sing* jsem)
be able *(v)* moci *(1. sing* můžu, mohu, *past* mohl)
be able být schopný
be against být proti
be allowed smět *(1. sing* smím) *(ipf)*
be angry zlobit se *(ipf)*; **(about something)** kvůli něčemu; **(at someone)** na něhoho
be awake být vzhůru *(1. sing* jsem vzhůru)
be called jmenovat se *(ipf)*
be for být pro
be friends být přátelí
be happy být rád/-a *(f)*, /-i *(lp)*
be happy (about something) mít (z něčeho) radost
be here být tady
be interested (in something) zajímat se *(ipf)* (o něco)
be late zpozdit se/zpožďovat se
be missing chybět *(ipf)*
be responsible mít povinnost, být povinen *(m)*, povinna *(f)*, povinni *(pl)*
be right mít pravdu
be silent mlčet *(ipf)*
be wrong nemít pravdu *(1. sing* nemám)
beach pláž *(f)*
beat *(v)* zbít/bít, stlouct/tlouct
beauty krása, **(woman)** kráska, **(man)** krasavec
because nebot', protože
become *(v)* stát se *(1. sing* stanu se)/stávat se, *(3. sing* stane se)/stávat se
bed postel *(f)*, lůžko
bee včela
before dřív než, předtím
begin *(v)* začít *(1. sing* začnu), začínat
beginning začátek
behavior chování
believe *(v)* věřit *(ipf)*
bell zvonek
belong patřit *(ipf)*
bend *(v)* ohnout/ohýbat
beside vedle
besides mimo to, kromě toho, kromě *(+ gen)*
best nejlepší
bet *(v)* vsadit se/vsázet se
bet sázka
better *(adj)* lepší; *(adv)* líp, lépe
between mezi
bill účet

bind svázat/vázat
binoculars dalekohled
bird pták *(pl* ptáci)
birth narození
birth control antikoncepční prostředek
birthday narozeniny *(f pl)*
bite *(v)* kousnout/kousat
bitter *(adj)* hořký
bitterly *(adv)* hořce
blanket deka
blind slepý
blink *(v)* zablikat/blikat
bloom kvést *(ipf)* (3. *sing* kvete)
blow rána
boat loď *(f)*, člun
body tělo
Bohemia Čechy *(pl)*
Bohemian Forest Šumava (a Český les)
book kniha
border hranice *(f)*
boring nudný; **how boring!** to je nuda!
born narozený; **maiden name** rozená
borrow *(v)* (vy)půjčit si/půjčovat si
boss šéf
both oba *(m)*, obě *(f, n)*
both … and i … i, jak … tak
bother *(v)* obtěžovat *(ipf)*
bottle láhev, *(coll)* flaška
bouquet of flowers kytice *(f)*
bowl mísa, miska
box (small) krabička, krabice *(f)*, bedna
boy kluk, chlapec, hoch
branch filiálka
brand značka
break *(v)* ulomit/lámat, zlomit/lámat
break rozbít/rozbíjet
breakable rozbitný
breath dech
bridge most, můstek
brief krátkodobý
bring *(v)* přinést/přinášet, nosit
broad široký
broadcast *(v)* vysílat *(ipf)*
broadcast vysílání
brochure prospekt
broken rozbitý
brother bratr
brother-in-law švagr
brown hnědý
brush *(v)* vykartáčovat/kartáčovat
brush kartáč *(m)*
build *(v)* postavit/stavět
bulding budova

burn *(v)* hořet *(ipf)*, spálit/spalovat
burst *(v)* prasknout *(pf)*
bushes křoví
but ale
button knoflík
buy *(v)* koupit/kupovat
buy koupě *(f)*

C

cafe kavárna
call *(v)* zavolat/volat
calm down (someone) uklidnit/uklidňovat; **to calm down** uklidnit se *(pf)*
camera fotoaparát, *(coll)* fot'ák, kamera
can konzerva
canal kanál
cancel *(v)* odhlásit/odhlašovat; **cancel an order** zrušit objednávku
candle svíčka
capital hlavní město
car auto
care péče *(f)*, pečlivost
careful opatrný
careless nedbalý, neopatrný
carry *(v)* nést, nosit
cash register pokladna, kasa
castle zámek
cat kočka
catch chytit (1. *sing* chytím, chytnu)/chytat
cause *(v)* zapříčinit *(pf)*, způsobit *(pf)*
cause příčina
CD cédéčko *(coll)*
celebration slavnost
center střed, centrum
central ústřední, centrální
certainly *(adv)* určitě
certificate poukázka, talón
chain řetěz, řetízek
chair židle *(f)*
change *(v)* vyměnit/měnit, změnit/měnit
change (clothes) převléknout se/převlékat se
change (coins) drobné
change změna; **(money)** výměna peněz
chapel kaple
charming kouzelný
cheap levný, laciný
cheat *(v)* podvést/podvádět

cheat (at cards) švindlovat
cheater podvodník
  zkontrolovat/kontrolovat
check, check (up) on (v)
  zkontrolovat/kontrolovat
chewing gum žvýkačka
child dítě (sing = n), děti (pl = f)
choice výběr
choir sbor
choose (v) vybrat si/vybírat si
cigarette cigareta
cigarillo cigarilo
cigar doutník
circumstances okolnosti (pl)
city město
city map plán města, mapa města
class třída
clean (v) vyčistit/čistit, (wash)
  umýt/mýt
clean čistý
clear (adj) jasný; (adv) jasně, jasno
clearly (adv) jasně
climate klima (n)
clock hodiny (f pl)
clogged ucpaný, zacpaný
close (v) uzavřít/uzavírat, zavřít
  (1. sing zavřu)/zavírat
closed zavřený, zavřeno
clothes oblečení
club spolek
coal uhlí
coarse hrubý, sprostý
coast pobřeží
coffee káva, kafe
coin mince (f)
coincidence náhoda
coincidentally náhodou, náhodně
cold (adj) studený; (adv) zima,
  chladno
colleague kolega, kolegyně
collection sbírka
collision srážka, střet
color barva
colorful barevný, pestrý
come přijít/přicházet; jít, chodit
come again přijít znovu
come in! dál(e)!
comfort pohodlí
comfortable pohodlný
common obecný, obvyklý, běžný
community obec (f)
company společnost
compare (v) srovnat/srovnávat
comparison srovnání
compass kompas
compassion soucit
compatriot krajan

compensation náhrada
competent kompetentní
competition soutěž (f)
complain (v) stěžovat si na (ipf);
  complain (about) stěžovat si na
  (ipf) (+ acc)
complaint (in store) reklamace,
  stížnost
complete (v) dokončit/dokončovat
complete úplný
completely (adv) úplně
conceal (secret) (v) zatajit/zatajovat,
  tajit
conclusion závěr
condition podmínka
condolences soustrast
condom prezervativ
confirm (v) potvrdit/potvrzovat
confuse (v) splést si/plést si (1. sing
  pletu)
congratulate (v)
  pogratulovat/gratulovat
congratulations blahopřání,
  gratulace
connection spojení
conscientious svědomitý, -tě
conscious vědomý
considerable značný
constitution ústava
consulate konzulát
consult (v) konzultovat (ipf)
consume (v) spotřebovat (pf)
consumption spotřeba
contact kontakt
contain (v) obsahovat (ipf)
contemporary současný, -ně
content obsah
continue (v) pokračovat (ipf)
conversation rozhovor
convey (v) vyřídit/vyřizovat
convince (v) přemluvit/přemlouvat,
  přesvědčit/přesvědčovat
cook uvařit/vařit
cool (adj) chladný; (adv) chladno;
  (adv) chladně
copy kopie
cordial srdečný
cordiality srdečnost
corner (of room) kout, koutek; (of
  street) roh
correct správný
correspondence korespondence
corridor chodba
cost (v) stát (3. sing stojí)
costs náklady (pl), výdaje (pl)
costume kroj (m)
cough (v) kašlat (ipf) (1. sing kašlu)

count *(v)* spočítat/počítat
counter přepážka, okénko
country zem(ě) *(f)*
couple pár
course (food) jídlo, kurs
court soud
court yard dvůr
cousin bratranec/sestřenice
cover *(v)* přikrýt *(1. sing
   přikryju)/přikrývat, pokrýt/pokrývat
cow kráva
cozy útulný
create *(v)* tvořit *(ipf)*
creative tvůrčí, tvořivý
credit kredit
criticize *(v)* kritizovat *(ipf)*
cross *(v)* přejít *(1. sing
   přejdu)/přecházet,
   přestoupit/přestupovat
crossing přechod
cry *(v)* plakat *(ipf)* *(1. sing pláču),
   brečet *(ipf)*
cube kostka
culture kultura
cup (paper) kelímek
curious zvědavý
current proud, proudění
curtain záclona; **(in theater)** opona
curve (road) zatáčka; **(line)** křivka
customer zákazník/zákaznice
customs clo
cut (with knife) *(v)* uříznout *(pf)*,
   ukrojit *(pf)*, nakrájet/ řezat *(ipf)*,
   krájet *(ipf)*; **(with scissors)**
   (u)střihnout/stříhat
cute roztomilý
Czech (man) Čech *(pl* Češi),
   (woman) Češka
Czech *(adj)* český
Czech Republic Česká Republika
Czechoslovak československý
Czechoslovakia Československo

D

damage *(v)* poškodit/poškozovat/
   škodit
damage poškození, škoda
dance tanec *(m)*
danger nebezpečí
dangerous nebezpečný
Danube Dunaj *(m)*
dare *(v)* troufnout si/troufat si
dark *(adj)* tmavý
darkness tma

darling miláček
date datum
daughter dcera
day den
dead mrtvý
dear milý
death smrt *(f)*
debt dluh
decide *(v)* rozhodnout/rozhodovat
decided rozhodnutý/-á
decision rozhodnutí
decorate (house) *(v)*
   zařídit/zařizovat
decrease *(v)* ubýt/ubývat,
   klesnout/klesat
deed čin
deep *(adj)* hluboký; *(adv)* hluboko,
   hluboce
defective defektní
defend (oneself) *(v)* obhájit
   (se)/obhajovat (se)
deficiency nedostatek *(m)*
degree stupeň *(m)*
delay (someone) *(v)* zdržet/zdržovat
   (někoho); **to get delayed** zdržet
   se/zdržovat se
delighted nadšený (něčím)
deliver *(v)* dodat/dodávat
demand *(v)* vyžadovat *(ipf)*, žádat
   (ipf)
deny *(v)* popřít *(1. sing popřu),
   popírat
depart *(v)* odjet/odjíždět
department store obchodní dům
departure odjezd
deposit *(v)* uložit/ukládat,
   deponovat
deposit záloha
describe *(v)* popsat/popisovat
deserve *(v)* zasloužit si/zasluhovat si
desperate zoufalý
destroy *(v)* zničit/ničit
detail detail
detailed podrobný, -ně
determine určit/určovat,
   stanovit/stanovovat
detour zajížďka
develop *(v)* vyvinout/vyvíjet
development vývoj *(m)*
diagnosis diagnóza
die zemřít, umřít *(1. sing zemřu,
   umřu)/umírat
difference rozdíl *(m)*
differentiate *(v)* rozlišit/rozlišovat
difficult těžký, obtížný
difficulty potíž *(f)*, těžkost
digest *(v)* strávit/trávit

direct *(adj)* přímý
direction směr
directly *(adv)* přímo
director ředitel *(m)*
dirt špína
dirty špinavý
disadvantage nevýhoda
disadvantageous nevýhodný
disappear *(v)* zmizet/mizet
disappointed zklamaný/-á
discount sleva
discover *(v)* objevit/objevovat
dish nádoba
disorder nepořádek
dissatisfied nespokojený
distance vzdálenost
distant vzdálený
distinguished význačný
distribution rozdělení, distribuce
disturb vyrušit/rušit, vyrušovat
disturbance porucha
divide *(v)* rozdělit/dělit/rozdělovat
do *(v)* udělat/dělat, učinit/činit
doctor doktor
document dokument
dog pes
doll panenka
domestic domácí
donkey osel *(m)*
door dveře *(f pl)*
double dvojitý
double-check *(v)* přezkoumat *(pf)*,
  přešetřit *(pf)*, překontrolovat/
  kontrolovat
doubt *(v)* pochybovat
doubt pochybnost *(f)*
doubtless *(adv)* bezpochyby
downstairs dole
downward dolů
draft (cold air) průvan
draw *(v)* nakreslit/kreslit
dream *(v)* snít *(ipf)*; **(in sleep)** zdát se
  (only 3rd pers. sing/pl) + dat
dream sen
dress oneself obléknout se/oblékat
  se
drink vypít/pít *(1. sing piju)*
drip kapat *(ipf)*
driver šofér, řidič *(m)*
drop kapka
drunk opilý
dry *(v)* vysušit/sušit
dry suchý; *(adv)* sucho, suše
dry (wine) suché
dry cleaner čistírna
dubious pochybný
due to kvůli *dat*

dumb hloupý
durable (lasting) trvanlivý
duration doba (trvání)
during během *(+ gen)*, za *(+ gen)*
dust prach
duty povinnost

E

earlier dřív(e)
early brzo, brzy; ráno
earth zem *(f)*, země *(f)*
east východ
eat *(v)* jíst *(1. sing jím, 3. pl jedí, past
  jedl)*
eat breakfast snídat *(ipf)*
edge okraj *(m)*, kraj *(m)*
edible jedlý
education vzdělání
effect účinek
effective účinný
effort námaha, snaha, snažení
egg vejce, vajíčko
either … or buď' …anebo
election volba
electric elektrický
elevator výtah
elsewhere jinde
emancipated emancipovaný/-á
embassy velvyslanectví
embrace *(v)* obejmout/objímat
emigrate *(v)* vycestovat *(pf)*
emphatic důrazný, výslovný
employed zaměstnaný
employees personál
empty prázdný
enable *(v)* umožnit/umožňovat
end *(v)* skončit/končit
end konec *(m)*
endure *(v)* snést/snášet, vydržet
English anglický
enjoy *(v)* užít/užívat
enjoyment požitek
enormous ohromný, úžasný
enough dost, stačí
enter *(v)* vstoupit/vstupovat
enterprise podnik
entertain *(v)* pobavit /bavit
entertaining zábavný
entertainment zábava
enthusiastic nadšený/-á
entrance (vehicle) vjezd; **(walking)**
  vchod
entrance fee vstup, vstupné
entry vstup

environment životní prostředí, okolí
equal (in worth) rovnocenný
equal (v) rovnat se (ipf)
equipment vybavení
especially (adv) zvláště, zvlášť
Europe Evropa
European evropský
European (person) Evropan/-ka
evaluate (value) (v)
  odhadnout/odhadovat
even dokonce
evening večer
event událost, příhoda
every každý, každá, každé
every time pokaždé
everyone všichni (m)
everything všechno
everywhere všude
exaggerated přehnaný
example příklad
excellent výborný
except kromě (+ gen)
exception výjimka
exceptional jedinečný, mimořádný
excess (adj) nadbytečný; (adv)
  navíc
exchange (v) vyměnit/měnit/
  vyměňovat
exchange výměna
excuse záminka; výmluva
exercise cvičení
exhausted vyčerpaný
exit (car) výjezd; (walking) východ
expect (v) očekávat (ipf)
expenses výdaje (m pl), náklady
  (m pl)
expensive (adj) drahý; (adv) draho,
  draze
experience zkušenost
experienced zkušený
experiment pokus (m)
expire (v) vypršet; passport expires
  platnost pasu končí
explain vysvětlit/vysvětlovat
export vyvézt/vyvážet
expression výraz
extend (v) prodloužit/prodlužovat
extinguish (v) uhasit/hasit
extra extra, zvlášť
eye oko, eyes oči (pl)

F

fabric tkanina
factory továrna

fair fér, férový, spravedlivý
faith víra
faithful věrný
fake nepravý, falešný
fall (v) spadnout/padat
fall pád
fall asleep usnout/usínat
false (adj) falešný
familiar známý
family rodina
famous slavný
far (adv) daleko, dalece
farewell rozloučení
farm statek
farmer sedlák
fashion móda
fast rychlý
fat (greasy) mastný; (meat) tučný
father otec (m); táta (m)
faucet kohoutek
fear (v) bát se (ipf) (+ gen), mít
  strach, obávat se (ipf) (+ gen)
fear strach
feel (v) cítit (ipf)
feel unwell (v) necítit se dobře
feeling cit, pocit
fees poplatky (pl)
feminine ženský
festive slavnostní
fiance/fiancee snoubenec/
  snoubenka
field pole (n)
figure out vypočítat/vypočítávat
fill (v) naplnit/plnit
fill out vyplnit/vyplňovat
film film
filter filtr
final konečný, definitivní
finally (adv) konečně
find najít (1. sing najdu, PP našel,
  našla, našlo, našli, našly,
  našla)/nacházet
find out (v) dozvědět se/dozvídat se
fine (peněžní) pokuta, jemný
fingernail nehet
finish (v) ukončit/končit
fire oheň (m), požár
fire alarm ohlašovač požáru (m)
fire extinguisher hasicí přístroj,
  minimax
fire hazard nebezpečí ohně
firemen požárníci (m anim pl),
  hasiči
firm firma, pevný
first (adv) nejdřív(e); nejprve
first první
first rate prvotřídní

first time poprvé; **second time** podruhé; **every time** pokaždé
firstly za prvé
fish *(v)* rybařit *(ipf)*, lovit ryby *(ipf)*
fish ryba
fit *(v)* hodit se *(ipf)*
fit fit
flame plamen
flash blesk
flat *(adj)* rovný, plochý
flatlands rovina
flirt *(v)* koketovat, flirtovat *(ipf)*
flirt flirt
floor hůl *(f)*; **(story)** poschodí, patro, podlaha
flow *(v)* téct *(ipf)* *(3. sing teče, PP tekl)*
flower květina, kytka
fly *(v)* letět *(ipf)*, létat *(ipf)*
fly moucha
fodder krmivo
fold *(v)* složit/skládat
follow *(v)* následovat *(ipf)* *(někoho)*
food jídlo, strava
foot noha
for za; pro
for my sake kvůli mně, **for your sake** kvůli tobě/vám
forbid *(v)* zakázat/zakazovat
force *(v)* donutit/nutit, **force upon** vnucovat
foreign cizí, zahraniční
foreigner cizinec/cizinka
forest les *(m)*
forget *(v)* zapomenout/zapomínat
forgive *(v)* prominout/promíjet, odpustit/odpouštět
format formát
forward dopředu, vpřed
fraud podvod
free volný
free (of charge) zadarmo, zdarma
freeze mrznout *(ipf)*
French francouzský
fresh čerstvý
friend přítel *(pl přátelé)*/přítelkyně
friendly milý, laskavý, přívětivý
friendship přátelství
from od, ode *(+ gen)*; **(off)** z, ze *(+ gen)*
full plný
fun legrace *(f)*; **it's fun** to mě baví, *(adj)* prima, fajn
function *(v)* fungovat *(ipf)*
fur kožich
furious rozlobený, rozzuřený
furniture nábytek *(m sing)*

fury vztek
future *(adj)* budoucí
future budoucnost

G

gain výdělek; **gain weight** ztloustnout/tloustnout
game hra
game (animals) divoká zvěř *(f)*
garage garáž *(f)*
garbage odpad *(m)*, odpadky *(pl)*
garden zahrada
gasoline benzín; **get gas** vzít benzín/brát benzín, natankovat/tankovat
gate brána, branka
gender pohlaví, sex
general všeobecný
genuine pravý
get *(v)* dostat *(ipf)*, obdržet *(pf)*
get a hold of obdržet *(pf)*, získat *(pf)*; dostat/dostávat
get drunk opít se/opíjet se
get engaged zasnoubit se/zasnubovat se
get lost zabloudit *(pf)*
get nervous znervóznit/znervozňovat se
get to know poznat/poznávat; seznámit se(s)/seznamovat se
get up vstát/vstávat
get used to zvyknout si/zvykat si na
Giant Mountains Krkonoše *(f pl)*
gift dar, dárek
girl holka, dívka *(f)*; děvče *(n)*
give (gift) *(v)* darovat, dát/dávat
glass sklo
glasses brýle *(f pl)*
gleam *(v)* lesknout se *(ipf)*
go (on foot) *(v)* jít *(ipf)* *(1. sing jdu, past šel, šla, šlo, šli, šly, šla)*, chodit *(ipf)*
go (someplace) jít/chodit *(někam)*
go by přijít *(1. sing přijdu)*, chodit na návštěvu, (za)stavit se *(pf)*
go down *(v)* jít dolů, chodit dolů
go for a walk *(v)* jít na procházku, chodit na procházku
go in *(v)* jít dál, jít dovnitř
go out *(v)* jít ven, chodit ven
go up *(v)* jít nahoru, chodit nahoru
goal cíl *(m)*
God Bůh
good *(adj)* dobrý; *(adv)* dobře

government vláda
granddaughter vnučka
grandfather dědeček
grandmother babička
grandson vnuk
grateful vděčný
gratis bezplatný; zadarmo, zdarma
gravel štěrk
greet *(v)* pozdravit/zdravit; pozdravovat *(ipf)*
grid mříž *(f)*
groceries potraviny *(f pl)*
grocery potravina, *(pl)* potraviny
ground floor přízemí
group skupina
grow *(v)* vyrůst/růst *(1. sing* rostu)
guard *(v)* strážit *(ipf)*
guest host *(m)*
guide průvodce/průvodkyně
guilt vina
guitar kytara

H

habit zvyk
haggle *(v)* smlouvat *(ipf)*
half půl, polovina, polovička, polovice *(f)*
hall hala, sál *(m)*
hammer kladivo
hand ruka; **hands** ruce
handle *(v)* vyřídit/vyřizovat
handle držátko
handmade ručně dělaný
handy šikovný
hang *(v) (intransitive)* viset *(ipf)*; *(transitive)* pověsit/věšet
happen *(v)* stát se *(3. sing* stane se)/stávat se
happiness radost
happy šťastný
hard tvrdý
hardly sotva, stěží
harmful škodlivý
harvest sklizeň
have *(v)* mít *(ipf) (1. sing* mám, *past* měl)
he on
health zdravotní stav, zdraví
healthy zdravý
hear slyšet *(ipf)*; **listen** poslouchat *(ipf)*
heart srdce *(n)*
heat (room) *(v)* topit *(ipf)*, ohřát/hřát *(1. sing* hřeju)

heat žár; vedro
heavy *(adj)* těžký; *(adv)* těžko, těžce
hectic *(adj)* hektický, splašený
heed *(v)* uposlechnout *(pf)*; dbát *(ipf) (+ gen)*
heel (shoe) podpatek
height výška
hello (on phone) haló; **hi!** ahoj!
help *(v)* být někomu nápomocen; pomoct/pomáhat někomu
help (someone) *(v)* pomoci *(1. sing* pomůžu; pomohu)/pomáhat někomu
help pomoc; **first aid** první pomoc
here tady, zde
herring slaneček
hers její *(f)*
hesitate váhat *(ipf)*
hi ahoj
hide *(v)* schovat/schovávat
high *(adj)* vysoký; *(adv)* vysoko
high point vrchol
highly vysoce
hike *(v)* dělat túry, dělat pěší výlety
hill kopec
his jeho
history dějiny *(f pl)*
hither sem
hobby hobby *(n)*, koníček *(m)*
hold *(v)* držet
hole díra
holiday svátek
holy svatý
home doma
home *(direction)* domů; **at home** doma
homeland vlast *(f)*
honor čest
honorarium honorář *(m)*
hook hák, háček
hope *(v)* doufat *(ipf)*
horse kůň *(m)*
hose hadice *(f)*
hospitality pohostinnost
host hostitel
hostess hostitelka
hot *(adj)* horký; *(adv)* horko
hotel hotel
hour hodina
house dům
how *(adv)* jak; *(adj)* jaký
human lidský
humid vlhký
hundred sto
hunger hlad

hungry hladový
hurry *(v)* pospíchat *(ipf)*, mít naspěch, pospíšit si/pospíchat
husband muž, manžel
hut chata, bouda

I

I já
ice led
ice cream zmrzlina
idea nápad, představa
identification card průkaz
if jestli, zda, kdyby *(+ conditional)*
ignite *(v)* zapálit/zapalovat
ill nemocný
immediately hned, ihned
impolite neslušný, nezdvořilý
important důležitý
impossible nemožný
impractical nepraktický
imprecise nepřesný
impression dojem
improbable nepravděpodobný
improve *(v)* zlepšit/zlepšovat
in v, ve *(+ loc)*
in advance předem
in back vzadu
in favor of ve prospěch *(+ gen)*
in front v(e)předu
in front of před(e) *(location + instr, direction + acc)*
in time včas
in vain marně, nadarmo, *(adv)* zbytečně
inadequate nedostatečný
inappropriate nevhodný
including včetně *(+ gen)*
income příjem
incompetent neschopný
incomplete nekompletní
inconsiderate bezohledný
increase *(v)* zvýšit/zvyšovat
increase příbýt (3. sing přibude od. přibyde)/přibývat
incredible neuvěřitelný
indecisive nerozhodný
indispensible nepostradatelný
individual jednotlivý (adv)
industrious pilný
inexperienced nezkušený
infectious nakažlivý
inform *(v)* dát/dávat vědět, dát zprávu
information informace *(f)*

information center informační středisko
inhabitant obyvatel *(m)*
injustice bezpráví, nespravedlnost
inkeeper hospodský/-á
inkling ponětí
innocent nevinný
insect hmyz
insecure nejistý
inside uvnitř, vevnitř
insist (on) *(v)* trvat *(ipf)* (na něčem)
inspect *(v)* prohlédnout si/prohlížet si
insult *(v)* urazit/urážet
insult urážka
insurance pojištění
intend *(v)* zamýšlet *(ipf)*, mít v úmyslu *(ipf)*
intention úmysl
interest zájem
interesting zajímavý
interior vnitřek
international mezinárodní
interrupt *(v)* přerušit/přerušovat
intersection křižovatka
into do *(+ gen)*
introduce *(v)* představit/představovat
invalid neplatný
invent *(v)* vynalézt/vynalézat; vymyslet/vymýšlet
investigate *(v)* vyšetřit/vyšetřovat, prozkoumat *(pf)* (něco)
invitation pozvání
iron (metal) železo, žehlička
irregular nepravidelný
irritate *(v)* podráždit/dráždit
island ostrov
it (ono) to

J

joke vtip
judge *(v)* posoudit/soudit, usuzovat
jump *(v)* skočit/skákat (1. sing skáču)
justified oprávněný

K

keep *(v)* nechat si/nechávat si
key klíč *(m)*
kind druh, laskavý

kindness laskavost, ochota
kiss *(v)* políbit/líbat, dát/dávat pusu
kiss polibek, pusa, pusinka
kitchen kuchyň *(f)*, kuchyně *(f)*
knock *(v)* zaklepat/klepat
knot uzel
know *(v)* vědět *(ipf)* (*1. sing* vím, *past* věděl), znát *(ipf)* (*1. sing* znám)
know how *(v)* umět (*1. sing* umím)
knowledge znalost

L

ladder žebřík
lady dáma, paní
lake jezero, rybník
lamp lampa
landscape krajina
language řeč *(f)*, jazyk
large velký
last *(v)* trvat *(ipf)*
last poslední
last time naposled(y)
late *(adv)* pozdě
later později
laugh *(v)* smát se *(ipf)*
laundry prádlo
lawn trávník
lay *(v)* položit/pokládat
lazy líný
lead *(v)* vést *(ipf)* (*1. sing* vedu), vodit *(ipf)*
leaf list *(m)*
learn *(v)* naučit se/učit se
least nejméně, nejmíň
leather kůže *(f)*
leave (travel away) odcestovat *(pf)*, odjet (*1. sing* odjedu)/odjíždět
leave *(v)* nechat/nechávat; odejít (*1. sing* odejdu, *past* odešel)/odcházet, odjet/odjíždět **(by vehicle)**; odejít/odcházet **(on foot)**
leave (behind) *(v)* zanechat/zanechávat
left *(location)* levo, nalevo; *(direction)* doleva
left levý, levá, levé, leví,
lend *(v)* půjčit/půjčovat
length délka
let *(v)* nechat/nechávat
letter dopis *(m)*
lie *(v)* ležet *(ipf)*
lie lež *(f)*
life život

light *(adj)* lehký; *(adv)* lehce, lehko; *(adj)* světlý; *(adv)* světlo
lighter zapalovač *(m)*
like *(v)* mít rád/-a; **I like to swim** rád,-a plavu
line (of people) fronta, linka
lip ret (*pl* rty)
liquid tekutý
list seznam
listen *(v)* poslechnout si/poslouchat (něco, někoho) *(+ acc)*
lit osvětlený
little málo
live *(v)* bydlet *(ipf)*, *(v)* žít *(ipf)*
lively živý
load (merchandise) *(v)* naložit/nakládat, nabít/nabíjet
loan půjčka
locale lokál
lock *(v)* zamknout/zamykat
lock up *(v)* zavřít/zavírat (do trezoru)
logical logický
long *(adj)* dlouhý; *(adv)* dlouho, dlouze
look pohled
look (at) *(v)* podívat se/dívat se (na)
look (at something) *(v)* podívat se/dívat se (na něco)
look (like) vypadat *(ipf)*
look around podívat se/dívat se, poohlédnout se/poohlížet se, rozhlédnout se/rozhlížet se
look forward to těšit se (na něco)
lose *(v)* ztratit/ztrácet
loss ztráta
lost and found ztráty a nálezy
loudspeaker reproduktor; tlampač
love *(v)* milovat *(ipf)*
love láska
low *(adj)* nízký; *(adv)* nízko, nízce
lower (price) *(v)* snížit/snižovat (cenu)
luck štěstí
luxurious luxusní
luxury luxus

M

machine přístroj *(m)*, stroj *(m)*
magazine časopis *(m)*
magnificent velkolepý
mail *(v)* odeslat (*1. sing* odešlu)/odesílat, poslat/posílat
mail zásilka

main entrance hlavní vchod
mainly *(adv)* hlavně
make *(v)* udělat/dělat,
 vyrobit/vyrábět
make a mistake splést se/plést se (*1.
 sing* pletu, *past* pletl), zmýlit
 se/mýlit se
make money vydělat/vydělávat
 peníze
man muž *(m)*
manage (time constraint) *(v)*
 stihnout/stíhat; **(ability)**
 zvládnout/zvládat
management správa, ředitelství
manager vedoucí
manly mužný
manner způsob
map mapa
market trh
marriage manželství
married (man) ženatý; **(woman)**
 vdaná
marry *(v)* **(man)** oženit se; **(woman)**
 vdát se
mass (church) mše
match zápalka; **matchbox** krabička
 zápalek
material materiál
matter látka
maybe *(adv)* možná, snad
me *(dat + loc)* mně, *(dat,
 unstressed)* mi, *(gen + acc)* m
meadow louka
meal jídlo
mean *(v)* znamenat *(ipf)*
mean *(adj)* zlý; *(adv)* zle
meaning význam
meanwhile mezitím, zatím; *(adv)*
 prozatím
measure *(v)* změřit/měřit
measure míra
meat maso
meet *(v)* potkat/potkávat (někoho),
 setkat se/setkávat se (s někým)
meeting schůzka
member člen *(m)*
merchandise zboží
merry *(adj)* veselý; *(adv)* vesele,
 veselo
meticulous pečlivý
middle střed
midnight půlnoc *(f)*
mild mírný; jemný
mine můj (moje)
ministry ministerstvo
minus minus, bez *(+ gen)*
minute minuta

miscalculation přepočet
miss (go by) *(v)* minout/míjet,
 zmeškat *(pf)*
miss slečna
mistake chyba, omyl; **by mistake**
 omylem
mistrust *(v)* nedůvěřovat *(ipf)*
misunderstand (someone) (někomu
 dat) špatně rozumět
misunderstanding nedorozumění
misuse *(v)* zneužít/zneužívat
misuse zneužití, zneužívání
mixed míchaný
moderately s mírou
modern moderní
Moldau Vltava
moment moment, okamžik
money peníze *(m pl)*
month měsíc *(m)*
monthly měsíční
mood nálada
moon měsíc *(m)*
more víc(e)
morning (early) ráno; **(late)**
 dopoledne *(n)*
mosquito komár
mother matka; máma, maminka
motion pohyb
mountain hora
mouth pusa, ústa *(pl n)*
move (relocate) *(v)* odstěhovat se,
 vystěhovat se, pohnout/pohybovat,
 hýbat
Mr. pan
much hodně; mnoho; **too much**
 moc
mud bahno
music hudba, muzika *(coll)*
must *(v)* muset *(ipf)*
mutually vzájemně

N

nail hřebík, špendlík
naked nahý, nahatý
name *(v)* jmenovat *(ipf)*
name křestní; **first name** jméno;
 name of thing název
narrow *(adj)* úzký
narrowly *(adv)* úzce, úzko
nation národ, lid
national národní
natural *(adj)* přirozený
naturally *(adv)* přirozeně,
 samozřejmě

nature příroda
near blízko
necessary nutný
necessity nutnost
neck krk
need *(v)* potřebovat *(ipf)*
need nouze *(f)*; **in need** v případě
  nutnosti
needle jehla
negative negativní, záporný
neglect *(v)* zanedbat/zanedbávat
negotiate *(v)* jednat; smlouvat
negotiation jednání
neighbor soused/sousedka
neither ... nor ani...ani
nephew synovec *(m)*
nervous nervózní
net síť *(f)*
never nikdy
new nový
news novina, novinka, zpráva
newspaper noviny *(f pl)*
next příští, další
nice hezký, pěkný, milý, příjemný
niece neteř *(f)*
night noc *(f)*
no ne
no longer už ne
noble vznešený, *(coll)* nóbl
nobody nikdo
noise zvuk, hluk
nonperishable trvanlivý
none žádný, žádná, žádné, žádní
noon poledne *(n)*
normal normální
normally normálně
north sever
northern severní
not ne
not at all vůbec ne
not yet ještě ne
note *(v)* poznamenat si *(pf)*
notebook sešit
nothing nic
notice *(v)* zaregistrovat *(pf)*,
  zpozorovat *(pf)*; všimnout si *(+ gen)*
notification sdělení
notify *(v)* sdělit/sdělovat
nourishing výživný
nourishment výživa
novelty novinka
now teď, nyní
nowhere nikde
number *(v)* číslovat *(ipf)*
number číslo
numerous početný, četný
nun jeptiška

O

object předmět
observe *(v)* pozorovat *(ipf)*
obtain *(v)* obstarat/obstarávat,
  opatřit *(pf)* (si), sehnat *(pf)* *(1. sing
  seženu)* (si)
obvious zřejmý
occasional příležitostný
occasionally příležitostně
occupied *(adj)* obsazený; *(adv)*
  obsazeno
occupy *(v)* obsadit *(pf)*
offer *(v)* nabídnout/nabízet
offer poskytnout/poskytovat;
  nabídnout/nabízet, nabídka
office kancelář*(f)*, úřad
official *(adj)* oficiální
official úřední, -ně
officially oficielně
often *(adv)* často
oil olej *(m)*
old starý, -ře
on na
on the contrary naopak, *(adv)*
  obráceně
on the way cestou, na cestě, po cestě
once jednou; **once (upon a time)**
  jednou, kdysi; **once more** ještě
  jednou
one jeden, jedna, jedno, *(pl)* jedni,
  jedny, jedna
only jediný, jen(om); **only when**
  teprv, teprve
open *(v)* otevřít *(1. sing
  otevřu)/otevírat
open otevřeno, otevřený
opening hours otvírací doba
operate *(v)* operovat *(ipf)*
operate (business) *(v)* provozovat
  (ipf)
opinion mínění *(n)*, názor *(m)*
opportunity příležitost *(f)*
opposite opačný, opak
or nebo
order *(v)* objednat/objednávat
order pořádek
Ore Mountains Krušné hory
organize organizovat *(ipf)*
originally původem, původně
originate pocházet *(ipf)*
otherwise jinak
ours náš *(m sing)*, naše
out of the question vyloučeno
outer vnější
outside venku; **outside (of)** mimo
  (+ acc)

oven pec *(f)*
over přes *(+acc)*
overcast *(adv)* pošmourno
overseer dozorce
overstep *(v)* překročit/překračovat
owe *(v)* dlužit *(ipf)*
own *(v)* vlastnit *(ipf)*
own vlastní
owner majitel, vlastník

P

pack *(v)* zabalit/balit
package balík, balíček
packaging balení
painful bolestivý
paint *(v)* namalovat/malovat
pale bledý
panorama panorama
paragraph odstavec *(m)*
parents rodiče
park *(v)* zaparkovat/parkovat
park park
part část *(f)*
party slavnost, mejdan *(coll)*, zábava
pass (in car) *(v)* předjet/předjíždět
passage pasáž; **(walkway)** pasáž, průchod
passenger cestující
passport pas
past (by) kolem, **go by** jít kolem; **past (the)** minulost
path cesta
patience trpělivost
patient trpělivý
pattern vzor(ek)
pay *(v)* zaplatit/platit
pay attention dát/dávat pozor (na)
pay cash platit hotově
payment platba, placení
peace klid, mír
peaceful klidný
pedestrian pěší, chodec
pen pero
pendant přívěs(ek)
penultimate předposlední
people lidi, lidé
percent procento
perfect dokonalý
performance představení
permission povolení
permit *(v)* dovolit/dovolovat
person osoba, člověk *(m)*; **people** lidi, lidé

personal osobní
photograph *(v)* vyfotografovat/ fotografovat, fotit
pick (flower) *(v)* utrhnout/trhat
pick up *(v)* vyzvednout/ vyzvedávat; jít/chodit pro, sebrat/sbírat
pick up zvednout/zvedat
picture obraz
piece kus *(m)*, kousek
pillow polštář *(m)*
pipe (plumbing) roura; **(tobacco)** dýmka, fajfka
pity *(v)* politovat/litovat
pity politování
place místo *(+ gen)*
plan plán
plant rostlina
plaster sádra
plastic umělá hmota
play zahrát (si)/hrát (si)
pleasant příjemný
pleasantness laskavost, přívětivost
please *(v)* líbit se
please prosím
pleased rád/-a *(f)*/-i *(pl)*
pliers kleště *(f pl)*
plus plus, a
point bod; **period** tečka; **there is no point** to nemá význam (cenu)
pointless bezúčelný
pointy špičatý
poison jed
poisonous jedovatý
Poland Polsko
Pole Polák/Polka
pole tyč *(f)*
polite zdvořilý
politeness zdvořilost
politics politika
poor chudý
porter nosič *(m)*
position poloha, pozice
positive pozitivní, kladný
possibility možnost
possible *(adj)* možný
possibly *(adv)* eventuelně; *(adj)* případný
post office pošta
postpone *(v)* odložit/odkládat
postponement odklad
pot hrnec *(m)*
potable pitný
pottery keramické zboží *(n sing)*
powder prášek

practical praktický
practice *(v)* cvičit *(ipf)*
practice praxe; **(medical)** ordinace
praise *(v)* pochválit/chválit
pray *(v)* pomodlit se/modlit se
prayer modlitba
precise přesný
precision přesnost
prefer *(v)* dát/dávat přednost
preference přednost, výhoda
pregnant těhotná
prepare *(v)* připravit/připravovat
present přítomný
prevent *(v)* zabránit/bránit, zabraňovat
price cena
prick *(v)* píchnout/píchat
priest kněz
private soukromý
probability pravděpodobnost
probably *(adv)* pravděpodobně, zřejmě, asi
proceed postupovat *(ipf)*
process *(v)* zpracovat/zpracovávat
procession procesí
product produkt, výrobek, prostředek
profession povolání
profit zisk
program pořad, program, akce *(f)*
progress pokrok
prohibited! zakázáno!
prohibition zákaz *(m)*
promise *(v)* přislíbit/přislibovat, slíbit
promise slib, příslib
pronounce *(v)* vyslovit/vyslovovat
pronunciation výslovnost
proof důkaz *(m)*]
proper pořádný
property majetek, vlastnictví
proprietor vlastník, majitel
protect *(v)* chránit *(ipf)*
protection ochrana
protest *(v)* protestovat *(ipf)*
prove *(v)* dokázat/dokazovat
provide *(v)* poskytnout/poskytovat
public veřejný
publish *(v)* vydat/vydávat
pull *(v)* vytáhnout/táhnout
pump (gas) *(v)* napumpovat/pumpovat
punishment trest *(m)*
purpose účel *(m)*
purposely *(adv)* schválně
push *(v)* tlačit *(ipf)*
put *(v)* postavit/stavět

Q

quality (property) vlastnost, kvalita
quarter čtvrt, čtvrtina, čtvrtka; **(city)** čtvrť
question otázka
quiet *(adj)* tichý; *(adv)* potichu, tiše
quietly *(adv)* tiše, ticho

R

rabid vzteklý
radio rádio, rozhlas
rag hadr , hadřík
rain *(v)* pršet *(ipf)*
rape *(v)* znásilnit/znásilňovat
rarely málokdy, zřídka
rather *(adv)* spíš(e), radši, raději
ray paprsek
reach *(v)* dosáhnout/dosahovat
reach an understanding dorozumět se/dorozumívat se, domluvit se/domlouvat se
read *(v)* přečíst/číst *(1. sing* (pře) &čtu, *past* četl)
ready *(adj)* hotový; *(adv)* hotovo; **(cooked)** uvařený
real skutečný, *(adj)* opravdivý
reality skutečnost
really *(adv)* opravdu
reason (cause) důvod, rozum
reasonable rozumný
receipt potvrzenka, stvrzenka
receive *(v)* obdržet, dostat/dostávat
recently nedávno
reception recepce, příjem, přijetí
recognize poznat/poznávat
recommend *(v)* doporučit/doporučovat
recommendation doporučení
record *(v)* nahrát/nahrávat
record deska, záznam
record player gramofon
recording (video) záznam
recover *(v)* zotavit se, zrekreovat se/rekreovat se
recovery zotavení, rekreace
rectangular čtverhranný
reed rákosí
refuse *(v)* odmítnout/odmítat
regarding týkající se
regular pravidelný
relative příbuzný
relatively docela, dost
reliable spolehlivý

relocate přestěhovat se/stěhovat se
rely (on something) (v) spolehnout se/spoléhat se (na něco)
remain (v) zbýt (3. sing zbyde)/zbývat, zůstat
remainder ostatek, zbytek
remember (v) zapamatovat si/pamatovat si, vzpomenout si/vzpomínat si
remind (v) připomenout/připomínat někomu něco;
remote vzdálený
remove (v) odnést/odnášet
renew (v) obnovit/obnovovat
rent (v) pronajmout (1. sing pronajmu)/pronajímat, najmout si/najímat si
rent nájem(né); **(apartment)** činže (f)
repair (v) opravit/opravovat, spravit/spravovat
repair oprava
repay (v) zplatit, vrátit/vracet peníze
repeat (v) zopakovat/opakovat
report card vysvědčení
reproduce (v) reprodukovat (ipf), opakovat (ipf)
request prosba
rescue (v) zachránit/zachraňovat
reserve (v) rezervovat (ipf)
residence bydliště, **place of ~** místo ~
responsibility závazek, povinnost
responsible zodpovědný
rest (v) odpočinout si/odpočívat
rest odpočinek
restaurant restaurant, restaurace (f), (coll) hospoda
restless neklidný
result výsledek
return (v) **(come back)** vrátit se/vracet se; **(give back)** vrátit/vracet
return návrat
reward (v) odměnit/odměňovat
reward odměna
rich bohatý
richer bohatství
ride (v) jet (ipf) (1. sing jedu, PPA jel), jezdit (ipf)
ride jízda
ridiculous směšný
right (adj) pravý, pravá, pravé, praví, pravé, pravá
right právo
right (direction) napravo, vpravo
ring (bell) (v) zazvonit/zvonit
ring prsten, prstýnek

rip (v) roztrhat/trhat
ripe zralý
risk riziko
river řeka, tok
road cesta
roast pečeně (f)
room místnost
rooster kohout
rope lano
rosary růženec
rose růže (f)
round (adj) kulatý
round (of drinks) runda
route trasa
row řada
rule předpis
run (v) běžet (ipf), běhat (ipf), utíkat (ipf)

S

sack pytel (m)
sad smutný
safeguard zabezpečit/zabezpečovat
safety bezpečnost, bezpečí
safety fuse pojistka
saint's day jmeniny, svátek
salary plat
sale prodej (m), výprodej
same to samé, ten samý, stejný; **same to you** nápodobně
sandy písečný
satiated sytý
satisfied spokojený, uspokojený
save (money) ušetřit/šetřit
say říct (1. sing řeknu, past řekl)/říkat
say farewell rozloučit se/loučit se
scare (v) vylekat, polekat pf
scarf šátek
school škola
science věda
scissors nůžky (f pl)
scold (v) vynadat/nadávat
scorpion štír
scream (v) vykřiknout/křičet
sea moře (n)
seagull racek
season roční doba, sezóna
seat sedadlo; **(residence)** sídlo
second (adj) druhý, druhá, druhé, druzí, druhé, druhá
second vteřina, sekunda; ostatní
secondly za druhé
secret tajný

see *(v)* uvidět/vidět
seek *(v)* hledat *(ipf)*
self sám, sama, samo, sami, samy, sama
sell *(v)* prodat/prodávat
send *(v)* poslat/posílat
send out *(v)* rozeslat *(1. sing rozešlu)/rozesílat*
sense smysl
sentence věta
separate *(v)* oddělit/dělit
separately *(adv)* odděleně
serious vážný
sermon kázání
serve *(v)* obsloužit/obsluhovat, servírovat *(ipf)*, sloužit *(ipf)*
service služba; **(in restaurant)** obsluha
shade stín
shame škoda; **what a shame** to je škoda
shameless nestydatý
sharp ostrý, -ře
shave *(v)* oholit (se)/holit (se)
she ona *(f)*, ony *(pl)*
sheep ovce *(f)*
shiny lesklý
shoe bota
shoe lace tkanička do bot
shoot *(v)* střelit/střílet
shop *(v)* nakoupit/nakupovat
shop window výkladní skříň *(f)*, výklad *(m)*
shopper kupující
short *(adj)* krátký, *(adv)* krátce, krátko
shot střela
show *(v)* ukázat *(1. sing ukážu)/ukazovat*
shut *(v)* uzavřít/uzavírat
side strana
sign *(v)* podepsat *(1. sing podepíšu)/pod(e)pisovat*
sign nápis *(m)*, cedule *(f)*, značka, znak, znamení
signal signál
signature podpis *(m)*
silence mlčení
similar podobný
simple *(adj)* jednoduchý
since od, od té doby
sing *(v)* zazpívat (si)/zpívat (si)
singing zpěv
sister sestra
sister-in-law švagrová
sit *(v)* posadit se, sednout si/sedat si, sedět *(ipf)*

size velikost
skinny **(person)** hubený
sky nebe *(n)*, obloha
skyscraper mrakodrap
sleep *(v)* vyspat se/spát
sleep spánek
sleeve rukáv
slice **(bread)** krajíc *(m)*, kus; **(cheese)** plátek
slide diapozitiv; *(coll)* diák
slim štíhlý
slope svah
Slovak slovenský
Slovak **(man/woman)** Slovák/Slovenka
Slovakia Slovensko
slow *(adj)* pomalý; *(adv)* pomalu
small malý
smart chytrý
smell **(bad)** zápach, smrdět *(ipf)*; **(nice)** vůně *(f)*, vonět *(ipf)*
smoke *(v)* zakouřit si/kouřit
smoke kouř *(m)*
smooth hladký, -dce
smuggle *(v)* propašovat/pašovat
snack bar rychlé občerstvení, bufet
snack občerstvení
snake had
sneeze *(v)* kýchnout/kýchat
snore *(v)* chrápat *(ipf)*
snow *(v)* sněžit *(ipf)*
so tak
sober střízlivý
soft *(adj)* měkký
softly *(adv)* měkce; naměkko
solve *(v)* vyřešit/řešit
some nějaký, nějaká, nějaké, nějací, nějaké, nějaká; několik, někteří *(m anim)*, některé *(m inanim + f)*
somehow nějak
someone někdo
something něco
sometimes někdy
somewhere *(direction)* někam; *(location)* někde
son syn
song píseň *(f)*, písnička
soon brzo, brzy
sooner dřív
sound zvuk
sour kyselý
source zdroj *(m)*, pramen *(m)*
south jih
southern jižní
souvenir suvenýr, upomínka

spark jiskra
speak *(v)* mluvit *(ipf)*
special *(adj)* zvláštní, speciální;
(adv) zvláště
specific určitý, -tě
speed rychlost; speed up urychlit/
urychlovat, zrychlit/zrychlovat
spell *(v)* hláskovat *(ipf)*
spend (time) *(v)* strávit/trávit
spoil *(v)* zkazit/kazit
spoiled zkažený
spontaneous bezprostřední
sport sport
spot flek, skvrna
stairs schody *(m pl)*
stamp razítko
stand (tolerate) *(v)* snést *(1. sing
snesu)*/snášet, stát *(ipf)* *(1. sing
stojím)*
star hvězda
start (engine) *(v)* nastartovat; (race)
vystartovat/startovat
state (condition) stav, stát
stay *(v)* zůstat *(1. sing zůstanu)*/
zůstávat; stay overnight *(v)* přespat
(1. sing přespím)/přespávat,
přenocovat/být někde přes noc
stay pobyt
steal *(v)* ukrást *(1. sing ukradnu)*/
krást *(1. sing kradu, past kradl)*
steep příkrý, strmý
step *(v)* stoupnout/stoupat
step krok
still přece, stále
stink smrdět *(ipf)*, páchnout *(ipf)*
stone kámen
stony kamenný
stop (and stand) *(v)* zastavit
se/zastavovat se, zůstat
stát/zůstávat stát, přestat/přestávat,
stavět
stop! stop!, stůj!
store *(v)* uschovat/uschovávat
store obchod
storm bouře *(f)*, bouřka
story historka, příběh
straight rovně *(adv)*, rovný
strap řemen
street ulice *(f)*, (lane) ulička
strength síla
strict přísný
strike *(v)* narazit/narážet
strike náraz *(m)*, úder, rána
string šňůra
strong silný
study studovat *(ipf)*
stupid blbý, -bě

submit *(v)* odevzdat/odevzdávat
substitute *(v)* nahradit/
nahrazovat
substitution náhrada
suburbs periferie, předměstí
sucess úspěch
such takový, -á, -é, -í, -é, -á
suddenly najednou
suffice *(v)* stačit *(ipf)*
sufficient dostatečný
suggest *(v)* navrhnout/navrhovat
suggestion návrh
suitable vhodný
suitcase kufr
sum částka, suma, položka
sun slunce *(n)*, sluníčko
sunglasses sluneční brýle *(f pl)*
sunny sluneční
sunrise východ slunce; at ~ při
východu slunce
sunset západ slunce; at ~ při západu
slunce
supermarket samoobsluha
supplies zásoby *(pl)*
support podpora
sure *(adj)* jistý; *(adv)* jistě
surprised překvapený
surrender *(v)* vzdát (se)/vzdávat se
surroundings okolí
suspicion podezření
sweat zpotit se/potit se
sweet sladký
swim *(v)* zaplavat si/plavat
swimming pool bazén
switch *(v)* zaměnit/zaměňovat;
switch on *(v)* zapnout/zapínat
Switzerland Švýcarsko

T

table stůl *(m)*
take *(v)* vzít si *(1. sing vezmu si, past
vzal)*/brát si *(1. sing beru si)*; take a
look podívat se; take along
vzít/brát (si) s sebou; take care of
postarat se/starat se *(o + acc)*; take
over *(v)* převzít *(1. sing
převezmu)*/přebírat; take part (in)
(v) zúčastnit se/zúčastňovat se *(+
gen)*; take a picture vyfotit/fotit;
take place *(v)* konat se *(ipf)*
talk *(v)* promluvit/mluvit
tape pás(ek)
taste (good) *(v)* chutnat *(ipf)*, (try)
ochutnat/ochutnávat

taste chuť *(f)*
tasteless nevkusný
Tatras Tatry *(pl)*; **High Tatras**
Vysoké Tatry; **Low Tatras** Nízké
Tatry
taxi taxi, *(coll)* taxík
teach *(v)* učit *(ipf)*, vyučovat *(ipf)*,
naučit/učit
team mužstvo
telephone *(v)*
zatelefonovat/telefonovat
telephone telephone
tell *(v)* vyprávět, vypravovat *(ipf)*
temporary přechodný, -ně,
provizorní
tender něžný
term termín
terrain terén
terrible hrozný, strašný
test zkouška; **check** kontrola
testify *(v)* svědit *(ipf)*
thank *(v)* poděkovat/děkovat
that *(demonstrative)* tamten, tamta,
tamto, to
that *(relative)* že; **so that** aby
their jejich
then pak, potom, tenkrát, tehdy
there tam
there is je, existuje
therefore proto
these tihle *(m anim)*, tyhle *(m
inanim + f)*, tahle *(n)*
thick tlustý
thin *(adj)* tenký; *(adv)* tence;
(person) hubený
thing věc *(f)*
think *(v)* myslet *(ipf)*, mínit *(ipf)*;
think (of) myslet (na) *(ipf)*
third třetí
third (1/3) třetina
thirdly za třetí
thirst žízeň
thirsty žíznivý
this tenhle *(m)*, tahle *(f)*, tohle *(n)*
thought myšlenka
thread nit *(f)*
throat krk
through skrz *(+ acc)*
throw *(v)* hodit/házet *(1. sing
házu)*
throw hod, vrh
thruway průjezd, průchod
thus tedy
ticket lístek
tie *(v)* zavázat/zavazovat; **(connect)**
spojit/spojovat
tight utěsněný

time čas
timid nesmělý
tip rada, tip, špička
tired unavený
tiring namáhavý
toast (bread) topinka; **(drink)**
přípitek
tobacco tabák
today dnes(ka)
together spolu, společně
toilet záchod
toilet paper toaletní papír
tomorrow *(adv)* zítra, **the morrow**
zítřek
tone tón
too much moc, příliš, příliš mnoho
top vrchol
touch *(v)* dotknout se/dotýkat se
touch dotek
tour túra, cesta
tourist turista *(m)*/turistka *(f)*
toward *(direction)* naproti, k (ke),
vůči
tower věž *(f)*
toy hračka
trace stopa
track trať *(f)*
trade fair veletrh
traffic doprava, provoz
train vlak
transfer převést (1. sing
převedu)/převádět (na konto)
transferable přenosný
transform *(v)* změnit/měnit
translate *(v)* přeložit/překládat
transport *(v)* dopravit/dopravovat,
transportovat *(ipf)*
trash bin popelnice *(f)*
travel (to) *(v)* cestovat (do) *(ipf)*, jet,
jezdit (do)
travel agency cestovní kancelář
travel guide průvodce *(m)*
treat *(v)* **(someone)** jednat s *(ipf)*
(+ instr); **(medically)** léčit *(ipf)*
treatment (medical) léčení
tree strom
trip cesta
trust *(v)* důvěřovat *(+ dat)*
trust důvěra
truth pravda
truthful pravdivý
try *(v)* pokusit se/pokoušet se,
zkusit/zkoušet (něco),
vyzkoušet/zkoušet, snažit se o *(ipf)*
(+ acc)
tube tuba, tubička
tunnel tunel *(m)*

turn (right/left) *(v)* odbočit/ odbočovat (doprava/doleva); **turn** *(v)* obrátit/obracet, otočit/otáčet, točit
turn řada
typical typický

U

ugly ošklivý
umbrella deštník
unavoidable nevyhnutelný
unbearable nesnesitelný
uncle strýc *(m)*, strýček
uncomfortable nepohodlný
unconditionally *(adv)* bezpodmínečně
unconscious v bezvědomí
under pod *(location + instr, direction + acc)*
underpass podchod
understand *(v)* rozumět *(ipf)*
unemployed nezaměstnaný
unexpected nečekaný
unfair nespravedlivý
unfashionable nemoderní
unfortunately bohužel, na neštěstí
ungrateful nevděčný
unhappiness neštěstí
unhappy nešťastný
unhealthy nezdravý
unimportant nedůležitý
union svaz *(m)*
unknown neznámý
unmarried svobodný *(m)*, svobodná *(f)*
unnecessary zbytečný; **that won't be necessary** to není nutné
unpack *(v)* vybalit/vybalovat
unpleasant nepříjemný
unstable nestálý
unsure nejistý
until do *(+ gen)*, až, až do
unusual neobvyklý
unwanted nežádoucí
up *(location)* nahoře
upbringing výchova
upstairs nahoře
upward nahoru, vzhůru
us *(gen, acc, loc)* nás, *(dat)* nám; *(instr)* námi
use *(v)* použít/používat
use použití
used to zvyklý
useful užitečný, prospěšný

useless k ničemu
usual obyčejný, -ně, obvyklý
usually obvykle

V

vacation dovolená *(f)*, prázdniny *(f pl)*
validity platnost
valley údolí
valuables cennosti
various různý
vehicle vůz *(m)*
vending machine automat
verdict rozsudek
vicinity blízkost; okolí
victory výhra
view pohled, náhled, výhled
viewer divák
villa vila
village vesnice *(f)*
vineyard vinohrad
violence násilí
visible viditelný
visit *(v)* navštívit/navštěvovat
visit návštěva
voice hlas
volume svazek
vote *(v)* zvolit/volit
vote odhlasovat/hlasovat

W

wait *(v)* počkat/čekat
wake up vzbudit se/budit se
walk procházka
wall stěna, zeď *(f)*
wallet náprsní taška
want *(v)* chtít *(ipf)* *(1. sing chci, 2. chceš, 3. pl chtějí, past chtěl)*
war válka
warm *(adj)* teplý; *(adv)* teple, teplo
warmth teplo
warn (against) *(v)* varovat *(ipf)* *(před + instr)*
warranty záruka
wash *(v)* umýt/mýt *(1. sing myju)*; **launder, do laundry** prát *(1. sing peru)*
wasp vosa
watch hodinky *(f pl)*; **watch out (for)** dát/dávat pozor (na); **watch TV** dívat se na televizi *(ipf)*

water voda
waterproof nepromokavý
wave *(v)* zamávat/mávat
way back zpáteční cesta
we my
weak slabý
weakness slabost
weather počasí
wedding svatba
week týden
weekdays ve všední dny
weekly týdně
weigh *(v)* zvážit/vážit
weight váha, hmotnost
welcome! buďte vítán, -a, -i
well *(adv)* dobře
well (water) studně *(f)*
well-being blaho
west západ
western západní
wet *(adj)* mokrý; *(adv)* mokro
what co
when když
where kde
where (from) odkud
where (to) kam
who kdo
whole *(adj)* celý
why proč
wide široký
widely široko, široce
wife žena, manželka
wild divoký
willing *(adj)* ochotný
win *(v)* vyhrát/vyhrávat
windy větrno
wire drát
wise moudrý
wish *(v)* přát (si) *(1. sing* přeju)
wish přání
wit vtip

with s/se *(+ instr)*
without bez *(+ gen)*
witness svědek/svědkyně *(f)*
woman žena; paní
wonder (at) *(v)* divit se
  (něčemu – *dat*)
wonderful krásný, nádherný
wood dřevo
word slovo
work *(v)* pracovat *(ipf)*
work práce
world svět
worm červ
worry *(v)* dělat si starosti *(ipf)*
  (o + *acc*)
worry starost
worth hodnota, cena
worthless bezcenný
wounded zraněný, -á, -é, *(pl)*
  zranění, -é, -á
write *(v)* napsat/psát
writing písmo
written písemný

Y

yawn zívat *(ipf)*
year rok, 2, 3, 4 roky; 5, 6, 7 … let
yearly ročně
yield (in traffic) *(v)* dát/dávat
  přednost
you *(dat)* ti; *(stressed)* tobě,
  (nom) ty, *(pl + formal) (dat)*
  vám, *(gen + acc + loc)* vás, tě tebe,
  vy
young mladý
yours *(pl + formal)* váš, vaše, tvůj
  (m) (tvoje)
youth mládež *(f)*

A/Z

Czech–English Dictionary

A

a and, plus; **a tak dále** and so on
aby in order to, so that
adresa address
adresovat to address
agentura agency
ahoj hello, hi
akce *(f)* action, event
aklimatizovat se to adjust, get used to
akt act
ale but; **ale ano!** (oh) yes!
anglický English *(adj)*
Angličan/ka Englishman/woman
ani not even; **ani…ani** neither … nor
antikoncepční prostředek birth control
aparát apparatus, camera
asi approximately, probably
auto car
automat machine, vending machine, snack bar
automatický automatic *(adj)*
až when, not until, not before, as far as; **až do** until

B

babička grandmother
bahno mud
bál *(m)* ball, formal dance
balení wrapping, packing
balík package; **balíček** small package
balit to pack
banka bank
bankovka banknote
barevný colorful, color *(adj)*
barva paint, color
bát se to be afraid
baterie battery
batoh backpack
bavit se to have fun, to amuse oneself, to chat; **to mě baví** I like it, it's fun
bazén swimming pool
bedna large box
běhat to run
během during

bez without, minus
bezcenný worthless
bezohledný inconsiderate
bezpečí safety, security
bezpečnost (public) security
bezplatný free, gratis *(adj)*
bezpodmínečně unconditionally
bezpochyby doubtless *(adv)*
bezpráví injustice
bezprostřední spontaneous
bezúčelný pointless
bezvědomí, unconscious, to be *(v)*
běžet to run
běžný common, usual
bít to hit
blaho bliss
blahopřání congratulations
blbý, -bě stupid, (-ly)
bledý pale
blesk lightning
blikat to blink
blízko close(ly)
blízkost closeness
blížit se to approach, get closer
blokáda blockade
bod point
bohatě richly, generously
bohatství richer
bohatý rich
bohužel unfortunately
bolestivý painful
bolet to hurt
bota shoe
bouda hut, shack
bouře *(f)* storm
bouřka thunderstorm
brána gate
bránit to defend
brát to take; **brát benzín** to get gasoline; **brát se** to get married to; **brát s sebou** to bring along; **brát si** to have (food)
bratr brother
bratranec male cousin
brečet to cry, howl
brýle *(pl f)* eyeglasses
břeh shore, river bank
brzo, brzy soon
budík alarm clock

A/Z

budit to awaken; **budit se** to wake up
budoucí future *(adj)*
budoucnost the future
budova building
bufet buffet, snack bar
Bůh God
but' ... anebo either ... or
bud'te vítán, -a, -i welcome!
bydlet to live, reside
bydliště place of residence
byt apartment
být to be; **být někomu nápomocen**
  to help someone; **být pro** to be
  for; **být proti** to be against; **být**
  přáteli to be friends; **být rád** to
  be happy, pleased; **být tady** to be
  here

C

cedule *(f)* sign
celek the whole
celý whole *(adj)*
cena price, worth; **mít (velkou) cenu**
  to have (a great) value
cenit si to appreciate, to value, to
  esteem
cennosti valuables
cesta way, path, trip, travel; **cesta**
  domů way home; **na cestě** on its
  way; **po cestě** on the way; **cestou**
  along the way
cestovat (do) to travel (to)
cestovka travel agency *(coll)*
cestovní společnost travel
  company
cestující passenger, traveler
cíl *(m)* goal, destination
cit feeling
cítit to feel
cizí foreign, strange
cizina abroad
cizinec/cizinka foreigner
co what
couvat to back up
cvičení exercise
cvičit to exercise

Č

čas time
časopis *(m)* magazine
část *(f)* part

částka sum (of money)
často often
častý frequent
Čech *(pl* **Češi)** a Czech man (Czech
  pl)
Čechy Bohemia *(pl)*
čekat to wait
čerstvý fresh
červ worm
Československo Czechoslovakia
československý Czechoslovak
Česká Republika Czech Republic
český Czech *(adj)*
čest honor
Češka a Czech woman
četný numerous
čin deed
činnost activity
činže *(f)* (apartment) rent
číslo number, digit
číslovat to number
číst to read
čistírna dry-cleaner
čistit to clean
čistý clean
článek (newspaper) article
člen *(m)* member
člověk *(m)* person, man
člun dinghy, boat
čtverhranný rectangular
čtvrt quarter
čtvrt' *(f)* (city) quarter,
  neighborhood; **čvrtina, čtvrtka**
  quarter, one fourth

D

dál(e)! come in!
daleko far
dalekohled binoculars
další next
dáma lady
dar, dárek gift, present
darovat to give as a gift
dát/dávat to give; **dát si** to have
  (food)
dbát na to pay attention to
dcera daughter
dědeček grandfather
defektní defective
definitivní definitive
dech breath
dějiny *(f pl)* history
deka blanket
děkovat to thank

dělat to make to do; **dělat pěší výlety** to go on outings (on foot); **dělat reklamu** to advertise
dělit to divide, share
délka length
den day
deponovat to deposit
deska record
deštník umbrella
děti *(pl)* children
děvče *(n)* girl
diagnóza diagnosis
diák, *(coll)* **diapozitiv** slide
diety *(f pl)* expenses
díra hole
dítě *(n)* child
divák viewer
dívat se (na) to look (at)
divit se (něčemu) to wonder (at something), to be surprised
dívka *(f)* girl
divoká zvěř *(f)* wild animals, game
divoký wild
dlouho, long, for a long time *(adj);* **dlouhý** long *(adj)*
dluh debt
dlužit to owe
dnes(ka) today
do to, into, until
doba time, times, era, age; **doba (trvání)** duration
dobrý good *(adj)*
dobře well, good *(adv);* **necítit se dobře** to feel unwell
docela quite, rather
dodat/dodávat to add, to deliver
dohodnout se to agree on something, make an agreement
dojednat to negotiate
dojem impression
dojet to get to, reach
dokázat to prove, to accomplish
dokonalý perfect
dokonce even
dokončit to finish
dole down (location)
doleva left (direction)
dolů down (direction)
doma at home (location)
domácí domestic, house- *(adj)*
domluvit to finish speaking
domluvit se/domlouvat se to make an agreement
domněnka assumption
domnívat se to assume
domovní dveře (external) door

domů home (direction); **jít domů** to go home
dopis *(m)* letter
dopoledne *(n)* late morning
doporučení recommendation
doporučit to recommend
doprava traffic
dopravit to transport, to deliver
doprovod accompaniment
doprovodit/doprovázet to accompany
dopředu up front (direction)
dorozumět se make oneself understood
dosáhnout to reach
dospělý, -a grown-up, adult
dost enough, rather, quite
dostat/dostávat to get, receive; **dostat zpátky** to get (something) back
dotek touch
dotěrný annoying, intrusive
dotknout se/dotýkat se to touch
doufat a hope
doutník cigar
dovolená *(f)* vacation
dovolit/dovolovat to allow
dozorce attendant, duty officer
dozvědět se/dozvídat se to find out
draho expensively
drahý expensive
drát wire
draze expensively
dráždit to tease, to irritate
drobné *(pl)* change, coins
druh kind, sort
druhý, -á, -é the second, other; **za druhé** secondly
dřevo wood
dřív(e) earlier, before; **dřív než** before (an event)
držátko handle
držet to hold, to grasp
důkaz *(m)* proof
důležitý important
dům house
Dunaj *(m)* Danube
důrazný emphatic
důvěra trust; **s důvěrou** with confidence
důvěřovat (něčemu) to trust
důvod reason
dveře *(f pl)* door
dvojitý double *(adj)*
dvůr yard
dýmka pipe

E

emancipovaný, -á emancipated
Evropa Europe
Evropan/ka a European
evropský European *(adj)*
existuje there is

F

fajnový finicky, prim *(coll)*
falešný false, fake
férový fair
flám *(m)* party *(coll)*
flaška bottle *(coll)*
flek spot
flirtovat to flirt
fotit to photograph, take pictures
fotoaparát camera
fotografovat to photograph, take pictures
foťák camera *(coll)*
francouzský French
fronta line, queue, front
fungovat to function, to work

G

garáž *(f)* garage
gramofón record player
gratulace congratulations
gratulovat congratulate

H

háček hook
had snake
hádat se to argue, fight
hadice *(f)* hose
hádka fight, argument
hadr rag
hák hook
hala hall
haló hello? (on phone)
hasicí přístroj fire extinguisher
hasiči firemen
hasit extinguish
házet to throw
hektický hectic
hezký nice, pretty
historka story, tale

hlad hunger
hladký, -dce smooth, -ly
hladový hungry
hlas voice
hlásit to announce, report
hláskovat to spell
hlasovat to vote
hlavně mainly, especially
hlavní město capital; **hlavní vchod** main entrance
hledat to seek
hloupý stupid
hluboce, hluboko deeply
hluboký deep
hluk noise
hmotnost weight
hmyz insect(s)
hned right away, immediately
hnědý brown
hod throw
hodina hour
hodinky *(f pl)* watch
hodiny *(f pl)* clock
hodit to throw; **hodit se** to suit, to fit
hodně a lot
hodnota worth
hoch boy
holit (se) to shave
holka girl *(coll)*
hora mountain
horko heat; **je horko** it is hot
horký hot
hořce bitterly
hořet to burn
hořký bitter
hospoda pub
hospodský innkeeper
host *(m)* guest
hostinec inn, tavern
hostitel/ka host/hostess
hotovo ready, finished *(adv)*
hotový ready *(adj)*
hra game, play
hračka toy
hranice *(f)* border, limit
hrát (si) to play
hrnec *(m)* pot
hrozný terrible
hrubý rough, rude
hřát to heat
hřebík nail
hubený thin, skinny
hubnout to lose weight
hudba music
hůl *(f)* cane
hvězda star
hýbat to move (something)

CH

chata weekend house, cottage
chladně cooly, frigidly
chladno cold, cool; **je chladno** it is cool (outside)
chladný cool
chlapec boy
chod course (of a meal)
chodba corridor, hallway
chodec pedestrian
chodit to walk; **chodit na procházku** to go for a walk; **chodit pro** to go and get; **chodit ven** to go out
chování behavior
chránit to protect
chrápat to snore
chtít to want
chudý poor
chutnat to taste
chuť *(f)* taste, apetite
chůze *(f)* gait
chválit to praise
chyba mistake, fault
chybět to be missing, to be absent
chytat to catch
chytit to catch
chytrý smart, clever

I

i even; **i ... i** both ... and
ihned immediately
informace information
informační středisko information center
informovat to inform
informovat se (o) to get informed, to find out (about)
inzerát classified ad

J

já I
jak how; **jak ... tak** both ... and
jako as
jaký what kind *(adj)*
jasně clearly, of course
jasno clear, (weather) clear, bright *(adv)*
jasný clear *(adj)*
jazyk language

je (he, she, it) is, there is; **je k dostání** is available (to be bought); **je k mání** is available, can be had
jed poison
jeden, jedna, -o one; **jeden a půl** one and a half
jedinečný unique
jediný only, single
jedlý edible
jednání action, conduct, proceedings, negotiations
jednat to act, to deal
jednoduchý simple
jednoduše simply
jednotlivý individual
jednou once, one time
jedovatý poisonous
jehla needle
jeho his
její hers
jejich their
jemný fine, gentle, mild
jen(om) only
jeptiška nun
jestli if
ještě still; **ještě jednou** one more time
jet (once)/**jezdit** (more than once) to go (drive, ride); **jet zpátky/jezdit zpátky** to go (drive, ride) back
jezero lake
jídlo food, meal
jih the south
jinak otherwise, differently
jinde elsewhere
jindy another time
jiskra spark
jíst to eat
jistě surely, certainly
jistota security, assurance
jistý sure *(adj)*
jít (once) to go (walk); **jít dál(e)** to go/come in; **jít na procházku** to go for a walk; **jít (někomu) naproti** to go to meet someone; **jít okolo** to walk by; **jít pro** to go and get; **jít ven** to go out
jízda ride
již already
jižní southern, south *(adj)*
jmeniny name day, saint's day
jméno first name
jmenovat to name; **jmenovat se** to be called

K

k (ke) to, toward; **k tomu** in addition
kafe *(n)* coffee *(coll)*
kalný muddy (about water)
kam (direction) where, where to
kámen rock, stone
kamenný stone *(adj)*, stony, rocky
kancelář *(f)* office
kapat to drip
kapela musical band, group
kapka drop
kaple chapel
kartáč *(m)* brush
kartáčovat to brush
kašlat to cough
kauce bail
káva coffee
kavárna café
kázání sermon
kazit to spoil
každý, -á, -é every, everyone
kde where
kdo who
kdy when
kdyby if, in case
kdysi once (upon a time)
když if
kelímek (plastic or paper) cup
keramické zboží *(n sing)* pottery
kladivo hammer
kladný positive
klepat to knock
klesat to sink, fall
kleště *(f pl)* pliers
klíč *(m)* key
klid peace, quiet
klidný peaceful, calm
klima *(n)* climate
kluk boy, kid *(coll)*
kněz priest
kniha book
knoflík button
kočka cat
kohout rooster
kohoutek faucet
kolega *(m)* colleague
kolegyně *(f)* colleague
kolem around, by
kolík od stanu tent peg
komár mosquito
konat se to take place
končí platnost expiration date
končit to end, finish
konec end
konečně finally
konečný final

koníček hobby
kontrolovat to control
konzerva can, tin
kopec hill
korektní correct, tactful
kostka cube
koš *(m)* basket
koukat to look *(coll)*
koupat se to bathe, swim
koupě *(f)* buy
koupelna bathroom
koupit to buy
kouř *(m)* smoke
kouřit to smoke
kousat to bite
kousek piece
kout(ek) corner (of room)
kouzelný charming, magical
kožich fur, fur coat
krabice *(f)* box
krabička (small) box; **krabička zápalek** box of matches
kraj area, region, edge
krajan compatriot
krajíc *(m)* bread slice
krajina landscape, countryside
krása beauty
krasavec beautiful man
krasavice beautiful woman
krásný beautiful
krást to steal
krátce, krátko shortly, short *(adv)*
krátkodobý short (-lasting), brief
krátký short
kráva cow
kreslit to draw
kritizovat to criticize
krk throat, neck
Krkonoše *(f pl)* Giant Mountains
krmivo (animal) fodder
kroj *(m)* (folk) costume
krok step
kromě except for; **kromě toho** besides
Krušné hory Ore Mountains
křestní jméno first name
křičet to scream
křivka curve
křižovatka intersection
křoví bushes
kufr suitcase
kuchyň, kuchyně *(f)* kitchen
kulatý round (shape)
kůň *(m)* horse
kupec *(m)* **kupující** buyer, shopper
kupovat to buy

kus piece, bit
kůže *(f)* skin, leather
kvalita quality
kvést to flower, bloom
květina flower
kvůli because of, due to; **kvůli mně** for my sake, because of me
kýchat to sneeze
kyselý sour (taste)
kytara guitar
kytice *(f)* (flower) bouquet
kytka flower *(coll)*

L

laciný cheap
lačno, na on an empty stomach
láhev bottle
lámat to break
lano rope
láska love
laskavost kindness, goodness, benevolence
laskavý kind, friendly, sweet
látka fabric, substance
lavička bench
léčení (medical) treatment
léčit to treat, heal
led ice
legrace *(f)* fun
lehce, lehko ligtly, easily
lehký light, easy
lépe better *(adv)*
lepší better *(adj)*
les *(m)* forest
lesklý shiny
lesknout se to shine
léta years
letět, létat to fly
levný cheap
levý, -á, -é left
lež *(f)* lie, untruth
ležet to lie (position)
líbat to kiss
líbit se to like; **to se mi líbí** I like it, it pleases me
libový lean (meat)
lid a people
lidé, lidi people
lidský human
líh spirits, alcohol
linka line
líný lazy
líp better *(adv) (coll)*
list *(m)* leaf

lístek ticket
listina paper, document
litovat to regret
logický logical
lok gulp, swig
loučit se to part, say farewell
louka meadow
lovit to hunt, to catch
loď *(f)* boat
luxusní luxury-, luxurious
lůžko bed, berth

M

majetek property
majetný well-off
majitel owner, proprietor
málo little
málokdy seldom
malovat to paint; **malovat se** to put on make-up
malý small, little
máma, maminka mom, mommy
manžel husband
manželka wife
manželé *(pl)*, **manželský pár** married couple
manželství marriage
mapa map, mapa města map, city map
marně in vain
maso meat
mastný greasy
matka mother
mávat to wave
mě me *(gen, acc)*
mejdan party *(coll)*
měkce softly
měkký soft
měnit to change, to switch
měřit to measure
měsíc *(m)* month, moon
měsíční monthly
město town, city
měl/a by he/she should
mezi between
mezinárodní international
mezitím meanwhile
mi me *(dative, unstressed)*
míč *(m)* ball
míchaný mixed
miláček darling
milovat to love
milý dear, sweet
miminko baby

mimo except for, outside of, past, by;
  mimo to moreover
mimořádný exceptional
mince *(f)* coin
mínění *(n)* opinion
minimax fire extinguisher
ministerstvo ministry
mínit to mean, to be of the opinion
minout to miss, to walk/drive past
minulost the past
minule the last time
mír peace
míra measure; **s mírou** moderately
mírný moderate, calm, mild
mísa bowl, dish, platter
místnost room
místo position, place, site, locality;
  místo bydliště place of residence
mít to have; **mít v úmyslu** to intend
mizet to be in the process of
  disappearing
mládež *(f)* youth, young people
mladý young
mlčení silence
mlčet to be silent
mluvit to speak, talk
mně me *(dat, loc)*
mnoho a lot
množství quantity
moc a lot, much, too much
moci to be able to
modlit se to pray
modlitba prayer
mokro wet *(adv)*
mokrý wet *(adj)*
moje mine
moře *(n)* sea, ocean
most *(m)* bridge
moudrý wise
moucha fly
možná maybe, perhaps *(adv)*
možnost possibility
možný possible *(adj)*
mrakodrap skyscraper
mrtvý dead
mříž *(f)* bars
mrznout to freeze
mše (church) mass
můj mine
muset must
můstek small bridge
muž man, husband
mužný manly
mužstvo team
my we
mýlit se to be mistaken
myslet to think

myšlenka thought
mýt(se) to wash

N

na on, onto; **na žádný případ** under
  no circumstances
nabídka offer
nabídnout/nabízet to offer
nabít to load (weapon)
nábytek *(m sing)* furniture
nad above, over
nadarmo in vain
nadávat to swear
nadbytečný superfluous, excessive
nádherný gorgeous
nádoba vessel, pot
nadšený enthusiastic
nahatý naked *(coll)*
nahlas aloud
náhoda coincidence
náhodou by coincidence
nahoru up, upward (direction)
nahoře up (location)
náhrada compensation; **náhrada
  škod** recompense, reparation
nahradit/nahrazovat to compensate
nahrát to record
nahý naked, nude
nacházet to find; **nacházet se** to find
  oneself
najednou suddenly
nájem, nájemné rent
najít to find
najmout si to rent
nakažlivý infectious
nakládat to load (vehicle), to pickle;
  nakládat s to treat
  something/somebody
nákladný costly
náklady *(pl)* cost, expenses
nakoupit/nakupovat to buy, shop
nálada mood
nalevo left
naložit to load (vehicle), to pickle;
  naložit s to treat
  something/somebody
nám(i) us
námaha strain, exertion
namáhavý difficult, tiring
naopak on the contrary
nápad idea
nápis *(m)* sign, notice, inscription
naplnit to fill
nápodobně same to you

A/Z

naposled(y) the last time
napravo right
naproti (vis-à-vis) opposite, facing; **jít (někomu) naproti** to go and meet someone
náprsní taška (man's) wallet
napříč perpendicular
napsat to write
náraz (m) crash, hit
narazit, narážet to hit, collide with
národ nation, people
narození birth
narozeniny (f pl) birthday
narozený born
nás us
násilí violence
následovat to follow
nastartovat to start (engine)
náš (m), **naše** ours
naučit to teach; **naučit se** to learn, to teach oneself
navíc what is more, in addition
návrat return (home)
návrh suggestion
navrhnout to suggest
návštěva visit
navštívit to visit
název name, title (of thing)
názor opinion, view
nazpět back (direction)
ne no, not
nebe (n) sky
nebezpečí danger; **nebezpečí ohně** fire hazard
nebezpečný dangerous
nebo or
nebot' because, for
něco something
nečekaný unexpected
nedávno recently
nedbalý negligent, careless
nedorozumění misunderstanding
nedostatečný insufficient
nedostatek lack, want
nedůležitý unimportant
nedůvěřovat mistrust
nehet fingernail
nehoda accident
nechat/nechávat to leave (alone); **nechat ležet** to let lie; **nechat si** to keep (something)
nechutný disgusting
nějak somehow
nějaký, -á, -é some, some kind
nejdřív(e) first, at first
nejistý unsure, uncertain
nejlepší best

nejméně, nejmíň (coll) least
nejprve at first, initially
nejvýš(e) highest (adv)
někam (direction) somewhere
někde somewhere
někdo someone
někdy sometimes, at some time, once, ever
neklidný restless, anxious
několik a few, some
nekompletní incomplete
některý, -a, -e some, certain
Němec (a male) German
Německo Germany
německy German, in German
Němka (a female) German
nemocný sick, ill
nemoderní unfashionable
nemožný impossible
neobvyklý unusual
neopatrný careless
neplatný invalid (adj)
nepohodlný uncomfortable
nepořádek disorder, mess
nepostradatelný indispensable
nepraktický unpractical
nepravděpodobný improbable
nepravidelný irregular
nepravý improper, false
nepromokavý waterproof
nepřesný imprecise
nepříjemný unpleasant, uncomfortable
nepřítomný absent
nerad (m), **-a** (f), **-i** (pl) displeased
nerozhodný indecisive, undecided
nervózní nervous, high-strung
neschopný unable, incompetent
neslušný indecent, rude
nesmělý shy, timid
nesnesitelný unbearable
nespokojený dissatisfied
nespravedlivý unjust, unfair
nespravedlnost injustice
nést to carry
nestálý unstable, inconsistent
nestydatý shameless
neštěstí accident, bad luck; **na neštěstí** unfortunately
nešt'astný unhappy
neteř (f) niece
neurčitý indeterminate
neútulný not cozy
neuvěřitelný unbelieveable
nevalný mediocre, poor
nevděčný ungrateful
nevhodný inappropriate

A/Z

nevinný innocent
nevkusný in bad taste
nevyhnutelný unavoidable
nevýhoda disadvantage
nevýhodný disadvantageous
nezaměstnaný unemployed
nezávazný not binding
nezdravý unhealthy
nezdvořilý impolite
nezkušený inexperienced
neznámý unknown
nežádoucí undesirable
něžný tender, gentle
nic nothing
ničit to destroy
nikde nowhere
nikdo nobody
nikdy never
nit *(f)* thread
nízko, nízce low *(adv)*
nízký low *(adj)*; **Nízké Tatry** Lower
   Tatras
nóbl posh *(coll)*
noc *(f)* night
noha foot, leg
normálně normally
normální normal
nosič *(m)* porter
nosit to carry
nouze *(f)* need, indigence
novina piece of news
novinka piece of news, novelty
noviny *(f pl)* newspaper
nový new
nudný boring; **to je nuda!** how
   boring!
nutit to force
nutnost necessity; **v případě
   nutnosti** in case of necessity
nutný necessary; **to není nutné** that
   is not necessary
nůžky *(f pl)* scissors
nyní now

O

o about, on
oba *(m)*, **obě** *(f, n)* both
obávat se to fear
občerstvení refreshment, snack
obdivovat to admire
obdržet to obtain, to get
obec *(f)* community, municipality
obecenstvo public, audience
obejmout/objímat to embrace

obhájit (se) to defend (oneself)
obchod store, shop, trade; **obchodní
   dům** department store
obchodovat to trade, to do
   business
objednat předem to order in
   advance
objevit to discover; **objevit se** to turn
   up
oblečení clothes
obléct/oblékat to put on (clothes)
obloha sky
obnášet to amount to (a sum)
obnovit to renew
obráceně conversely *(adv)*
obrátit/obracet to turn
obraz picture, painting
obsadit to occupy, take a place
obsah contents
obsahovat to contain
obsazeno occupied *(adv)*
obsazený occupied, taken *(adj)*
obsloužit/obsluhovat to serve
obsluha service
obstarat to get, to provide
obtěžovat to bother, harrass
obtížný difficult
obvaz *(m)* bandage
obvázat/obvazovat to bandage, tie
   up
obvykle usually *(adv)*
obvyklý usual
obyčejný, -ně common, ordinary
obyvatel *(m)* resident, inhabitant
ocenit to value, appreciate, appraise
očekávat to expect
oči *(pl)* eyes
od, ode from, since; **od té doby** since
   that time
odbočit (doprava/doleva) to turn
   (right/left)
odcestovat to go away (on travels)
odděleně separately *(adv)*
oddělit to separate
odejít to go away; **odejít do ústraní**
   withdraw, retire
odeslat to send/mail away
odevzdat/odevzdávat to hand in,
   give up
odhadnout to estimate
odhlásit/odhlašovat to cancel
odhlasovat to pass by vote
odcházet to go (walk) away
odjet/odjíždět to go (drive) away
odjezd departure
odklad delay, postponement
odkud whence, where from

A/Z

odložit/odkládat to put aside, to postpone
odměna reward
odměnit to reward
odmítat/odmítnout to decline, to refuse
odnést/odnášet to carry (away)
odpad waste, junk
odpadky *(pl)* garbage
odpočinek rest, relaxation
odpočinout si/odpočívat to rest
odpoledne *(n)* afternoon
odpověď *(f)* answer
odpovědět/odpovídat to answer, reply
odpustit to forgive
odstavec *(m)* paragraph
odstup detachment, distance
odtékat to flow/drain away
odvolat se (na něco)/odvolávat se (na něco) to appeal to, resort to
oficielně officially *(adv)*
oheň *(m)* fire
ohlásit to announce
ohlašovač požáru *(m)* fire alarm
ohled regard
ohnout to bend
ohromný enormous
ohřát to warm up
ohýbat to bend
ochota willingness, readiness, complaisance
ochotný willing, accommodating
ochrana protection
ochutnat/ochutnávat to try, to taste
okamžik moment
okénko small window
oko eye
okolí environs, vicinity, environment
okolnosti *(pl)* circumstances
okraj *(m)* edge
olej *(m)* oil
omluva excuse, apology
omluvit (se)/omlouvat (se) to apologize
omyl mistake, error, wrong number; **omylem** by mistake
on he
ona she
oni they
ono it
opačný opposite *(adj)*
opak opposite, reverse
opakovat to repeat
opatrný careful
opatřit (si) to get, arrange (for oneself)

operovat to operate
opět again
opilý drunk
opít se to get drunk
opona curtains (in theatre)
opouštět to leave, to abandon
oprava repairs
opravdivý true, real *(adj)*
opravdu really *(adv)*
opravit/opravovat to repair
oprávněný justified
opustit to leave, abandon
ordinace (medical) practice, office
organizovat to organize
osamocený lonely, isolated
osel *(m)* donkey
osoba person
osobní personal; **osobní údaje** *(pl)* personal information
ostatně besides
ostatní remaining, others
ostrov island
ostrý, -ře sharp
osvětlený lit, illuminated
ošklivý ugly
otáčet to turn
otázka question
otec *(m)* father
otevřeno open
otevřený open *(adj)*
otevřít/otvírat to open
otočit to turn
otvírací doba hours of operation
ovce *(f)* sheep
oženit se to get married (for a man)

P

pád fall, grammatical case
padat to fall
páchnout to smell, stink
pak then
pamatovat si to remember
pán man, gentleman; **pan** Mr.
panenka doll
paní woman, lady, Mrs.
pár pair, couple
parkovat to park
pas passport
pás(ek) strip, band, belt
pasáž walkway, arcade, passage
pašovat to smuggle
patro floor, story
patřit to belong

paušál *(m)* lump sum, bulk
paže *(f)* arm
pec *(f)* oven
péct to bake
péče *(f)* care, attendance
pečeně *(f)* roast
pečlivost care, carefulness
pečlivý careful, scrupulous
pěkný nice, pretty
peníze *(m pl)* money
pero pen
pes dog
pestrý colorful, cheerful
pěší pedestrian
pevný stable, firm
píchat/píchnout to prick, stick, pierce
pilný diligent, industrious
písečný sandy
písemný in writing, written *(adj)*
píseň *(f)*/**písnička** *(f)* song
písmo handwriting, script
pít to drink
pitný potable
placení payment
plakat to cry, to weep
plamen flame
plán města city plan
plat pay, salary
plátek slice
platit to pay; **platit hotově** to pay in cash
platnost validity
platný valid
plavat to swim
pláž *(f)* beach
ples *(m)* ball, dance
plést to knit; **plést se** to make a mistake; **plést si** to confuse
plná moc *(f)* proxy, power of attorney
plnit to fill, fulfill
plný full
plochý flat
po after
pobřeží coast
pobyt stay, sojourn
pocit feeling, sense
počasí weather
početný numerous
počítat to count
počkat to wait
pod under, underneath
podat to give, to hand
poděkovat to thank
podél along, lengthwise
podepsat to sign

podezření suspicion
podchod underpass
podívat se (na) to look (at)
podlaha floor
podle along(side), according to; **podle toho** it depends
podmínka condition, terms
podnik enterprise, place of business, bar, restaurant
podobat se to look like, to seem like
podobný similar
podpatek heel (of a shoe)
podpis *(m)* signature
podpora support, assistance, welfare
podráždit to irritate
podrobný, -ně detailed
podruhé the second time
podšívka lining
podvést/podvádět to cheat, deceive, swindle
podvod deceit, fraud
podvodník swindler, cheater, crook
pohlaví gender
pohled sight, look, view
pohledávka claim, debt
pohodlí comfort
pohodlný comfortable
pohostinnost hospitality
pohyb movement, motion
pohybovat to move
pocházet to originate (from a place)
pochybnost *(f)* doubt
pochybný doubtful, dubious
pochybovat (o něčem) to doubt (something)
pojistka (safety) fuse, insurance policy
pojištění insurance
pokaždé every time
pokládat to consider, to lay
pokladna cash register
pokračovat to continue
pokrok progress
pokrýt to cover
pokus *(m)* try, experiment
pokusit se to try
pokuta, (peněžní) fine (monetary)
Polák Pole (male)
pole *(n)* field
poledne *(n)* noon
polekat to frighten
polibek kiss
politika politics
politování pity, tender loving care
Polka Pole (female)
poloha position
polovice, polovička, polovina half

A/Z

položit to lay, to put down
položka sum, amount
Polsko Poland
polštář *(m)* pillow
pomáhat (někomu) to help (someone)
pomalu slowly
pomalý slow *(adj)*
pomoc help
pomoci to help
ponětí idea, inkling
poohlédnout se/poohlížet se to look around
popelnice *(f)* dust bin, garbage can
popisovat to describe
poplatky *(pl)* fees
poprosit to ask (for), to request
poprvé the first time
popřít to deny
popsat to describe
porucha disorder, breakdown
pořad program, broadcast
pořádek order
pořádný orderly, tidy
posadit se to sit down
poschodí floor, story
poskytnout/poskytovat to give, lend, make available
poslat/posílat to send, to mail
poslední the last
poslechnout si/poslouchat (něco, někoho) to listen to, hear
posoudit to evaluate
posouvat to shift
pospíšit si/pospíchat to hurry up
postarat se (o) to take care of
postavit to build, to erect
postel *(f)* bed
postupovat to go/get ahead, to proceed, to take steps
posunout si to shift
posuzovat to evaluate
poškodit to damage
poškození damage
pošmourno gloomy (weather)
pošta post office
potichu quietly
potit se to sweat
potíž *(f)* trouble, problem
potkat (někoho) to meet (someone)
potlesk applause
potom then, later, thereafter
potravina, -y *(pl)* food, groceries
potřebovat to need
potvrdit/potvrzovat to acknowledge, confirm, ratify
potvrzenka receipt

poukázat to point out, remit
poukázka (money) order
použít/používat to use, to employ
použití use
považovat to consider, to appreciate
pověsit to hang (up)
povinnen *(m)*, **-a** *(f)*, **-i** *(pl)*, **být ~ to** be obliged
povinnost obligation, duty; **mít povinnost** to have an obligation
povolání occupation, vocation; **z povolání** by profession
povolení permission
povolit/povolovat to let, permit, allow
pozdě late *(adv)*
později later
pozdravit to greet, to say hello
pozdravovat to send one's regards
pozice position
pozitivní positive
poznamenat si to make a note of
poznat to recognize, to get to know
pozor attention, care, heed; **dát/dávat pozor (na)** to pay attention (to), to watch out (for)
pozorný attentive
pozorovat to observe, to examine
pozvání invitation
pozvat to invite
požadavek demand, claim
požár fire
požárníci firemen
požitek enjoyment
práce work
pracovat to work
prádlo wash, laundry
prach dust
praktický practical
pramen spring, source
prasknout to snap, crack, break
prášek pill, powder
prát to wash, to do laundry
pravda truth; **mít pravdu** to be right; **nemít pravdu** to be wrong
pravděpodobně likely *(adv)*
pravděpodobnost likelihood
pravdivý truthful
právě just, exactly, indeed *(adv)*
pravidelný regular
právo right, law
pravý genuine
pravý, -á, -é right, right-hand
praxe practice
prázdniny *(f pl)* holidays
prázdný empty
prezervativ condom

prima great!, fun
pro for, pro; **pro mě za mě** I don't care; **být pro** to be for it, to be in agreement
probudit to awaken; **probudit se** to wake up
proclít to clear through customs
proč why
prodat to sell
prodej *(m)* sale
prodloužit to extend
prohlédnout si/prohlížet si to take a look at, to examine
procházka walk
prominout to forgive
pronajímat to rent
prosba request
prosím please
prosit to request, to ask, to beg
prospěch benefit, profit
prospěšný useful, advantageous, profitable
prostředek means, product
protestovat to protest
proti against, opposite; **být proti** to be against
proti- against, counter
proto therefore
protože because
proud current, flow, stream
provést/provádět to guide through, to carry out, perform
provizorní temporary, makeshift
provoz traffic, business, time of business
provozovat to operate, carry on (business)
prozatím for the time being *(adv)*
prozkoumat (něco) to investigate (something)
prsten, prstýnek ring
pršet to rain
průchod walkway, passage (walking)
průjezd thruway, passage (driving)
průkaz certificate, I.D.
průměrný, -ně average
průvan draft (of air)
průvodce *(m)*, **průvodkyně** *(f)* guide
první first; **první pomoc** first aid
prvotřídní first class, first rate *(adj)*
pryč (direction) away
přání wish
přát (si) to wish
přátelství friendship
přebírat to take over
přece yet, still, all the same
předtím before

před(e) before, in front of; **v(e) předu** in the front
předat to hand over, to pass
předem in advance
předjíždět to pass (a car)
předložit/předkládat to put forward, to present
předměstí suburbs
předmět subject
přednost preference, priority; **přednost v jízdě** (command in traffic) yield; **dát přednost** to prefer, to yield
předpis (medical) prescription, rule, by-law
předposlední penultimate
představa idea, notion
představení (theater) performance
představit to present, to introduce
přehnaný exaggerated
přecházet to cross (street), to walk across, to walk back and forth
přechod crossing
přechodný temporary
přejít to cross (street), to walk across, to go over (documents)
překládat to translate
překontrolovat double-check
překročit/překračovat to step over, to cross
překvapený surprised
přeložit to translate
přemluvit/přemlouvat to persuade
přenocovat to stay the night
přepadnout to assault
přepážka partition, counter, bar
přeplněno full, overcrowded *(adv)*
přeplněný full, overcrowded *(adj)*
přepočet conversion, exchange
přepočítat se to miscalculate
přerušit to interrupt
přeřeknout se to misspeak, to make a slip of the tongue
přes over, across
přesnost accuracy
přesný accurate, exact
přespat to sleep over
přestat/přestávat to stop, to cease
přesto/že in spite of, even though, yet
přestupovat to transfer, to change over
přesvědčit/přesvědčovat to convince
převést (na konto) to transfer (to an account)
převléknout se to change (clothes)
převzít to take over

A/Z

přezkoumat to review, to inspect
při by, near, close to
příběh story, tale
přiblížit se/přibližovat se to approach
přibližně approximately, about
přibližný approximate (adj)
příbuzný a relative
přibývat to increase
příčina reason, cause
přidat to add
příhoda story, incident, adventure
přicházet to come (on foot)
příjem reception, income
příjemný pleasant, nice
přijet to come (by vehicle)
přijetí reception
přijít to come (on foot); **přijít znovu** to come again
přijmout to accept, to receive
příklad example
příkrý steep
přikrýt to cover
příležitost opportunity, occasion
příležitostný, -ně occasional
příliš too, overly; **příliš mnoho** too much
příloha supplement, (about food) garnish, vegetables
přímo directly (adv)
přímý direct (adj)
přinést/přinášet to bring
případný appropriate, prospective (adj)
přípitek toast, drink
připojit to add, to link
připomenout/připomínat to remind
připravit to prepare
připustit to allow
přípustný admissible
příroda nature
přirozeně naturally
přirozený natural
příslib promise
přislíbit to promise
příslušný relevant
přísný strict
přistoupit to approach, to step up, to accede
přístroj (m) machine, apparatus
přístup access, approach, attitude
příští next
přítel friend; **přítelkyně** female friend, girlfriend; **být přátelí** to be friends
přítomný present (adj)
přívěsek pendant

přivést to bring (a person on foot)
přívětivost friendliness
přívětivý friendly, kind
přivézt to bring (by vehicle)
přízemí ground floor
psát to write
pták bird
ptát se (někoho) to ask (someone)
půda soil, attic
půjčit to lend; **půjčit si** to borrow
půjčka loan
půl half
půlnoc (f) midnight
pusa mouth, kiss; **dát/dávat pusu** to kiss
pusinka little kiss
půvabný charming
původně originally
původem in origin
pytel (m) bag, sack
pytlík pouch, bag

R

racek seagull
rád/-a (f), **/-i** (pl) pleased, happy; **mít rád** to like, to love
rada counsel, council
raději, radši rather
radit to avise, to counsel
radost pleasure; **mít (z něčeho) radost** to be pleased by something
rákosí reed
Rakousko Austria
Rakušan/ka an Austrian
rána wound, stroke, shock
ráno (early) morning
razítko rubber stamp
reklamace complaint, claim, return
reklamovat to make a complaint (about faulty goods)
rekreace holiday, leisure
reproduktor loudspeaker
restaurace (f) restaurant
ret lip
rezervovat to reserve, book
ročně yearly (adv)
roční doba season, time of the year
rodiče parents
rodina family
roh (street) corner
rok year
rostlina plant
roura (large) pipe

A/Z

rovina plain, flat ground
rovnat se to be equal to
rovně straight *(adv)*
rovnocenný of equal value
rovný straight, flat *(adj)*
rozbít to break
rozbitný breakable
rozbitý broken
rozdělit to divide
rozdíl *(m)* difference
rozená nee, maiden name
rozeslat to send out, distribute
rozhlédnout se/rozhlížet se to take a look around
rozhodnout/rozhodovat to decide, to determine
rozhodnutí decision
rozhodnutý, být ~ to be decided
rozhovor conversation, dialogue
rozlišit/rozlišovat to distinguish
rozloučení farewell
rozloučit se to say farewell
rozsudek verdict
roztomilý cute
roztrhat to tear into pieces
rozum reason
rozumět to understand; **(někomu) špatně rozumět** to misunderstand (someone)
rozumný reasonable
rozzlobený angry
rozzuřený furious, livid
ruce hands *(pl)*
ručně dělaný handmade
ruka hand, arm
rukáv sleeve
runda round (of drinks) *(coll)*
růst to grow, growth
rušit to disturb
různý various
růže *(f)* rose
růženec rosary
ryba fish
rybařit to fish
rybník (fish) pond
rychlé občerstvení snack bar
rychlost speed
rychlý fast

ř

řada row, turn
řeč *(f)* speech, language
ředitel *(m)* manager, director
ředitelství management, directorate

řeka river
řemen strap
řešit to solve
řetěz chain
řezat to cut (with knife)
říct/říkat to say
řidič *(m)* driver

S

s with
sádra plaster
sál *(m)* hall, auditorium
sám, sama, -o alone, lonely; **to samé** the same
samoobsluha supermarket
samotný alone, lonely
samozřejmě of course, naturally *(adv)*
sanitka ambulance
sázka bet
sbírat to collect
sbírka collection
sbor choir
sdělení announcement
sdělit to announce
se with, off
sebrat to collect, to pick up
sečíst to add
sedadlo seat
sedět to sit
sedlák farmer
sednout si to have a seat
sehnat to get (a hold of)
sem here (direction), hither
sen dream
servírovat to serve
sestra sister
sestřenice female cousin
sešit notebook
setkat se (s někým) to meet, meet up with (someone)
sever north
severní northern
seznam list, index
seznámit se(s) to meet, to get to know (a person)
sezóna season
shánět to search for, hunt for
shodnout se/shodovat se to agree
schody *(m pl)* stairs
schopný capable, competent; **být schopný** to be capable
schovat to hide
schůzka meeting, date

A/Z

schválně on purpose *(adv)*
sídlo seat, domicile, habitat
síla strength, power
silnice *(f)* road, highway
silný strong, powerful
síť *(f)* net
skákat to jump
skála rock, cliff
skládat to fold; **skládat se (z něčeho)** to consist of (something)
sklizeň harvest
sklo glass
skočit to jump
skoro almost
skrz through
skupina group
skutečnost reality
skutečný real
skvrna spot
slabost weakness
slabý weak
sladký sweet
slaneček pickled herring
slavnost celebration, party
slavnostní solemn, celebratory
slavný famous
slečna young woman, miss
slepý blind
sleva discount
slib promise
slíbit to promise
sloužit to serve
slovo word
složit to fold, to unload, to lay down, to put together
složka component
slunce *(n)*, **sluníčko** sun
sluneční brýle *(f pl)* sunglasses
slunečný sunny
služba service
slyšet to hear
smát se to laugh
smažit to fry
směr direction
směšný laughable, ridiculous
smět to be allowed
smlouva contract, agreement
smlouvat to negotiate, to bargain
smluvit se to arrange
smrdět to stink
smrt *(f)* death
smutný sad
smysl sense
snad maybe
snaha effort
snášet to tolerate, to lay eggs
snažit se (o) to make an effort (to)

snést to gather, to tolerate, to lay eggs
sněžit to snow
snídat to have breakfast
snít to dream
snížit (cenu) to lower (price)
snoubenec fiance; **snoubenka** fiancee
sotva barely, hardly
soucit compassion
současný, -ně contemporary, simultaneously
soud court
soudit to sue, to judge
souhlas agreement, consent
souhlasit to agree, to assent, to consent
soukromý private
soused/ka neighbor
soustrast sympathy, condolence
soutěž *(f)* competition
spadnout to fall (off, down)
spálit to burn
spánek sleep
spát to sleep
speciální special
spěšně urgently
spíš(e) rather, sooner
splést se to make a mistake; **splést si** to mix up
spočítat to count, to add
spojení connection
spojit/spojovat to connect
spokojený satisfied
společně together
společnost society
spolehlivý reliable
spolehnout se (na něco) to rely (on something)
spolek club, association
spolu together
spor contention, argument
spotřeba consumption
spotřebovat to consume, use up
správa management
spravedlivý fair, just
spravit to repair
správný right, correct
spravovat to repair, to manage
sprostý vulgar, foul
srážka collision
srdce *(n)* heart
srdečnost cordiality
srdečný cordial
srovnání comparison
srovnat to compare
srozumění understanding

A/Z

srst *(f)* animal hair
stačit to suffice
stále still, all the time
stanovit to determine, to set (a date, price, etc.)
starat se (o) to take care (of), to worry (about)
starost worry, trouble; **dělat si starosti** to worry
startovat to start (car)
starý mládenec confirmed bachelor
starý, -ře old
stáří age
stát state
stát *(1. sing* **stojím)** to stand, to cost; **stát se** *(1. sing* **stanu se)** to become, to happen
statek farm, estate
stav condition, state
stávat se to happen, to take place
stavět to build, to erect, to place
stavit se to stop in
stěhovat se to move, to relocate
stejný same
stěna wall
stěží with difficulty, hardly
stěžovat si (na) to complain (about)
stihnout to manage, to make it (in time)
stín shade, shadow
stížnost complaint
sto hundred
stop! stop!
stopa trace, track
stoupat to ascend
stoupnout to stand, to step up, to increase
strach to fear; **mít strach** to be afraid
strana side, political party; **na druhé straně** on the other side
strašný terrible, dreadful
strava food, fare, diet
strávit to digest, to spend time
strážit to guard
strmý steep
stroj *(m)* machine
strom tree
strop ceiling
strýc strýček uncle
střed middle, center
střela shot
střelit to shoot
střet clash
stříhat to cut (with scissors)
střílet to shoot
střízlivý sober
studený cold

studně *(f)* (water) well
studovat to study
stůl *(m)* table
stupeň *(m)* degree
stvrzenka receipt
sucho dry (about weather) *(adv)*
suchý dry *(adj)*
suma sum
suše dryly *(adv)*
sušit to dry
svah slope
svatba wedding
svátek holiday, saint's day
svatý holy
svaz *(m)* union, association
svazek bunch, volume
svědek *(m)* witness; **svědkyně** *(f)* witness
svědit to testify
svědomitý, -tě conscientious
svět world
světlo light
světlý light(-colored)
svíčka candle, spark plug
svítit to shed light, to shine
svléknout se/svlékat se to undress
svobodný free, unmarried
syn son
synovec *(m)* nephew
sytý full, sated

Š

šátek kerchief, scarf
šéf boss
šetřit to save (money)
šikovný clever, handy
široce, široko widely *(adv)*
široký wide
škoda shame, damage; **to je škoda** that's too bad
škodit to do harm
škodlivý detrimental
škola school
šňůra line, string
šofér driver
špatně badly, wrong *(adv)*; **špatně rozumět** to misunderstand
špatný bad, wrong
špendlík pin
špičatý pointy
špička point
špína dirt
špinavý dirty
štěrk gravel

A/Z

štěstí happiness, luck
štíhlý slim
štír scorpion
Šumava (Český les) Bohemian Forest
švagr brother-in-law
švagrová sister-in-law
švindlovat to cheat
švýcar/ka a Swiss
Švýcarsko Switzerland
šťastný happy

T

tabule *(f)* blackboard
tady here
táhnout to pull
tajit to keep a secret
tajný secret
tak so, thus; **tak ... jak(o)** as ... as; **tak dlouho** so long
také, taky also
takový, -á, -é such
tam there
tamten, tamta, -o that, that one
tanec *(m)* dance
taška bag, tote
táta *(m)* dad
Tatry *(pl)* Tatras
taxi(k) taxi
tě you
tebe you
téct to flow
tečka dot, point, period
teď now
tedy then, thus, hence
tehdy then, at that time
těhotná pregnant
tekutý liquid *(adj)*
tělo body
ten samý the same
tence thin *(adv)*
ten(hle), ta(hle), to(hle) this, this one
tenkrát then, that time
tenký thin *(adj)*
teple warm, warmly *(adv)*
teplo warm *(adv)*, warmth
teplý warm *(adj)*
teprv(e) only when
terén terrain
těšit se (na něco) to look forward to something
teta aunt
těžce heavily, with difficulty; **těžko** with difficulty, hardly

těžkost difficulty
těžký difficult, heavy
ti you *(dat)*
ticho *(n)* quiet
tichý quiet
tiše quietly
tkanička do bot shoelace
tkanina fabric
tlačit to push
tlampač loudspeaker
tlouct to hit
tloustnout to become fat
tlustý fat, thick
tma darkness
tmavý dark
to that, it; **to samé** the same
tobě you
točit to turn
topit to heat
továrna factory
tranzit through travel
trasa route, stretch
trávit to digest, to spend time
trávník lawn
trať *(f)* track
trefit to find one's way
trest *(m)* punishment
trh market
trhat to tear, to pick (flowers)
trochu, trošku a little
troufat si to dare
trpělivost patience
trpělivý patient
trvanlivý durable
trvat to last; **trvat (na něčem)** to insist (on something)
třeba perhaps, possibly
třetí third; **za třetí** thirdly
třetina a third
třída class
tuba tube
tučný fat, fatty
túra tour, hike; **dělat túry** to go on hikes
turista tourist; **turistka** tourist (female)
tušení notion, suspicion
tušit to suspect, to guess
tvoje yours
tvořit to create
tvořivý creative
tvrdit to insist, to say
tvrdost hardness
tvrdý hard
tvůj *(m)* yours
tvůrčí creative
ty you *(informal)*, they *(pl)*

tyč *(f)* pole
týden week
týdně weekly
týkající se (něčeho) regarding (something)
typický typical

U

u at, by
ubýt to decrease, to decline
ubytování accommodations
ucpaný clogged
účel *(m)* purpose
účelný purposeful, useful
účet bill
účinek effect
učinit to do
účinný effective
učit to teach, to instruct; **učit se** to learn
údaj data, information
událost event
udání charge, denouncement, report
udělat to make, to do
údolí valley
uhlí coal
ujistit/ujišťovat to assure
ukázat to show
uklidnit (se) to calm down
ukrást to steal
ulice *(f)* street
ulička lane
ulomit to break off
uložit to deposit (money)
umělá hmota plastic
umět to know (how to do something)
umožnit to enable
umřít/umírat to die
úmysl intention
umýt to wash
unavený tired
úplně completely, totally
úplný complete
upomínka reminder
uposlechnout to heed
urazit/urážet to insult
urážka insult
určit to determine, to decide
určitě definitely
určitou dobu for a certain time
určitý, -tě specific, certain
určitě certainly
urychlit to speed up
úřad office, bureau

úřední, -ně official
uříznout to cut off (with knife)
uschovat to put in custody, safekeeping
uskutečnit/uskutečňovat to realize (plan, goal)
usnout to fall asleep
úspěch success
uspokojený satisfied
ústa *(pl n)* mouth
ustanovit to determine, to decide, to fix
ústava constitution
ústí mouth (of river)
ústřední central
ustříhnout to cut off (with scissors)
usuzovat to conclude
utíkat to run
utrpět úraz to have an accident
útulný cozy
uvařený cooked, boiled
uvidět to see
uvnitř inside
uzávěr cork, cap
uzavřít to close, to conclude
úzce narrowly
uzel knot
úzko narrow, narrowly *(adv)*
úzký narrow, thin *(adj)*
už already, now; **už ne** no more
úžasný amazing
užít, užívat to use, to enjoy
užitečný useful

V

v, ve in; **ve všední dny** on weekdays
váha weight, scale
váhat to hesitate
vajíčko egg
válka war
vám you *(dat; pl and polite)*
varovat (před) to warn (for)
vařit to cook, to boil
vás you *(acc; pl and polite)*
váš *(m)* yours; **vaše** *(pl, f, n)* yours
vázat to bind, to tie
vážit to weigh; **vážit si** to respect
vážný serious
včas in time
včela bee
včetně including
vdaná married (woman)
vdát se to marry (for woman only)
vděčný grateful

věc *(f)* thing
večer evening
věda science
vedení management, conduit
vědět to know; **dát vědět** to inform
vedle beside
vědomý conscious
vedoucí manager, boss
vedro heat
vejce egg
veletrh (trade) fair
velikost size
velkolepý magnificent
velký big
velmi very
velvyslanectví embassy
venkov countryside
venku outside
věrný faithful
veřejný public
věřit to believe
vesele, veselo happily, gaily *(adv)*
veselý happy, merry *(adj)*
vesnice *(f)* village
vést to lead
věšet to hang (up)
věta sentence
větrat to air out
větrno windy
vevnitř inside
vézt to transport
věž *(f)* tower
vhodit to throw in
vhodný appropriate
vchod entrance
víc(e) more
vidět to see; **vidět znovu** to see again
viditelný visible
vila single family house, villa
vina fault, blame
vinohrad vineyard
víra belief, faith
viset to hang
vjet/vjíždět to drive in
vjezd (driving) entrance
vláda government
vlak train
vlast native country, motherland
vlastně actually
vlastní own
vlastnictví property
vlastník proprietor, owner
vlastnit to own
vlastnost quality, trait
vlevo at left
vlhký humid
vloupat se (do) to break in

Vltava Moldau
vnější outer, external
vnitrozemí inland
vnitřek *(m)* inside
vnucovat to impose, to force upon
vnučka granddaughter
vnuk grandson
voda water
vodit to lead
volat to call, to telephone
volba election
volit to vote
volný free
vonět to smell (nicely)
vosa wasp
vozit to transport
vpravo at right
vpřed forward
vrátit/vracet to return, to bring back; **vrátit se/vracet se** to return, to come back
vrh throw
vrchol peak, top
vsadit se to bet
vstát to get up
vstoupit/vstupovat to walk in, to join (organization)
vstup entrance; **vstupné** entrance fee
všechno everything
všechny *(pl)* all
všeobecný general
všichni everyone
všimnout si/všímat si to notice, to note
všude everywhere
vteřina second
vtip joke, wit
vůbec at all, in general; **vůbec ne** not at all
vůči toward
vůně *(f)* smell, scent
vůz *(m)* vehicle
vy you *(pl and formal)*
vybalit to unpack
vybavení equipment
výběr choice
vybídnout/vybízet to invite
výborný excellent
vybrat (si)/vybírat (si) to choose
vycestovat to emigrate
vyčerpaný exhausted
výdaje *(pl)* expenses, expenditures
vydat to give out, to publish
vydělat to earn (money)
výdělek earnings
výhled view
vyhnout se to avoid

výhoda advantage, benefit
výhodný advantageous, profitable
výhra victory, winnings
vyhrát to win
vycházet to go out, to get along
východ exit, east; **východ slunce** sunrise
výchova upbringing
vyjet to drive out, to make a trip
výjezd exit (by car)
vyjímka exception
vyjít to walk out, to work out
výklad *(m)* explanation, shop window; **výkladní skříň** *(f)* shop window
vylekat to frighten
vyloučeno out of the question
výměna exchange; **výměna peněz** money exchange
vyměnit to exchange, to switch
výmluva excuse, alibi
vymyslet/vymýšlet to think up, to invent
vynadat to scold
vynalézt/vynalézat to invent
vypadat to look like
vypít to drink (up)
vyplnit to fill out
vypočítat to count, to figure out
vyprávět, vypravovat to tell a story
výprodej sale
vypršet to expire
výraz expression
výrobek product
vyrobit/vyrábět to produce, to make
vyrozumět (někoho) to notify (someone)
vyrůst to grow up
vyrušovat to disturb
vyřídit/vyřizovat to attend to, to deliver message
vysílání broadcast
vysílat to broadcast
výsledek result
vyslovit/vyslovovat to pronounce
výslovnost pronunciation
výslovný specific, express *(adj)*
vysoce highly
Vysoké Tatry High Tatras
vysoko high, highly *(adv)*
vysoký high *(adj)*
vystartovat to start (in race)
vystěhovat se to move out
vysvědčení (school) report card
vysvětlit to explain
vyšetřit to examine, to investigate
výška height

výtah elevator
vyučovat to teach
vyvarovat se (něčeho) to escape (something, e.g., trouble)
vyvézt/vyvážet to export
vyvíjet/vyvinout to develop
vývoj *(m)* development
vyvolat to call on, to develop (film)
vyzkoušet (si) to try, to test
význačný distinguished
význam meaning; **to nemá význam (cenu)** there is no point
vyzvednout to pick up
vyžadovat to demand
výživa nourishment
výživný nutritious
vzadu in back
vzájemně mutually
vzbudit to awaken; **vzbudit se** to awake
vzdálenost distance
vzdálený distant
vzdát (se)/vzdávat se to surrender
vzdělání education
vzduch air
vzhůru upward
vzít to take; **vzít (někomu něco)** to take (something away from someone); **vzít benzín** to get gasoline; **vzít s sebou** to bring along; **vzít zpět** to take back
vznešený noble
vzor(ek) pattern, example
vzpomenout si/vzpomínat si to remember
vztek rage
vzteklý furious, rabid
vždy(cky) always

Z

z, ze from, out of
za (in exchange) for, behind, during; **za druhé** second of all; **za prvé** first of all; **za třetí** third of all
zabalit to pack, to wrap
zábava entertainment, (dance, garden) party
zábavný entertaining
zabezpečit to secure
zabloudit to get lost
zabránit to prevent, to hinder
začátek beginning
zachránit to save, to rescue
začít/začínat to begin

A/Z

záclona curtain
zacpaný plugged, clogged
zadarmo gratis, free
zahrada garden
zahraniční foreign
zájem interest
zajímat se (o něco) to be interested (in something)
zajímavý interesting
zajištění safety measure
zajížd'ka detour
zákaz *(m)* prohibition
zakázáno! forbidden!
zakázat/zakazovat to forbid
zákazník/zákaznice customer
zaklepat to knock
záležitost affair, business
záloha deposit
zamávat to wave
zámek castle
zaměstnaný employed
záminka pretext
zamknout/zamykat to lock
zamýšlet to intend
zanedbat to neglect
zanechat to leave (behind), to discontinue (activity)
západ west; **západ slunce** sunset
západní western
zápach smell, stench
zapálit to ignite
zápalka match
zapalovač *(m)* lighter
zaplatit to pay
zapnout/zapínat to button, to buckle, to switch on
zapomenout/zapomínat to forget
záporný negative
záruka warranty
zařídit/zařizovat to arrange
zase again
zásilka shipment, parcel
zasloužit si to deserve
zásluha merit
zasnoubit se to get engaged
zásoby *(pl)* provisions
zastavit to stop, to prevent (someone); **zastavit se** to stop (self)
zatáčka (road) curve
zatajit/zatajovat to keep secret
zatelefonovat to telephone
zatím meanwhile
zátoka inlet, creek
zavázat/zavazovat to tie
závazek duty, obligation
závěr conclusion
zavolat to call, to telephone

závora bolt, gate
zavřeno closed *(adv)*
zavřený closed *(adj)*
zavřít/zavírat to close, to shut; **zavřít (do trezoru)** to lock up (in a safe)
záznam record, entry
zazpívat (si) to sing
zboží *(n)* merchandise
zbýt/zbývat to remain
zbytečně unnecessarily, redundantly, pointlessly
zbytečný unnecessary, redundant, pointless
zbytek rest, remainder
zda whether
zdarma gratis, free
zdát se to seem, to appear (in a dream)
zdraví health
zdravit to greet, to say hello
zdravotní stav health, condition
zdravý healthy
zdroj *(m)* source
zdržet/zdržovat to delay, to hold back; **zdržet se/zdržovat se** to be delayed
zdvořilost politeness
zdvořilý polite
zem(ě) *(f)* country, earth
zemřít to die
zeptat se to ask
zet' *(m)* son-in-law
zhubnout to lose weight
zima cold, winter
zisk gain, profit
získat to obtain
zítra tomorrow
zítřek the next day, the morrow
zívat to yawn
zkazit to ruin, to destroy, to corrupt
zkažený ruined, rotten
zklamaný disappointed
zkontrolovat to check (up) on, to inspect
zkoušet to try, to test
zkouška test
zkratka abbreviation
zkusit (něco) to try (something)
zkušenost experience
zkušený experienced
zle badly, angrily *(adv)*
zlepšit to improve
zlobit se to be angry
zlomit to break, to snap
zlý angry, mean
změna change
změnit to change

zmeškat to miss, to be too late for
zmizet to disappear
zmrzlina ice cream
zmýlit se to make a mistake, to err
značka mark, brand
značný considerable
znak sign, emblem
znalost knowledge
známá (female) acquaintance
znamenat to mean
znamení sign, gesture
známost *(f)* acquaintance
známý familar, (male) acquaintance
znásilnit/znásilňovat to rape
znát to know
znervóznit to make nervous
zneužít to misuse
zneužití misuse
zničit to destroy
zodpovědný responsible
zopakovat to repeat
zotavení recreation, convalescence
zotavit se to recuperate
zoufalý desperate
zpáteční cesta way back
zpátky, zpět backward, back
zpěv song, singing
zpozdit se to be late
zpracovat to process, to treat
zpráva news, message; **dát zprávu to**
report
zprostředkovatel mediator, agent
způsob way, manner
způsobit to cause
zralý ripe, mature
zraněný wounded, injured
zrušit objednávkovat to cancel order
zrychlit to speed up
zřejmě evidently
zřejmý evident
zřídka seldom, rarely
ztloustnout to gain weight
ztráta loss
ztratit/ztrácet to lose
ztráty a nálezy lost and found

zúčastnit se to participate
zůstat/zůstávat to remain; **zůstat stát**
to remain standing
zvát to invite
zvážit to weigh, to consider
zvědavý curious
zvednout/zvedat to pick up, to lift
zvíře *(n)* animal
zvládnout to manage, to control
zvláště especially
zvláštní special, strange
zvlášť especially, separately
zvolit to choose, to vote into
office
zvonek bell
zvonit to ring
zvuk sound, noise
zvyk custom, habit
zvyklý used to, accustomed to
zvyknout si (na) to get used to
zvýšit to raise, to increase

Ž

žádat to request, to demand
žádný, -á, -é no, none *(adj)*
žár glow, heat
že the; **že ano?** right?, isn't it?; **že
jo?** right?, isn't it?
žebřík ladder
žehlička iron
železo iron (metal)
žena woman, wife
ženatý married (about a man)
ženský female, feminine *(adj)*
židle *(f)* chair
žít to live
život life
životní prostředí environment
živý live, alive, lively
žízeň thirst
žíznivý thirsty
žvýkačka chewing gum